초보
창업자를
위한

핵심 창업정보 및 창업실무

김영문

머리말

아름다운 삶, 사랑 그리고 마무리...

1997년 11월에 한국이 경제부도의 위기로 내몰리면서 수많은 직장인들이 정든 회사를 떠나 길거리로 쏟아져 나왔었는데, 그 때에 실직자들을 위해 막연히 무엇인가 도움이 되는 일을 해야 하겠다는 생각을 갖고 금훈섭 (주)이야기 대표, 신순희 (주)모든넷 대표, 하태호 사랑넷 대표 등을 만나서 1998년 8월에 한국소호벤처창업협의회(soho.sarang.net)라는 이름으로 모임을 만들었습니다. 무엇인가 거창한 단체를 만들겠다는 생각보다는 삶의 터전을 잃고 희망을 잃어버린 실직자들에게 조그마한 도움이라도 드리고 싶었습니다,

그 이후 1999년 3월에 계명대학교 대명캠퍼스 시청각실에서 대구광역시 곽영길 당시 주임의 도움을 받아서 「'99 소호창업박람회」를 개최하였는데, 아마도 3,000명 정도는 참가한 것으로 기억이 납니다. 부스 40개를 설치하였고 세미나도 진행하였는데, 그 당시 신일희 계명대학교 총장님을 비롯한 참석한 내빈들이 박람회장에 들어가기도 힘들 정도로 많은 예비창업자들이 참석을 하였습니다. 개회사를 하면서 벤허 영화를 감독한 윌리엄 와일러가 시사회에서 말한 "하느님, 이 영화를 정말 제가 만들었습니까?"를 인용하면서 감격해 했던 생각이 아직도 생생합니다.

1999년 10월에는 중소기업청(중소벤처기업부)으로부터 한국소호진흥협회(www.sohokorea.org)로 명칭을 변경하여 사단법인 인가를 받았는

데, 그 당시에 신민철 사무관께서 사단법인 인가를 받을 생각이 없느냐고 했을 때에 처음에는 거절했던 생각도 납니다. 사단법인을 만들기 위해서 창업분야의 일을 하였던 것도 아니었고, 굳이 사단법인이 필요하지 않았던 것입니다. 그 이후 한두 번 정도 더 전화를 받고서야 사단법인을 만들어서 일을 해야 하겠다는 생각을 하였습니다. 그때에는 소호(soho)라는 말보다는 벤처(venture)라는 말이 더 인기가 있었기 때문에 소호관련 협회를 운영하는 것이 매우 힘들기도 하였습니다.

2001년에는 뉴비즈니스연구소(www.newbiz.or.kr) 사이트를 뜻을 같이 하시는 분들과 함께 개설하였는데, 그것은 생각하는 창업, 연구하는 창업, 뿌리가 있는 창업의 필요성을 느끼면서, 창업도 조사와 연구를 통해서 발전할 수 있다는 것을 알았기 때문입니다. 다른 사람의 아이템을 베끼거나 대충 시작해서는 절대로 성공창업을 보장받을 후 없기 때문입니다. 개인적으로 볼 때에는 뉴비즈니스연구소(www.newbiz.or.kr) 사이트를 오픈하면서 창업관련 조사 및 연구 활동을 활발하게 진행하였습니다. 물론 뉴비즈니스연구소라는 사이트가 설립 취지에 맞게 성공하였다고는 할 수가 없으나 창업분야에서 조사 및 연구가 얼마나 중요한가를 깨닫게 된 계기가 되었습니다.

2003년도에는 저에게 전혀 예상하지 못한 일이 일어났습니다. 그것은 계명대학교 벤처창업보육사업단의 설립을 위해 일을 하였지만, 설립 후 전혀 사업단의 운영에 참여하지 못해 많은 서러움을 갖고 있었던 저에게 사업단장이라는 직책이 맡겨지게 되었습니다. 제가 그 일을 맡게 될 것이라고는 꿈에도 생각하지 않았기에 혼신의 힘을 다해서 열심히 일을 하였다고 자부합니다.

2003년 2월 1일부터 계명대학교 벤처창업보육사업단(www.kubic.co.kr)의 단장으로 일을 하면서 중소기업청(중소벤처기업부) 평가에서 대구경북지역 36개 창업보육센터 중에서 유일하게 6년 연속 최우수 평가를 받았습니다. 2005년에는 정보통신부장관 표창을 받았으며, 그해 전국 최우수 창업보육센터장으로 선정되어 산업자원부장관 표창을 받기도 하였습니다. 이러한 업적들은 함께 수고한 박신제 매니저, 정태용 매니저, 차재민 매니저, 김미영 등 사업단에 근무하는 모든 분들의 수고 때문이라고 생각하며, 고마움을 전하고자 합니다.

이렇게 창업분야의 일을 하다보니 방송과도 인연이 많았습니다. 1999년에는 TBC 라디오 박원달PD와 인연을 맺으면서 「알기쉬운 경제교실」에 1년 6개월간 출연하였으며, TBC TV의 아침방송에서 이학락 PD와 함께 「클릭! 김영문의 인터넷세상」을 6개월간 진행하였으며, KBS 1라디오에서 김지인 부장과 「창업이 보인다」라는 프로그램 꼭지에 4년 이상 고정 출연을 하고 있습니다.

언론활동 중에서 아마 가장 기억에 남은 방송이라면 당시 KBS 9시뉴스 진행자였던 황현정 아나운서와 서울 여의도에서 소호창업에 대해 2시간 생방송을 했던 것이었는데, 하도 긴장을 해서 방송 전에 화장실을 10번은 간 것 같았습니다. 처음에는 힘들었던 방송이 그 이후에는 너무 쉽게 느껴졌으나 이제는 말 한마디에도 책임감을 느끼는 시간들이 되었습니다. 저의 한마디로 인해 방송을 보고 듣는 분들에게는 알토란 같이 모은 전 재산을 날릴 수도 있다는 것을 알게 되었기 때문입니다.

2004년 4월 20일에는 사랑나눔재단(www.mis.or.kr)을 예수그리스도의 인도하심으로 설립하여 2006년 2월 22일에 대구광역시로부터 사랑나눔회(www.mis.or.kr, 현재 웹사이트는 폐쇄하였으며 cafe.daum.net/isoho2jobs에서 통합 운영하고 있음)로 명칭을 변경하여 비영리민간단체(Non-Profit Organization, NPO)로 인가를 받았습니다. 사랑나눔회는 저의 삶에서 가장 중요한 일 중의 하나이기도 하였으며, 거듭나는 삶의

은사를 받는 계기를 마련해 주었습니다. 천상천하유아독존(天上天下唯我獨尊)과 같은 삶에서 낮추고, 덜어내고, 긍휼히 여기는 마음을 갖도록 오래 전에 예수그리스도께서 저에게 예비하신 길이었다는 것을 굳게 믿습니다.

사실, 1998년부터 무엇 때문에 제가 창업분야의 일을 하게 되었는가에 대해 가끔 스스로에게 궁금하게 생각을 하였는데, 지금 생각해 보면 사랑나눔회를 위한 준비와 훈련을 시키신 것이었다고 생각됩니다. (사)한국소호진흥협회에서 일을 하면서 프랜차이즈 본사와의 갈등이 너무 많아서 협회의 운영에 대해 좌절과 회의가 많았는데, 사랑나눔회에서 봉사를 하면서 나눔의 즐거움과 기쁨의 시간이 너무 많았습니다. 창업이라는 분야에서도 늘 다른 곳에서 방황하다가 이제야 제가 있어야 하는 곳에 왔다는 생각을 하게 되었습니다.

2005년 9월 1일에는 뉴비즈니스연구소(cafe.daum.net/isoho2jobs) 카페를 개설하였는데, 예비창업자들을 위해 매주 창업행사를 개최하며 창업상담도 해 드리는 기회를 만들어 보기 위함이었고, 아울러 사랑나눔회를 운영하기 위한 복지기금이 필요했기 때문이기도 하였습니다. 카페에서 진행하는 행사에 오시는 모든 분들이 사랑나눔회의 아름답고 따뜻한 후원자라는 것을 생각할 때에 그저 감사한 마음뿐입니다. 그 분들의 참가비는 한 푼의 낭비도 없이 예수그리스도께서 보시기에 부끄러움이 없도록 장애인, 모자가정, 교도소 수용자 등의 소외계층과 국내외의 선교사업을 위해 사용되고 있습니다.

2010년 3월 10일에는 대구경북창업카페연합회(cafe.daum.net/isoho2jobs)를 설립하였는데, 그것은 활동의 범위를 대구경북지역으로 한정하여 창업을 해야 하는 분들에게 소박하게 봉사하기 위함이었습니다. 이를 위해 사단법인 한국소호진흥협회 및 여러 관공서의 각종 위원 등을 모두 정리하였습니다. 남은 삶을 한 곳에 헌신하고, 그리고 아름답게 마무리를 하기 위한 마지막 준비라는 생각을 하였습니다.

사실 1998년 8월 이후 창업분야의 일을 하면서 주머니에는 늘 위장약을 갖고 다니면서 복용하였으며, 2003년 5월에 의식을 잃고 택시에 실려 병원에 가기도 하였습니다. 그때에는 식구들도 몰라보게 되었는데, 택시를 타고 병원에 가면서 조금씩 의식을 회복하게 되었습니다.

하지만, 또 다시 2009년 11월 28일 토요일 저녁에 잠을 자다가 뇌출혈로 다시 병원에 가게 되었으며 병원에 도착하자마자 의식을 잃고 뇌수술을 받게 되었습니다. 8일 만에 의식을 다시 찾았으며, 16일간의 중환자실 및 총 27일간의 입원을 통해 겨우 생명을 다시 찾았습니다.

한편, 2011년 3월에는 연구년 기간 중에 창업선도대학 계명대학교 창업지원단의 기술창업육성부장이라는 보직을 발령받았고, 그해 11월 1일에는 창업지원단장의 보직을 발령받아 2013년 1월 31일까지 일을 하였습니다. 오직 예비창업자들만을 생각하면서 정말로 열심히 일을 하였으며, 2011~2012년의 창업선도대학 사업실적 평가에서 전국 18개의 창업선도대학 중에서 1위를 하였습니다. 하지만, 과로 및 스트레스로 인해 2012년 말에 뇌출혈의 후유증으로 인해 2번이나 쓰러져서 창업지원단장의 직에서 사임을 하고 연구실로 돌아왔습니다. 앞으로 계명대학교에서의 남은 시간들은 교수라는 위치로 온전히 돌아와서 학생들에게는 좋은 강의를 하고, 창업의 모든 분야를 더 깊이 있게 연구하기 위해서 모든 시간을 보내게 될 것입니다.

오랜 시간을 되돌아 가보면, 대학교 3학년 때에 학회장에 출마하면서 선거유세를 위해 강의실을 다니면서 「不義와 타협하지 않겠습니다.」라는 글자를 칠판에 적은 기억이 납니다. 그때의 그 마음이 아직도 그리고 앞으로도 변치 않기를 다짐하면서, 참으로 어지럽고 혼탁한 창업시장에서 아직은 저의 역할이 있음을 생각합니다. 아니, 저를 통해서 이루고자 하는 그분의 뜻을 더 많이 알기를 원하며, 저에게 주신 재능을 통해 더 많은 분들이 창업을 통해 경제적으로 자립하고, 홀로서기를 하고, 아울러 승리했으면 하는 소망이 있습니다.

1998년 이후 창업분야에서 일을 해 오면서 배운 창업이론과 실무지식 그리고 창업현장에서의 경험을 바탕으로 지금까지 15권의 책을 출판하였습니다.

1. SOHO와 인터넷비즈니스, 동영출판사, 2000년
2. 한 권으로 끝내는 창업길라잡이, 창업학, 법문사, 2006년
3. 예비창업자가 꼭 알아야 하는 100가지, 법문사, 2009년
4. 창업길라잡이, 집현재, 2011년
5. 이베이(eBay)에서 창업하기, 책마을, 2011년
6. 500만원으로 창업하기, 집현재, 2011년
7. 카페(cafe)로 창업하기, 집현재, 2012년
8. 일본 소호(보따리)무역으로 창업하기, 집현재, 2012년
9. 무점포 무일푼으로 인터넷창업하기, 집현재, 2013년
10. 무점포 · 1인 창업하기, 집현재, 2014년
11. 하루 만에 인터넷 쇼핑몰 창업하기, 집현재, 2014년
12. 창업입문, 집현재, 2015년
13. 홍보와 광고전략, 집현재, 2015년
14. 포토샵과 HTML의 활용, 집현재, 2016년
15. SNS마케팅, 집현재, 2017년

이러한 저서들을 집필함에 있어 선후배들의 자료를 참고로 정리하였고, 제가 쓴 글이나 설문조사한 자료들을 추가하면서 저 나름대로의 생

각들을 담으려고 노력도 하였습니다. 하지만, 실제 창업을 한 경험이 없고 실무경력이 별로 없다보니 보시기에 많이 미흡하고 때로는 다른 분들의 업적을 가로챈 느낌마저 갖게 되어 송구스럽게 생각합니다. 혹시라도 본문 중에 참고문헌을 누락하였다면 고의가 아니었음을 말씀드리면서 용서를 구하고자 합니다.

이번에 집필하는 이 책 역시 누군가에게는 삶의 희망을 주고, 또 누군가에게는 빵이 되어 배고픔을 해결해 주었으면 좋겠습니다. 힘들어서 쓰러지고 싶고 때로는 삶을 포기하고 싶은 작은자들에게 어둠 속의 빛과 소금의 역할을 수행할 수 있었으면 더 이상 바랄 것이 없을 것 같습니다.

책의 서문에 무엇을 담을까 생각하다가 1998년 이후 창업분야에 몸을 담으면서 있었던 일들을 조금 정리해 보았습니다. 여기에 다 담지 못한 이야기들도 있고, 감사의 표시를 제대로 하지 못한 분들도 있습니다. 저를 낳아주시고 미국 유학경비를 보내 주시느라고 고생을 너무 하신 부모님, 그리고 세상에서 저와 소중한 인연을 맺은 가족들에게도 고마움을 전합니다.

그리고 2004년에 사랑나눔회를 시작하면서 나눔과 선교의 사업에 함께 하는 모든 분들에게도 진심으로 고마움을 전하면서, 사랑나눔회가 대를 이어 계속되기를 소망합니다. 사실, 사랑나눔회의 도메인 중에서 MIS는 management information system의 약어로서 당초 제가 근무하는 경영정보학과의 홈페이지로 사용할 계획이었으나, 2004년에 부산창업박람회를 참관하고 오늘 길에서 “mis(mission in sharing and humanity services) for glory of the God”이 갑자기 생각났는데 그것은 그분의 인도하심이라고 생각합니다. 지금 생각해 보면, 약 20년 동안 창업분야에서 일을 하게 된 것도, 그리고 이 책을 쓰게 된 것도 모두 사랑나눔회를 통해 나눔과 선교사업에 일을 하신 그분의 뜻이 있었다고 생각합니다.

그리고 살아오면서 때로는 저로 인해 고통을 받았거나 분노한 분들도 많이 있을 것이며, 지면을 빌어 죄송한 말씀과 용서를 구하고자 합니다. 철없던 시절의 잘못된 생각으로 많은 분들에게 심적, 육체적 고통을 주었음을 고백하며, 앞으로는 더 많은 분들에게 희망, 꿈, 소망, 그리고 행복을 드릴 수 있도록 남은 삶을 바치고자 합니다.

끝으로, 본 저서의 내용과 관련하여 몇 가지를 알려 드리고자 하며, 크게 성공하지는 못하더라도 적어도 실패하지 않는 창업에 많은 도움이 되시기를 원합니다.

1. 저서의 내용에 관해서 질문이 있거나 창업에 대한 도움이 필요하시면 뉴비즈니스연구소(cafe.daum.net/isoho2jobs)의 [창업상담♡질문 및 답변] 게시판을 활용해 주십시오. 적극적으로 도움을 드릴 것입니다.
2. 비즈니스연구소(cafe.daum.net/isoho2jobs)의 [창업동영상(UCC)강좌] 게시판에 등록되어 있는 다양한 동영상(UCC)을 함께 공부하시면, 분명 성공적인 창업에 많은 도움이 될 것입니다.
3. 본 저서에 수록되어 있는 핵심 창업정보와 창업실무들은 어떤 분야의 창업에 상관없이 가장 중요한 100가지라고 생각하시기를 바라며, 여러 번 읽으면서 창업자 자신의 것으로 만들어야 합니다.
4. 또한 본 저서에 있는 다양한 웹사이트에 직접 접속하여 꼼꼼하게 살펴보면서 창업의 준비에서 시작하여 창업의 전체 과정에 어떻게 활용할 수 있을까를 고민하시기 바라며 또한 수시로 활용하시기 바랍니다.

2017년 10월에

김영문

차 례

1. 준비가 부족한 창업의 3가지 결과

많은 사람들은 창업을 통해 적어도 월급을 받는 것보다는 훨씬 더 많은 돈을 벌기를 원한다. 또한 아직도 창업시장에서는 생각이 불순한 사람들에 의해 '대박'이라는 단어가 난무하고 있으며, 적은 돈으로 손쉽게 많은 돈을 벌 수 있다고 끊임없이 '유혹'을 하고 있다.

하지만, 한 번 더 생각해 보면 창업을 하는 것도 쉽지 않지만, 창업을 해서 먹고 살 만큼의 돈을 벌기는 쉽지 않다. 오히려 창업을 한 후에 가계파산으로 인해 알토란같이 모은 재산을 날리고, 빌린 돈을 제때에 상환하지 못해서 신용불량자가 되고, 결국 가정이 파탄되는 심각한 결과를 초래할 수도 있다.

1. 가계파산

가계파산의 중요한 원인은 경험도 없고 철저한 준비도 부족한 상태에서 심지어 정부의 창업자금을 대출받아 창업을 시작하는 데 있다고 할 수 있다. 무점포 혹은 재택창업, 실험창업 등으로 경험과 노하우를 쌓으면서 창업자가 선택한 아이템에 대해 확실한 검증을 거친 후에 본격적인 창업을 하는 것이 중요할 것이다. 아무리 급해도 바늘허리에 실을 매어 꿰맬 수는 없는 노릇이듯이, 빨리 창업을 하겠다는 마음보다는 시간이 걸리더라도 제대로 준비하겠다는 마음이 더 중요할 것이다. 한국 사람들의 빨리빨리 문화는 창업시장에서는 절대 금물이라는 것을 생각해야 한다.

2. 신용불량자

창업자가 신용불량자가 되는 큰 이유는 빌린 돈을 제때에 상환하지 않았기 때문에 발생하는 것이며, 이것은 창업자금에 대한 계획을 제대로 수립하지 않고 창업을 하기 때문이다. 자금의 조달과 조달된 자금의 운영에 대한 꼼꼼한 계획도 없이 '똥장군 지고 장에 간다'는 식으로 무작정 창업을 하면 심각한 문제가 발생될 수 있다는 것을 생각해야 한다. 아울러, 창업 후 매출이 예상보다 오르지 않을 경우를 가정해서 홍보와 광고 등에 대한 철저한 계획 수립과 더불어 매출의 5% 정도는 반드시 홍보와 광고비로 투자하는 것이 필요하다.

3. 가정파탄

창업실패로 인한 결과는 모든 것을 앗아갈 수 있는데, 최악의 경우에 가정이 해체되는 경우까지 발생하게 된다. 창업의 실패로 인한 결과를 생각하면 창업의 준비단계에서부터 가족들과 긴밀하게 상의를 하는 것이 필요하며, 가족들의 도움을 받을 수 있고 가족들이 함께 참여할 수 있는 창업분야가 더 바람직할 것이다.

☞ 결국 '준비가 부족한 창업 = 가계파산 + 신용불량자 + 가정파탄'을 초래할 수 있는데, 이렇게 되지 않게 하려면 결국 준비된 창업과 준비된 창업자여야 한다. 막연히 창업을 해야 하겠다는 생각만으로는 성공하는 창업이 불가능하다는 것을 명심해야 한다.

2. 초보 창업자가 스스로 점검해야 하는 10가지

1998년부터 창업분야에서 일을 하면서 수 많은 예비창업자들을 만났는데, 변하지 않은 것이 있다면 그것은 바로 돈을 벌고 싶다는 막연한 생각만 갖고 있다는 것이다. 예를 들어, 아래의 10가지 중에서 몇 가지에 해당되는지에 대해 냉정하게 점검해 보면, 창업자로서 어떤 준비들이 아직도 부족한지에 대해 알 수가 있을 것이다.

1. 창업책 한 권도 읽지 않는 초보 창업자

창업을 하겠다고 생각을 하였다면, 먼저 창업이론과 실무지식을 제대로 갖추는 것이 중요하다. 그러기 위해서는 창업에 관한 책 2~3권 정도는 구입하여 적어도 3번 이상을 읽으면서 관심 있는 창업분야에서 필요한 이론과 실무지식을 꼼꼼하게 공부하는 것이 필요할 것이다.

2. 하루에 2시간 이상 창업정보와 창업기사를 읽지 않는 초보 창업자

아직도 신문기사 혹은 광고만을 보고 창업행사에 참석하는 사람이 많은데, 이러한 사람들의 대부분은 평소에 창업관련 기사를 읽거나 창업정보의 검색 등을 거의 하지 않는다. 창업 준비는 매일 해야 하는 것이며, 고시공부를 하듯이 장기적으로 준비하는 것이 필요하다.

3. 무료 창업행사만 쫓아다니는 초보 창업자

현재 무료로 진행하고 있는 창업행사들을 보면 대부분 초보적인 이론수준의 행사들이거나 3~4시간으로 진행되는 형식적인 창업교육들이 너무 많다. 그러한 행사에만 참석하는 사람들을 보면 교재를 무료로 제공하지 않으면 구입조차도 꺼린다는 것이다. 무료는 무료일 뿐이고, 싼 것은 싸구려일 뿐이라는 것을 생각해야 한다.

4. 창업상담과 컨설팅도 공짜로 받겠다는 초보 창업자

소위 말하는 창업전문가에게 몇 마디 물어보거나 잠깐 만나서 창업에 대한 조언을 받겠다는 것은 곤란하다는 것인데, 그렇게 해서는 제대로 컨설팅을 받을 수 없다. 자신이 중병에 걸렸거나 중요한 법률 소송을 해야 한다면 무료 혹은 싸구려 의사 혹은 변호사를 찾아가지 않을 것이다. 창업상담도 마찬가지인데, 최고의 전문가에게 충분한 비용을 지불하고 컨설팅을 받아야 최고 수준의 창업이 가능할 것이다.

5. 창업 커뮤니티의 활동을 하지 않는 초보 창업자

창업을 준비함에 있어서는 먼저 창업한 사람들의 경험과 노하우를 벤치마킹(benchmarking)을 하는 것이 중요하다고 할 수 있는데, 그렇게 하기 위해서는 다양한 창업 단체 혹은 커뮤니티(창업 카페)에 가입해서 활동하는 것이 필요할 것이다.

6. 자신의 웹사이트를 운영하지 않는 초보 창업자

요즈음 휴대폰이나 이메일(e-mail, electronic mail) 주소가 없는 사람이 없듯이, 이제는 사이버 공간에서 자신의 웹사이트를 운영하는 시대가 되었다. 하지만, 대부분의 예비창업자들의 다른 사람의 사이트를 접속하는 데에만 만족하고 있는 실정이다. 자신이 관심을 갖고 있는 분야의 웹사이트 혹은 카페(cafe)를 만들어서 운영을 해 보면 의외로 다양한 사람들을 만날 수 있으며, 많은 창업 정보들을 접하게 된다.

7. 전화 한 통으로 모든 것을 해결하려는 초보 창업자

인터넷으로 필요한 정보를 검색하면 되는데, 그저 전화 한 통으로 본인이 원하는 것들을 해결하려는 경우에는 너무 편리함만 추구하는 경우라고 할 수 있다. 전화보다는 컴퓨터와 인터넷을 가까이 하고, 손과 발을 부지런히 움직여서 창업 현장을 찾아다니면서 벤치마킹을 하는 노력과 정성이 필요할 것이다.

8. 창업행사에서 엉뚱한 것에 관심을 갖는 초보 창업자

창업박람회, 전시회 등에서 개별 창업아이템에 대해 상담을 하거나 본인이 궁금한 사항에 대해서 구체적으로 알아보기보다는 공짜로 주는 시식회, 무료 상품 혹은 사은품에 더 많은 관심을 갖는 사람들이 많다. 행사 현장에서 궁금한 사항을 충분히 물어보고, 나중에 창업 현장을 방문하여 직접 확인해 보는 일에 더 충실해야 한다.

9. 컴퓨터와 인터넷 지식이 부족한 초보 창업자

모든 창업분야에서 컴퓨터와 인터넷의 활용은 필수적이라고 할 수 있는데, 생산성 향상과 경쟁력 강화를 위한 전략적 도구라는 것이다. 창업자가 뛰어들고자 하는 창업분야에서 컴퓨터와 인터넷을 어떻게 활용할 것인가를 생각해 보는 것이 중요하다는 것인데, 특히 포토샵과 HTML은 선택의 문제가 아니라 무조건 그리고 필수적으로 활용해야 한다.

10. 부정적인 생각이 많은 초보 창업자

창업에 대해서 보고 들은 것은 많지만, 제대로 아는 것이 없는 탓에 어떤 아이템을 제안해도 쉽게 받아들이지는 못하는 사람들이 많다. 자신이 정답을 가지고 있어서 오히려 창업전문가를 설득하려는 사람들이 있는데, 매사에 부정적이다보니 아무 것도 시작하지 못한다는 것이다.

위에서 제시한 10가지는 준비된 창업자가 되기 위한 사항들이며, 충분한 시간을 갖고 제대로 실행하는 노력이 필요할 것이다. 결국 창업의 성공과 실패는 창업자에 의해 결정된다는 것을 생각하면서 창업의 기초를 튼튼하게 하는 데 게을리 하지 말아야 할 것이다.

3. 안나 카레니나의 법칙에서 배우는 성공창업의 조건

어쩌면 매우 간단하면서도 단순한 내용이지만, 안나 카레니나의 법칙(Anna Karenina's Principle)은 창업자에게 의미하는 점이 크다. 창업자가 심각하게 고민하지 않은 간단한 준비부족이 결국 창업성공과 실패를 결정하는 요소가 될 수 있기 때문이다.

1. 안나 카레니나의 법칙이란?

"행복한 가정은 모두 엇비슷하고 불행한 가정은 불행한 이유가 제각기 다르다." 이것은 톨스토이의 소설 '안나 카레니나'의 첫 구절이다. 즉, 되는 집안은 근심 없고 건강하며 화목한 게 다들 비슷하지만, 안 되는 집구석은 문제가 애정이든 금전이든 자녀든 천차만별의 이유로 불행해진다는 얘기다.

한편, 진화생물학자 재레드 다이아몬드((Jared Diamond)는 이 정의를 좀 더 진화시킨다. "흔히 성공의 이유를 한 가지 요소에서 찾으려 하지만 실제 어떤 일에서 성공을 거두려면 수 많은 실패 원인을 피할 수 있어야 한다"는 것인데, 이것이 이른바 '안나 카레니나의 법칙'이다.

2. 창업자의 입장에서 생각해야 할 점

아직도 많은 창업자들은 유망한 창업아이템 하나만 찾으면, 크게 성공할 수 있을 것이라고 생각하는데, 10개 중에서 8~9개가 완전하게 준비되었다고 하더라도 1~2가지의 부족한 요소 때문에 창업에 실패할 수 있다는 것을 '안나 카레니나의 법칙'에서 배울 수 있다.

예를 들어, 창업에 성공하기 위한 5가지 요소는 다음과 같이 설명될 수 있다. 비록 아래의 요소 중에서 4가지를 완벽하게 갖추었다고 하더라도, 부족하거나 준비가 제대로 되지 않은 한 가지로 인해 결국 실패를 할 수 있다는 것이다.

① 창업자 : 창업이론과 실무를 제대로 갖춘 준비된 창업자인가?

② 기술 혹은 아이디어 : 차별적인 기술 혹은 아이디어가 있는가?

③ 시장 : 뛰어들고자 하는 시장의 현재와 미래의 트렌드를 제대로 파악하고 있는가?

④ 자금 : 현재와 미래의 관점에서 창업 자금은 충분히 준비되어 있는가?

⑤ 홍보와 마케팅 : 홍보와 마케팅에 대한 계획과 전략이 제대로 수립되어 있는가?

그렇기 때문에, 예비창업자들은 조급한 마음보다는 하나씩 충분히 준비한 후에 창업을 하겠다는 마음이 필요하다고 생각된다. 사실, 창업을 하기 위해서 3개월 정도의 시간은 부족한 것이 사실이며, 적어도 6개월 정도를 고시공부를 하듯이 준비를 할 필요가 있다. 하루에 2~3시간 정도를 창업 준비에 쏟는다면 적어도 1년 이상을 준비하는 것이 바람직할 것이다. 사실, 위에서 언급한 5가지의 요소에 대해 제대로 준비를 하려고 시작해 보면, 너무나 많은 것들이 부족함을 알게 되며, 아울러 너무나 많은 것들을 배워야 한다는 것을 알게 된다. 지금까지 무엇을 하였던가를 생각하지 말고, 백지에서 처음부터 다시 시작한다는 마음이 중요하며 결코 손과 발을 아끼지 말아야 할 것이다.

4. 초보 창업자가 갖추어야 하는 기본적인 자질

누구나 창업을 할 수 있는 것은 아니다. 즉, 창업자로서 자질이 있는 사람과 없는 사람이 반드시 구분된다는 의미이다. 따라서 초보 창업자는 바움백(Baumback)이 제시한 다음과 같이 10가지의 자질을 갖추고 있는가에 대해 스스로 평가하고 점검해 볼 필요가 있다.

(1) **성격 및 열의**(personality and enthusiasm) : 열정과 영감의 방식을 다른 사람에게 전염시킬 수 있는 능력이 있는 사람이 되어야 한다.

(2) **비판 수용도**(acceptance of criticism) : 비판의 수용도가 높은 사람은 어떤 도움을 줄 수 있는 건설적인 것을 환영한다. 또한 좋은 것들을 배우길 열망한다.

(3) **학습 능력**(ability to learn) : 학습 능력이 뛰어난 사람은 쉽게 아이디어나 방법을 포착한다. 상황을 분석하고 변화에 주의를 게을리 하지 않는 특성이 있다.

(4) **근면성**(industry) : 근면성을 가진 창업자는 최대 효율의 비즈니스를 유지할 필요가 있을 때는 자나 깨나 일하지만 그렇지 않은 창업자는 시간과 노력을 최소한으로 투자하고 작업 외의 책임을 회피하는 특성이 있다.

(5) **진취성**(initiative) : 창업자의 자질 중 진취성이란 재치가 있고, 창의력이 풍부하며, 독립성이 강한 창업자의 특징이다. 도움 없이 어려운 일을 스스로 해결할 수 있으며, 좋은 아이디어를 가지고 행동을 취한다.

(6) **결단력**(decision) : 창업자는 중요한 순간에 결단력을 발휘해야 하는데, 결단력이 있는 창업자는 즉각적이며 용감하지만 무모하지는 않다.

(7) **책임감**(responsibility) : 창업자는 자신이 스스로 책임을 찾고 기꺼이 받아들여야 한다. 창업자질이 부족한 창업자는 언제나 책임을 회피하려 한다.

(8) **인내력**(perseverance) : 창업자는 인내력, 즉 끈기가 있어야 하는데 이를 갖춘 창업자는 확고한 목적을 가지고 쉽게 실망하지 않는다.

(9) **계획능력**(planning ability) : 창업자는 훌륭한 조직자이다. 일을 계획하는 데에 선견지명이 있어야 하며, 조직적으로 일을 계획하는 능력이 필요하다.

(10) **리더십**(leadership) : 리더십을 갖춘 창업자는 모든 종업원들이 우수한 능력을 발휘하도록 이끌고, 회사에 대해 스스로 충성심을 생기게 한다. 때로는 권한을 위임할 수 있다.

위의 10가지 항목에 대해서 각 항목별로 0~10점으로 평가를 한 후에 10개 항목에 대한 합산을 해 보면 그것이 창업자로서 자신에 대한 평가점수가 될 수 있다. 또한 어느 항목에 부족한지를 스스로 점검하고 교육과 훈련을 통해 창업자로서의 자질을 향상시키도록 노력하는 것이 필요하다.

5. 창업의 계획단계에서 고려해야 하는 10가지

많은 예비창업자들이 창업의 계획단계에서 생각하는 것은 바로 아이템이다. 즉, 유망한 창업아이템만 찾으면, 신속하게 창업을 해서 많은 돈을 벌 수 있을 것이라고 생각한다. 그래서 수많은 예비창업자들이 창업박람회, 창업설명회, 창업교육 등을 찾아다니면서 끊임없이 고민하는 것 중의 하나가 바로 "뭐 좋은 아이템이 하나 없나?" 하는 것이다.

하지만, 아래의 〈표 1〉를 살펴보면, 창업아이템은 '판매전략' 중에서 누구에게 무엇(what)을 팔 것인가에 해당하는 것일 뿐이다. 즉, 창업아이템의 중요성은 창업성공에 영향을 미치는 수많은 요인 중의 하나일 뿐이라는 것을 생각해야 한다.

〈표 1〉 창업의 계획단계에서 생각해야 할 사항

항 목	세부적으로 생각해야 할 일
1. 개업 예정일	• 개업 예정일을 설정한다.
2. 자금계획	• 목표를 세우고 창업자금을 마련한다. • 자기자금은 얼마나 만들 수 있는가? • 차입금 및 출자금은 얼마나 확보할 수 있는가?
3. 멘토	• 창업과정 중에 도움이 필요할 때에 수시로 상담이 가능한 창업컨설턴트 혹은 멘토(mentor)가 있는가?.
4. 판매전략	• 누구에게 무엇(아이템 : 상품, 서비스)을 팔 것인가? • 어떤 방법으로 팔 것인가? • 점포, 사무실은 어떻게 마련할 것인가? • 어디에서 개업하는 것이 좋은가? • 어떤 가격과 조건으로 판매할 것인가?

5. 제조	• 무엇을 제조하고 무엇을 외주로 줄 것인가? • 어떤 공장이나 설비로 제조할 것인가? • 누가 얼마나 제조할 것인가?
6. 직원	• 직원의 예상 인원수 및 동원방법을 고려한다. • 아르바이트를 활용하는 방법을 배운다.
7. 사업전략	• 개인사업 혹은 법인사업의 선택 및 사업자등록을 한다. • 법인의 경우에 설립등록 준비 및 절차를 알아본다.
8. 은행거래	• 은행거래, 수표, 어음 등에 대한 공부를 한다.
9. 세금	• 세금의 종류와 납부기간에 대해 공부한다. • 장부의 종류와 기장방법에 대해 공부한다.
10. 홍보 · 광고	• 온라인과 오프라인 홍보는 어떻게 할 것인가? • 온라인과 오프라인 광고는 어떻게 할 것인가?

자료원 : 경기지방중소기업청의 자료를 토대로 필자가 보완하였음

그렇기 때문에 창업을 생각하고 있는 예비창업자들은 창업 전에 당연히 사업계획서를 작성해야 하지만, 그것보다 위의 표에 있는 사항부터 점검해 보는 것이 필요할 것이다. 그러다 보면, 어떤 사항들은 이미 준비가 되어 있고, 다른 많은 사항들에 대해서는 준비가 턱없이 부족하다는 것을 알 수 있다. 그냥 생각만 하지 말고, 백지와 필기구를 준비해서 하나씩 작성해 보면서 검토하는 것이 필요하다.

6. 초보 창업자가 고민해야 하는 6가지

언론기사를 작성할 때의 육하원칙(六何原則, five W's and one H)은 창업을 위한 핵심성공요인(CSF: Critical Success Factor)이라고 할 수 있다. 따라서 창업을 준비하고 있는 예비창업자들은 다음의 6가지에 대해 고민하고 또한 구체적으로 계획해야 한다.

(1) **누가**(who) : 누가 창업을 하는가 하는 것인데, 쉽게 말하면 창업자가 어떤 사람이냐 하는 것이다. 즉, 창업자가 어떤 자질과 능력을 갖추고 있는가 하는 것이 매우 중요하다는 것인데, 창업하고자 하는 분야에서 필요한 창업이론과 실무지식을 제대로 갖추어야 한다.

(2) **언제**(when) : 언제는 바로 창업의 시기 혹은 타이밍(timing)이라고 할 수 있다. 창업아이템에도 창업의 시기가 있으며, 시장진입이 너무 빨라도 혹은 너무 늦어도 낭패를 볼 수 있다. 창업을 할 때에는 계절적인 요인도 고려해야 하며, 또한 제품의 수명주기(product life cycle)를 고려하여 창업의 시기를 조절해야 한다.

(3) **어디서**(where) : 어디서라는 것은 창업의 장소(입지)라고 할 수 있는데, 온라인과 오프라인으로 나누어서 생각할 수 있을 것이다. 아울러, 점포 창업의 경우에는 어느 장소(점포의 입지)에서 창업을 하는가 하는 것이 매우 중요한데, 점포의 입지선정을 위해서는 점포 예정지역에 대한 상권분석이 먼저 실시되어야 한다.

(4) **무엇을**(what) : 무엇을 제조하고 판매할 것인가 하는 문제를 말한

다. 이것은 창업아이템에 해당하는 것으로 유형의 아이템과 무형의 아이템으로 구분하여 생각할 수 있다. 아울러, 상품을 판매할 수도 있고 서비스를 판매할 수도 있을 것이다.

(5) 어떻게(how) : 어떻게는 창업기업의 경영과 관련된 여러 요소를 어떻게 결합시켜서 경영하는가 하는 문제를 말한다. 즉, 기술개발, 자금조달, 홍보 및 마케팅, 시장개척, 인사관리 등의 여러 문제를 어떻게 관리하고 운영할 것인가 하는 것을 말하는데, 창업자는 자기 나름대로의 경영철학과 전략을 갖고 있어야 할 것이다. 예를 들어, 흔히 마케팅전략으로서 4P가 중요하듯이, 프랜차이즈 시스템에서는 4S(Speed, Spread, Strength, Satisfaction)전략도 매우 중요하다. 즉, 시장진입의 속도(Speed), 가맹점의 확산전략(Spread), 브랜드의 강점 및 차별화(Strength), 고객만족(Satisfaction)이 프랜차이즈 창업 시에 중요하게 고려되어야 할 것이다.

(6) 왜(why) : 왜는 무엇 때문에 창업을 하는가 하는 것과 같이 창업의 목표를 분명하게 해야 한다. 또한 창업의 과정에서 일어나는 수많은 문제와 의사결정에 대해서 "왜?"라는 질문을 스스로 하고 또한 구체적으로 대답할 수 있어야 한다.

위에서 언급한 6가지를 잘 생각해 보면, 창업이라는 것은 결코 좋은 아이템 하나만 있다고 해서 성공할 수 있는 것은 아니라는 것을 알 수 있다. '구슬이 서말이라도 꿰어야 보배'라고 하듯이 창업을 위한 핵심성공요인(CSF)들을 결정한 후에 그러한 요인들을 효과적으로 결합시키고 융합시켜야 성공창업이 가능할 것이다.

7. 창업의 기본적인 절차 및 고려사항

일반적으로 창업은 다음의 8단계로 진행할 수 있는데, 창업할 업종과 아이템에 따라 조금씩 달라질 수는 있다. 중요한 것은 창업을 하고 싶다는 생각만 하지 말고, 창업을 준비하면서 생각한 모든 것들을 하나의 사업계획서로 만들어야 하고 또한 단계별로 필요한 일들을 구체적으로 실행하는 것이 필요하다.

1. 창업예비분석

먼저 창업자는 자신의 창업자질 및 적성 등을 분석하여 창업을 하는 것이 타당한가를 결정해야 하며, 창업자가 갖고 있는 자원(resources)이 충분한지 혹은 창업시기가 적당한지를 생각해야 한다. 예를 들어, 어느 누구도 자금, 기술 등을 충분히 갖고 창업을 하는 것은 아니지만, 부족한 창업자원을 어떻게 조달할 것이며 제대로 조달할 수 있는가를 고려해야 할 것이다.

2. 사업목적의 정의

창업예비분석을 통해 창업을 진행하기로 결정했으면, 창업의 기본적인 이유와 사업 방향에 대해 명확하게 해야 한다. 즉, 창업을 통해 달성하려는 것이 무엇인지 혹은 추구하고자 하는 것이 무엇인지를 확실하게 정의해야 하는데, 그것은 창업이념 혹은 미션(mission)으로 표현될 수 있다. 즉, 창업자의 생각과 경험, 삶의 철학 등이 창업을 통해 구현될 수 있는 분명한 목표가 설정되어야 할 것이며, 막연히 많은 돈은 결코 창업의 미션이 될 수 없다는 것도 생각해야 한다.

3. 사업 분야의 결정과 사업 아이디어의 모색

사업 분야는 바로 창업할 업종이라고 할 수 있으며, 사업 아이디어는 창업아이템이라고 할 수 있다. 사실, 사업 분야 혹은 사업 아이디어를 결정할 때에는 다양한 자료의 수집, 전문가와의 상담, 현장 탐방 및 벤치마킹(benchmarking) 등을 위해 많은 절차와 시간 그리고 비용이 소요될 수 있다. 또한, 사업 분야 혹은 사업 아이디어는 창업트렌드 혹은 국내외 경제상황 등에 따라서 변동될 수 있다는 것을 생각해야 하며, 오지 한 가지만을 고집하는 것은 결코 바람직하지 않다.

4. 사업성 분석

앞에서 결정한 사업 분야와 아이디어가 사업성이 있는가를 조사하고 분석하기 위해서는 수익성, 시장성, 기술성뿐만 아니라 공익성도 고려해야 한다. 사실, 초보자의 경우에는 사업성을 분석하는 것이 쉽지 않기 때문에 동일한 사례 혹은 유사한 사례를 벤치마킹하는 것도 좋을 것이다.

5. 인적 · 물적 자원의 조달과 구성

인적 자원과 물적 자원의 핵심은 창업멤버를 구성하는 일과 창업에 필요한 자금을 조달하는 것이라고 할 수 있다. 특히 자금은 창업자의 자금을 활용할 수도 있지만 정부 혹은 다양한 창업지원기관에서 지원하는 무상 창업자금들을 받도록 노력하는 것이 필요한데, 먼저 창업자금을 지원하는 기관들을 조사하는 것이 필요하다. 또한 각 기관별로 지원하는 창업자금의 신청자격 및 준비서류 등을 살펴보면서 꼼꼼하게 챙기는 것도 잊지 말아야 한다.

6. 사업계획서의 작성과 조직구조의 설정

사업계획서의 중요한 사항으로는 제품개발 및 자원의 조달계획, 판매계획, 생산 및 설비계획, 일정계획 등의 세부 계획들이 수립되어야 한다. 또한 앞에서 확보된 인적 자원을 기업의 주요 기능에 따라 조직화하고 배치하는 것도 필요하다. 특히 창업을 준비하면서 창업자가 생각하고 있는 모든 것들을 반드시 사업계획서로 작성해 보는 것이 매우 중요하다. 사업계획서를 작성하지 않고 창업을 준비하는 것은 마치 전쟁에 나가는 병사가 무기도 제대로 준비하지 않고 아무런 전략도 없이 적과 마주하는 것과 같으며, 그 결과는 분명 백전백패(百戰百敗)로 나타날 것이다. 또한 창업을 지원하는 기관별로 요구하는 사업계획서의 양식이 다른 경우가 많으며, 추가적으로 제출해야 할 서류들도 확인하는 것이 필요하다.

7. 사업개시

모든 준비가 끝났으면, 사업을 시작하면 된다. 설사, 사업을 개시하였다 하더라도 얼마나 잘 할 수 있을지에 대해서는 아무도 장담을 할 수가 없다. 한국에서 창업시장은 수명주기가 너무 짧으면서 고객들의 취향이 너무 자주 변하는 특징이 있다. 그렇기 때문에 사업을 개시했다고 하더라도 향후 고객의 수요 변화에 따른 수익모델(business model)의 개발 혹은 업종전환을 염두에 둔 창업기업의 경영이 필요하다고 할 것이다.

8. 창업트렌드 관찰 및 대응

대부분의 창업자들은 점포를 오픈하고 개업행사를 하고 나면 창업트렌드에 대해서는 별로 관심을 갖지 않는다. 이로 인해 6개월도 넘기지 못하고 망하는 창업자들이 속출하고 있는 실정이다. 따라서, 창업자는 전체 창업시장의 흐름, 고객의 변화, 신규 창업아이템의 출현, 경쟁상황의 파악, 국내외 경기변화, 새로운 수익모델의 개발 등을 통하여 창업트렌드를 파악하고 그것에 신속하게 대응하는 것이 필요하다. 이를 위해서는 전국에서 개최되고 있는 창업박람회 및 창업행사에 적극적으로 참여하는 것도 필요하며, 다음(Daum) 및 네이버(Naver) 등의 포털에서 창업관련 정보를 지속적으로 검색하여 살펴보는 것도 중요할 것이다.

위에서 창업의 기본적인 절차를 8가지로 제시하였는데, 각 단계별로 수행해야 하는 일들에 대해서 깊이 생각하고 꼼꼼하게 준비를 해야 한다. 높은 빌딩을 건축하기 위해서는 콘크리트로 기초를 단단히 다져야 하듯이, 성공창업을 위해서는 적당히 생각하거나 대충 준비하는 것은 절대로 금물이라는 것이다. 또한 얼마나 빨리 준비하는가 하는 것이 문제가 아니라 위에서 제시한 8단계의 절차를 얼마나 꼼꼼하게 체크하고 또한 준비하는가 하는 것이 성공창업을 위해서 가장 중요한 것이라고 할 수 있다.

한편, 위에서 언급한 창업의 8단계를 구체적으로 진행하면서 창업자가 고려해야 할 사항들은 다음과 같다.

① 스스로 준비된 창업자라고 생각하는가? 창업하고 싶은 분야에서 필요한 창업이론 및 실무지식을 충분히 갖추었다고 생각하는가? 또한 단기 취업 혹은 인턴과정을 통해서 현장 경험을 충분히 쌓았는가?

② 어떻게 홍보하고 어떻게 광고할 것인가? 고객들이 창업자의 점포를 많이 방문하도록 하기 위해서 온라인(on-line)과 오프라인(off-line)에서의 홍보 및 광고에 대한 계획이 구체적으로 수립되어 있는가?

③ 현재 경쟁자 혹은 잠재적 경쟁자에 대해 충분히 조사하고 분석하고 있는가? 많은 창업자들은 창업만 하면 많은 돈을 벌 수 있다고 생각하지만, 이미 창업시장에는 경쟁력을 갖춘 기업들이 너무도 많다는 사실을 간과하고 있는 실정이다. 그로 인하여 1년도 버티지 못하고 문을 닫는 점포들이 날로 증가하고 있는 실정인데, 이것은 경쟁자에 대한 분석 및 대응을 제대로 하지 않았기 때문이다.

④ 누가 고객이 될 것이며, 그 고객들은 어떠한 특성이 있는가? 아직도 많은 중장년 창업자들은 좋은 상품만 준비하면 매출이 크게 증가할 것이라고 생각하지만, 점포를 방문할 고객에 대한 분석이 선행되어야 할 것이다. 즉, 고객의 특성에 대해 충분히 이해를 한 후에 판매할 상품을 준비하는 것이 더 중요하다는 것이다. 또한 현재의 고객 외에도 잠재적 고객의 발굴은 어떻게 진행할 것인가에 대한 준비도 필요하다.

⑤ 창업자가 판매할 상품들의 과거, 현재 및 미래 전망을 조사·분석해 보았는가? 즉, 과거에는 어떤 상품들이 잘 팔렸으며, 현재에는 어떤 상품들이 잘 팔리고 있는지 그리고 미래에는 어떤 상품들이 잘 팔릴 것인지에 대한 조사 및 분석이 중요할 것이다.

8. 창업 준비는 창업계획서의 작성으로 시작한다.

창업을 생각하고 있는 사람이 창업아이템 혹은 창업자금을 먼저 생각하고 있다면, 그것은 매우 잘못된 시작이라고 할 수 있다. 즉, 창업을 하겠다고 결심했다면, 자신이 막연하게 생각하고 있는 사항들을 구체적으로 정리한 후에 하나의 서류로 작성해 보는 것이 필요할 것이다. 특히, 자신의 주관적인 생각이나 판단보다는 객관적인 시각을 갖고 창업자의 사업에 대해 구체적으로 계획해 볼 수 있는 것을 바로 창업(사업)계획서라고 하는데, 아래의 목차에 의거하여 직접 작성해 보는 것이 필요하다. 물론 창업의 종류와 방법에 따라 일부 항목은 필요가 없거나 어떤 항목은 수정해도 무방할 것이다.

1. 요약 및 목차

요약(summary)은 창업계획서의 가장 중요한 부분이며, 요약에서는 사업의 간략한 정리가 있어야 하고 창업계획서의 핵심 내용이 정리되어야 한다. 그리고 목차의 큰 제목에 해당하는 부분을 압축하고 제시하는 것이 필요하다. 또한 목차는 자세히 살피기보다는 관심 있는 사업계획서의 내용만 읽고 싶은 이해관계자들에게 편리를 제공하기 위해 반드시 필요하다.

2. 회사의 소개와 조직

회사에 관한 일반적인 사항을 소개하는 부분으로서 회사개요(기업명 및 형태, 설립 예정지역, 주요 생산품 등), 회사 연혁(창업 동기 및 사업의 기대효과), 조직 기구도, 주주현황, 경영진 및 기술진, 금융거래 현황, 조업현황, 관련기업 현황, 기타의 내용들이 구체적으로 포함될 수 있다. 하지만, 아직 창업에 대한 경험이 없다면 기업명, 주요 생산품, 관련기업 현황 및 주요사업 내용만 작성해도 충분할 것이다.

3. 산업분석

산업분석은 도전하고자 하는 사업에 대한 분석, 목표시장(target market), 소비자 및 경쟁자 분석 등이 이루어져야 하는데, 창업계획서에서 가장 중요한 부분이라고 할 수 있다. 아울러 시간과 비용이 가장 많이 소요되는데, 시장에 대한 분석도 없이 창업을 한다는 것은 적군에 대한 분석도 없이 전쟁터에 나가는 병사와도 같다는 것을 생각해야 한다. 따라서, 창업자는 자신이 생각하고 있는 창업분야 혹은 창업아이템과 관련된 산업 및 시장상황에 대해 구체적으로 조사해 보는 것이 필요한데, 온라인 검색 및 다양한 통계자료를 활용하는 것이 필요하다.

4. 마케팅 계획

마케팅의 4P에 의한 전략을 제시해야 하는데, Product(제품정책), Price(가격정책), Promotion(촉진정책), Place(유통정책)에 대한 구체적인 계획이 수립되어야 한다. 여기에서 Promotion(촉진정책)은 홍보와 광고의 두 가지로 구분하여 계획할 필요가 있는데, 홍보는 자금이 투자되지 않는 마케팅 활동이라고 할 수 있으며 광고는 자금이 투자되는 마케팅 활동이라고 할 수 있다. 창업 후 목표로 하는 매출을 올리고 수익을 발생시키기 위해 매우 중요한 부분이라고 할 수 있으며, 실패하지 않는 창업을 위해서 가장 중요한 것이 바로 홍보와 광고를 중심으로 하는 마케팅 계획 및 실행이라고 할 수 있다.

5. 기술 및 연구개발

창업 대상 기술의 내용 및 특성을 제시해야 하는데, 기술의 핵심내용을 그 분야에 대해 잘 모르는 사람이 읽더라도 충분히 이해할 수 있도록 쉽게 설명하고, 아이템 선정 과정 및 기술현황, 사업화 가능성 및 전망 그리고 향후 R&D 투자계획을 개발목표, 개발인력 구성, 개발소요자금, 개발 일정 등으로 설명하면 된다. 사실, 모든 창업분야가 기술 및 연구개발이 필요한 것은 아니기 때문에 초보 창업자들의 경우에는 크게 신경 쓸 필요가 없을 수도 있다.

6. 생산과 시설계획

창업아이템이 제품을 실제로 생산해야 하는 경우라면 총괄, 연차별 가동 계획, 제품별 생산 공정도 및 공정 설명, 원·부자재 소요 및 조달계획, 생산 및 시설투자 계획 등의 형태의 생산계획이 제시되어야 한다. 그런데, 기술 및 연구개발과 마찬가지로 제품을 직접 생산하지 않는 창업에서는 작성할 필요가 없는 부분이다.

7. 경영과 소유, 인력계획

창업조직을 계획하는데, 언제 어떤 자격을 가진 사람을 확보할 예정인가에 대한 언급도 필요하다. 특히 경영진이나 투자자를 제외한 우수인력에 대한 채용 계획을 언급하는 것이 필요한데, 외부 투자에 있어 경영진은 매우 중요한 평가요소가 된다. 창업의 초기 단계에서는 많은 인력이 필요하지 않지만, 매출이 증가함에 따라 추가적인 인력이 필요하기 때문에 인력의 구성 및 확보방법에 대한 계획을 미리 수립하는 것이 필요하다.

8. 자본 및 재무계획, 자본금 회수방안

창업자가 필요로 하는 자본에 대해서도 언급하는데, 필요한 액수와 시기에 대해서 설명한다. 또한 조달된 자금을 어떻게 사용할 것인지에 대한 소요자금 명세 및 용도와 차입금 상환계획을 제시해야 한다. 자본 및 재무계획에 있어서 특히 관심을 가져야 하는 것은 창업자금을 지원하는 정부 및 관련 기관들에 대해 조사를 하고, 자금을 조달받기 위한 사업계획서 및 필요한 서류들을 준비하는 것이다. 요즈음은 몇 천 만원에서 몇 억까지의 창업자금도 무상으로 지원하는 정부 사업들이 많이 있기 때문에 평소에 창업지원기관들의 홈페이지에 접속하여 살펴보는 것이 필요하다.

9. 부 록

앞에서 설명하지 못했던 자료, 시제품의 사진, 신문 스크랩 등을 준비한다. 즉, 대표자 및 임원 이력서, 기술진 이력서, 최근 3년간 결산 서류, 담보 제공시 담보물 감정서, 도시계획 확인원, 등기부 등본, 보증관련 서류, 사업자등록증 사본, 정관, 법인 등기부등본, 제품 카탈로그, 기타 필요하다고 인정되는 서류 등을 준비하면 된다.

위의 목차에 의해 창업계획서를 작성하다 보면 어떤 항목에서는 아예 한 글자도 작성할 수 없는 경우가 있을 것이다. 이러한 경우에는 인터넷검색을 통해 필요한 자료를 찾거나 창업전문가와의 컨설팅을 통해 해결할 수 있을 것이다. 아울러, 도대체 무엇을 적어야 할지를 모르겠다 하는 생각이 든다면, 그것은 아직 본인이 창업에 대한 준비가 제대로 되지 않았다고 생각해야 할 것이다. 그렇다고 창업계획서도 작성해보지 않고 무작정 창업이라는 시장에 뛰어드는 것은 자신뿐만 아니라 가족들의 생계를 심각하게 위협할 수 있다는 것을 꼭 기억해야 한다.

한편, 창업계획서의 작성과 관련하여 준비해야 할 것들은 다음과 같다.

첫째, 창업지원기관들에서 진행하는 다양한 행사 및 교육에 참여하여 인맥을 형성하는 것이 필요한데, 명함을 준비하는 것을 잊지 말아야 한다.

둘째, 창업자가 작성한 창업계획서를 검토해 줄 수 있는 창업전문가 혹은 멘토(mentor)가 있어야 하는데, 창업관련 교류모임에 참여하면서 이미 창업에 성공한 사람들과 인맥을 형성하는 것이 필요하다. 전국에 있는 창업보육센터, 소상공인지원센터, 테크노파크 등을 방문하여 전문가들과 협의를 하여 멘토(mentor)를 추천받는 것도 좋을 것이다.

셋째, 신뢰할 수 있는 창업컨설팅 회사를 선정하여 창업의 진행 과정 중에 정기적으로 자문을 받는 것이 필요한데, 매월 혹은 컨설팅이 진행될 때마다 일정 금액을 지불하는 것이 필요하다.

넷째, 창업계획서의 심사를 고려하여 파워포인트의 작성 및 발표연습도 해 보는 것도 필요하다. 사실, 창업계획서는 창업의 성공률을 높이기 위해서도 필요하지만, 다양한 창업지원기관으로부터 창업자금을 무상으로 지원받기 위해서도 꼭 필요하다. 이에 따라, 자신의 창업계획을 파워포인트로 만들어서 10분 정도 발표를 잘 할 수 있도록 준비하는 것도 중요할 것이다.

요약하면, 창업계획서는 창업자의 생각을 구체적으로 정리한 문서이며, 1차로 완성한 창업계획서를 읽어가면서 수정되고 보완이 될 때에 완전한 창업계획이 완성된다고 할 수 있다. 또한 완성된 창업계획서는 정부가 지원하는 다양한 창업사업에 제출을 하여 무상 창업자금을 받을 수도 있으며, 제휴와 협력을 위해서도 반드시 준비되어 있어야 한다.

9. 창업하고 싶은 업종 및 창업아이템을 선정할 때의 평가항목

예비창업자들의 입장에서 보면, 창업할 업종 및 창업아이템을 선정하는 것은 평생의 배우자를 선택하는 것만큼이나 중요한 일이라고 할 수 있다. 쉽게 선택할 수도 없는 것이기도 하지만 최종 선택의 결과를 번복하는 경우에는 많은 손실이 발생할 수 있다.

그러한 측면에서 보면, 적어도 아래 4개의 주요 항목과 9개의 평가요소를 기준으로 객관적인 분석 및 평가의 결과를 토대로 창업할 업종과 아이템이 선정되어야 한다. 특히 동일한 창업업종 내에서 창업아이템을 선정할 때에는 아래의 〈표 2〉에서 제시된 기준으로 평가한 후에 비교 분석해 보는 것이 중요할 것이다.

〈표 2〉 창업할 업종 및 창업아이템을 선정할 때의 평가항목

주요 항목	평가요소	세부 검토사항
상품성	상품의 적합성	• 창업자가 잘 아는 제품인가 • 상품이 비필수품이거나 사치품은 아닌가? • 정부의 인·허가 등에 의한 제한이나 독점은 없는가?
	시장의 규모	• 예상되는 고객의 수는 어느 정도인가? • 국내 및 해외 시장 규모는 금액으로 어느 정도인가?

시장성	경쟁성	• 경쟁자의 세력 및 지역별 분포는 어떤가? • 경쟁제품과 비교했을 때 품질과 가격관계는 유리한가? • 판매 유통이 용이하며, 물류비용이 저렴한가?
	시장의 장래성	• 잠재 고객 수의 증가는 있는가? • 새로운 창업기업의 침투 가능성은 어느 정도인가? • 소비자 성향이 안정적이고, 필요성이 증가하는가?
수익성	제품생산비용의 효익성	• 적정 비용으로 제품을 생산할 수 없는 요인이 있는가? • 생산 공정이 복잡하지 않고, 효율성은 있는가?
	적정 이윤 보장성	• 원자재 조달이 용이하고, 값은 안정적인가? • 필요한 노동력 공급이 용이하며 저렴한가? • 적정 이윤이 보장되는가?
안정성	위험수준	• 경제순환 과정에서 불황 적응력은 어느 정도인가? • 기술적 진보 수준은 어느 정도이며, 기술적 변화에 쉽게 대처할 수 있는가?
	자금투입의 적정성	• 초기 투자액은 어느 정도이며, 자금조달이 가능한 범위인가? • 이익이 실현되는 데 필요한 기간은 어느 정도이며, 그 동안 자금력은 충분한가?
	재고수준	• 원자재 조달, 유통과정상 평균재고 수준은 어느 정도이며, 재고 상품의 회전기간은 어느 정도인가?

자료원 : 중소기업지식나눔터

☞ 예비창업자가 3개의 창업아이템 중에서 하나를 고려하고 있다면, 3개 아이템을 9개의 평가요소별로 평가(항목별로 0~10점으로 평가)한 후에 점수를 합산하여 비교하는 것도 좋은 방법이 될 수 있다.

10. 창업은 어떻게 시작하는 것이 좋은가?

요즈음 창업을 생각하고 있는 많은 예비창업자들을 보면, 창업을 하고 싶다는 마음은 간절한데 어디서부터 시작해야 하는가를 잘 모른다. 즉, 아무런 준비도 없는 상태에서 빨리 창업을 해서 돈을 벌고 싶다는 마음만 있을 뿐이며, 실제 행동으로 실천하는 방법에 있어서는 부족함이 너무 많다는 것이다. 이에 따라 창업을 생각한 이후의 무엇을 어떻게 실천해야 하는지에 대해 몇 가지를 제안하고자 하는데, 중요한 것은 열심히 발품을 파는 일이다,

첫째, 네이버(Naver), 네이트(Nate), 다음(Daum) 등과 같은 포털사이트에서 창업관련 기사를 검색해 보는 것이 필요하다. 그냥 창업, 프랜차이즈, 외식, 인터넷쇼핑몰 등과 같이 자신이 관심 있는 분야 혹은 아이템에 대한 검색어를 입력한 후에 검색만 하면 된다. 이렇게 매일 창업관련 기사를 읽다보면 창업의 트렌드를 알 수 있는 동시에 유망한 창업아이템에 대한 정보도 쉽게 얻을 수 있을 것이다.

둘째, 창업박람회, 창업설명회 및 창업교육에 자주 참가하는 것이 필요하다. 서울, 대구, 부산 등에서 개최되는 창업박람회뿐만 아니라 지역에서 개최되는 창업설명회 혹은 창업교육에 참석하여 보고, 듣다 보면 자신이 관심을 갖는 창업아이템을 찾을 수 있다. 특히 창업박람회를 참관하는 경우에는 프랜차이즈 본사에게 주요 가맹점의 위치 및 연락처를 확인한 후에 직접 방문해 보는 것도 창업아이템을 신속하게 찾는데 많은 도움이 될 것이다.

셋째, 포털사이트 다음(Daum)과 네이버(Naver)에서 창업 카페를 검색하여 가입한 후에 활동해 보는 것이 좋다. 현재 국내에서는 약 10만 개의 창업카페가 운영되고 있는데, 관심이 있는 창업분야의 정보들을 제공하고 있는 창업카페에 가입하여 활동하는 것은 성공적인 창업을 위해서도 많은 도움이 될 것이다. 예를 들어, 뉴비즈니스연구소 카페(cafe.daum.net/isoho2jobs)에 가입하여 활동하면, 다양한 분야의 창업자들과 교류할 수 있고 또한 창업 준비에 필요한 좋은 정보들을 습득함은 물론 성공한 창업자들로부터 조언도 받을 수 있다.

넷째, 전국에 설치되어 있는 소상공인지원센터, 창업보육센터, 테크노파크 등과 같은 창업지원기관을 효과적으로 활용하는 것이 필요할 것이다. 예를 들어, 소상공인시장진흥공단(www.semas.or.kr)에서는 전국 소상공인지원센터의 위치뿐만 아니라 개최되는 창업 강좌에 대한 정보도 얻을 수 있다. 또한 창업보육센터 네트워크 시스템(www.bi.go.kr)에 접속하면 전국의 창업보육센터 위치와 연락처뿐만 아니라 창업행사에 대한 정보, 그리고 입주할 기업을 모집하고 있는 창업보육센터에 대한 소식도 접할 수 있다. 또한 테크노파크(www.technopark.kr)에서는 전국의 테크노파크에서 진행하는 다양한 창업지원 사업에 대한 정보를 획득할 수 있다. 특히 소상공인지원센터 및 창업보육센터를 방문하여 창업자가 생각하고 있는 아이템에 대해 상담을 하고 검증을 받아 보는 것도 좋을 것이다.

다섯째, 창업전문가 혹은 창업컨설턴트를 만나서 조언을 받는 것도 필요하다. 창업준비 과정상에서 애로를 겪고 있는 문제를 가장 잘 해결해 줄 수 있는 창업전문가를 찾아서 상담을 받는 것은 좋을 것이다. 중요한 것은 제대로 지불하고 제대로 창업상담을 받는 것이 좋은데, 아직도 대부분의 예비창업자들은 창업상담에 대해 비용을 지불하는 것에 대해 부정적인 생각을 갖고 있는 실정이다.

여섯째, 홈페이지를 만들기 위해 반드시 알아야 하는 HTML과 상품 이미지를 만들기 위해 필요한 포토샵(photoshop)에 대해 반드시 배워야 한다. 아울러 카페(cafe)와 블로그(blog)의 운영에 대한 지식도 필수적이라고 할 수 있다. 창업자 입장에서 보면 많은 돈을 들여서 홈페이지를 개발하는 것보다는 여러 개의 카페, 블로그 및 페이스북(facebook) 등을 운영하는 것이 홍보 효과라는 측면에서 더 유리하다고 할 수 있다.

마지막으로, 창업을 생각하고 있는 예비창업자들에게 꼭 부탁하고 싶은 것은 머리로 생각을 했으면 반드시 손과 발로 실천하라는 것이다. 또한 아무리 먼 거리라고 하더라도 직접 가서 눈으로 확인하고 점검해야 한다는 것도 잊지 말아야 한다. 또한 인맥형성과 벤치마킹을 통해 성공한 창업자들의 경험과 노하우를 배우면서 창업과정상의 시행착오를 최대한 줄이는 것이 필요할 것이다.

11. 창업박람회, 창업교육 및 창업행사에서는 무엇을 해야 하는가?

1997년의 외환위기 이후 매년 전국적으로 창업박람회, 창업교육 및 행사들이 개최되고 있다. 아울러, 다음(Daum)과 네이버(Naver) 등에서 운영되고 있는 창업카페에서도 다양한 형태의 교류모임 및 창업행사들을 진행하고 있다. 하지만, 이러한 행사 혹은 교육에 참석하는 많은 예비창업자들은 행사의 내용에 대해 실망하거나 행사가 끝나기도 전에 나가는 경우도 많다. 예비창업자들이 생각하는 내용과는 다르다는 것인데, 아래의 사항들을 한 번 더 생각하면 좋겠다.

첫째, 정보를 얻는 데 초점을 두어야 한다. 창업박람회에 가보면 대부분 프랜차이즈 본사들이 가맹점 모집을 위해 열심히 홍보를 하고 있다. 어떤 예비창업자들은 이런 것에 대해 불평을 하지만, 창업아이템에 대한 정보를 수집하는 기회로 생각하면 좋을 것이다. 사실, 전국적으로 개최되는 창업박람회를 3~5회 정도 참관해보면, 국내 창업시장의 흐름을 파악하는 데에도 상당히 도움이 된다.

둘째, 벤치마킹의 기회로 삼아야 한다. 창업박람회의 경우에는 적어도 50개 이상의 아이템을 만날 수 있으며, 궁금한 것은 무엇이든 물어볼 수 있는 좋은 기회가 된다. 굳이 가맹계약을 하지 않더라도 다른 회사가 전시한 아이템에 대해 자세하게 분석하고 벤치마킹할 수 기회로 활용하게 되면, 이론 강의실에서 수 백 시간의 강의를 듣는 것보다 더 많은 것을 배울 수 있다는 것이다.

셋째, 인맥형성을 위한 좋은 기회가 될 수 있다. 창업박람회, 창업교육 및 행사는 예비창업자뿐만 아니라 국내의 유명 창업관련 회사들의 임직원, 창업을 지원하는 정부기관의 담당자들을 만날 수 있는 좋은 기회가 된다. 이러한 곳에 갈 때에는 본인의 명함을 만들어서 서로 교환하면 나중에 그것이 큰 자산이 될 수도 있다.

넷째, 차별화를 할 수 있는 아이디어를 얻을 수 있다. 얼핏 보면 시시해 보이기도 하고 수익성이 없어도 보이는 창업아이템도 많이 만날 수 있다. 그러면 전시된 창업아이템을 활용하여 새로운 아이디어 및 기술을 추가하고, 어떻게 차별화를 하면 조금 더 수익성이 좋은 아이템으로 만들 수가 있는가를 생각하면 좋다.

다섯째, 결정적인 지식을 얻을 수 있다. 말솜씨가 없는 강사의 강의를 2~3시간 듣고 있으면 졸음도 쏟아지고 금방이라도 나가고 싶은 충동을 느낄 수도 있다. 하지만, 스쳐가듯이 듣게 되는 한 마디가 결정적인 지식 혹은 핵심 정보가 될 수 있다는 것이다. 컴퓨터 실습교육을 진행하게 되면, 귀로는 강사의 말을 듣고 눈과 손으로는 마우스로 인터넷 사이트를 살펴보고 있는 예비창업자들이 많다. 그러한 경우에 아무 것도 얻지 못하고 돌아가면서 불평이나 할 수 있다는 것을 생각하면 좋겠다.

여섯째, 행사를 주관하는 기관에서 판매하는 참가업체 안내책자 등을 꼭 구입하여 수시로 읽어 보는 것이 필요한데, 그 책자 안에는 성공창업에 도움이 되는 소중한 정보들이 수록되어 있기 때문이다. 특히 창업박람회의 경우에는 참가한 모든 프랜차이즈 본사들의 창업아이템뿐만 아니라 홈페이지 주소, 연락처 등이 수록되어 있기 때문에 문의 및 상담을 위해 유용하게 활용될 수 있다.

☞ 창업자들은 창업행사 및 박람회에서 공짜로 주는 커피, 치킨, 맥주 등에 관심을 갖지 말아야 한다. 그것보다는 참가한 기업들이 전시한 창업아이템에 대해 꼼꼼하게 알아보고 궁금한 사항에 대해 물어 보면서 창업자 자신의 기술과 아이디어를 융합시켜서 더 좋은 창업아이템으로 발전시키기 위해 노력하는 자세가 필요할 것이다.

12. 초보 창업자들이 창업을 시작할 수 있는 8가지 방법

요즈음 창업을 생각하고 있거나 준비 중에 있는 예비창업자들은 많이 있지만, 성공적인 창업에 대해서는 여전히 자신감이 부족한 실정이다. 혹시라도 잘못했다가는 전 재산을 날릴 수 있다는 불안감도 있을 것이며, 창업의 초기단계에서 무엇을 어떻게 해야 할지를 잘 모르는 예비창업자들도 많은 실정이다. 아래에서는 초보 창업자들이 성공적으로 시작할 수 있는 8가지의 창업방법을 제시하고자 하며, 이것은 본격적인 창업의 이전단계로서 창업에 대해 경험을 해 본다고 생각하는 것이 필요하다.

첫째, 무점포 재택창업으로 경험과 노하우를 쌓는다. 처음으로 창업을 준비하면서 초기 단계에서 많은 자금을 투자해야 하는 업종을 선택하거나 임대 비용이 비싼 점포를 선택하는 것은 매우 위험하며, 우선 무점포 재택창업으로 경험을 쌓는 것이 필요하다. 무점포 재택창업이 가능한 다양한 아이템은 창업서적, 인터넷검색, 창업전문가와의 상담 및 컨설팅 등을 통해서 충분히 찾을 수 있는데, 무엇보다 창업자 자신의 경력 및 경험과 잘 맞는지를 점검하는 것이 필요하다.

둘째, 인터넷창업도 가맹점으로 시작하는 것이 필요하다. 가맹점이라고 하면 점포를 활용한 외식창업만을 생각할 수도 있는데, 다음(Daum) 및 네이버(Naver)에서 검색해보면 인터넷창업도 가맹점으로 시작할 수 있는 것들이 많이 있다. 또한 현재 잘 되고 있는 인터넷창업 사이트가 있다면 가맹점으로 시작할 수 있는 방안을 제안해 보는 것도 좋을 것이다. 예를 들어, 인지도가 높은 인터넷쇼핑몰에서 상품이미지들만 제공받아서 옥션 및 G마켓 등에 등록한 후에 고객들이 상품을 주문하면 인터넷쇼핑몰에서 도매가로 상품을 공급받아서 고객들에게 배송하는 것도 얼마든지 가능할 것이다.

아직도 많은 창업자들은 인터넷쇼핑몰 창업은 점포가 필요하지 않기 때문에 소자본으로 창업이 가능할 것이라고 생각하지만, 실제로 점포창업에 못지않게 많은 자금이 필요하다. 또한, 다양한 가격비교 사이트의 등장 등으로 인해 가격경쟁이 점점 더 치열해지면서 제품판매로 인한 마진은 계속 줄어들고 있기 때문이다. 또한 다양한 소비자의 요구를 만족시키기 위해서는 다양한 제품을 갖추어야 하며, 국내 시장을 넘어 해외 시장에서도 제품을 수입해야 하는 어려움이 존재하고 있는 실정이다. 그렇기 때문에 초보 창업자들은 우선 가맹점으로 인터넷쇼핑몰 창업을 시작해 보면서 시장성, 성장성 및 수익성을 점검한 후에 독립적인 인터넷쇼핑몰 창업을 하는 것이 좋을 것이다.

셋째, 숍인숍(Shop in Shop) 창업으로 경험을 쌓는다. 경기가 불황일 때에는 기존 점포들과 연계하여 판매할 수 있는 상품들을 도매토피아(www.dometopia.com), 도매꾹(www.domeggook.com) 등과 같은 도매사이트에서 발굴하여 숍인숍으로 창업을 할 수 있을 것이다. 또한 한 점포에서의 경험을 바탕으로 여러 점포에서의 숍인숍 창업으로 발전시킬 수 있을 것이며, 우선은 특정 지역에서 숍인숍 창업을 시작하는 것이 필요하다. 숍인숍 창업으로 인해 충분한 경험을 쌓았다고 생각하면, 전국적으로 가맹점들을 모집하여 숍인숍 창업을 확장시켜가는 것도 좋은 전략이 될 수 있다.

넷째, 500만원 정도의 자금으로 무엇이든 일단 시작해 보는 것이 필요하다. 창업을 하고 싶다는 막연한 생각만 하지 말고, 최소의 자금으로 일단 창업을 해 보는 것이 중요하다. 즉, 창업규모와 상관없이 시간이 흐름에 따라 경험과 노하우가 쌓이게 될 것이며, 향후 창업의 규모를 확장하거나 사업을 다양화시킬 때에도 도움이 된다. 아직도 창업에 대한 생각만 하고, 무엇을 할 것인지를 결정하지 않았다면, 초기 투자금 500만원의 손실을 각오하고 일단 시작해 보는 것이 중요하다는 것이다. 필자가 집필한 '무점포 · 1인 창업하기'에 있는 다양한 창업아이템 중에서 하나를 선택하여 일단 시작해 보는 것이 좋을 것이다.

다섯째, 다양한 웹사이트에서 직접 상품을 판매해 본다. 인터넷쇼핑몰을 직접 운영하지 않더라도 다음(Daum)과 네이버(Naver)에서 무료로 개설할 수 있는 카페(cafe), 블로그(blog), 옥션 및 G마켓, 이베이(ebay) 등에서 직접 상품을 판매해 보는 것은 향후 점포창업 및 인터넷창업을 성공적으로 진행하는 데 많은 도움이 된다. 또한 확실한 창업아이템을 확정하지 않은 경우에도 창업자가 생각하고 있는 상품들을 다양한 전자상거래 사이트에서 판매해 봄으로써 시장조사도 해 볼 수 있는데, 향후 안정적으로 매출을 올릴 수 있는 상품을 선정하는 데도 도움이 될 것이다. 예를 들어, 이니시스 INIP2P(www.inip2p.com)에서 무료로 제공하고 있는 결제솔루션만 사용해도 카페(cafe) 및 블로그(blog)에서 전자상거래 사이트를 개발할 수 있는데, 창업비용이 전혀 필요 없다는 장점도 있다.

여섯째, 성공한 창업자와 인맥을 형성하여 판매할 수 있는 상품을 도매가격으로 공급받도록 노력한다. 예비창업자들이 벤치마킹을 하고 싶은 창업자 혹은 이미 관심 창업분야에서 성공한 창업자들과의 인맥을 형성하여 멘토(mentor)로서 도움을 받을 수 있을 것이다. 많은 창업자들이 실패하는 이유 중의 하나는 자기 고집대로만 창업을 진행하는 데 있으며, 주변의 조언을 흔쾌히 받아들이는 자세와 노력이 필요하다. 특히 관심분야에서 이미 성공한 창업자들의 경험과 노하우를 배우면서 성공비결을 벤치마킹하는 것이 중요하며, 상품조달에 대한 조언도 받고 또한 판매할 상품도 안정적으로 공급받을 수 있을 것이다.

장기적으로 판매할 상품을 결정하지 못했다면, 여러 창업자들로부터 단기적으로 상품을 공급 받아서 판매해 보는 것도 좋을 것이다. 또한 신뢰가 쌓이면서 더 유리한 조건에 상품을 공급 받을 수도 있고, 상품을 공급 받을 수 있는 국내 및 해외 도매시장에 대한 정보들도 확보할 수 있을 것이다.

일곱째, 성공한 점포에 단기 취업을 하여 창업에 대해 배우는 것도 좋은 방법이다. 최소한 6개월에서 1년 정도는 처음부터 배운다는 생각으로 관련 점포에 취업을 하는 것도 좋은데, 막상 취업을 해 보면 예비창업자의 입장에서는 미처 생각하지 못했던 여러 문제들에 대해서 배우게 된다. 보통 20~30년간 직장생활을 한 명예퇴직자들의 경우에는 남의 밑에 들어가서 또 다시 봉급자 생활을 하느냐고 할 수도 있지만, 현장경험을 쌓은 후에 창업을 하는 것은 창업실패에 대한 리스크(risk)를 크게 줄이면서 안정적인 매출을 올리기 위해서 필요하다.

여덟째, 길거리 창업 혹은 이동형 창업으로도 시작할 수 있다. 점포를 임대할 자금이 부족하거나 처음 만나는 사람들과도 짧은 시간에 친밀감을 형성할 수 있는 경우에는 사람들이 많이 다니는 장소를 선택하여 길거리 창업으로 경험을 쌓아보는 것도 필요하다.

사실, 길거리 창업의 경우에는 점포창업 혹은 재택창업에 비하여 어려움이 많지만, 고객과의 다양한 접촉 및 소통을 통해 상품에 대해 설명을 하고 판매하는 데 도움이 될 수 있는 다양한 실무를 배울 수 있다. 또한 대인관계를 잘 할 수 있는 창업자들이 본격적인 창업에서도 목표로 하는 매출을 올릴 수 있으며, 그저 남 보기에 어떨까 하는 생각은 성공적인 창업에 결코 도움이 되지 않는다는 것도 생각해야 한다.

초보 창업자가 창업 전에 생각해야 하는 것은 스스로 창업환경에 익숙하도록 교육하고 훈련하는 것이며, 창업 후에는 안정적인 매출을 올릴 수 있으면서 실패로 인한 리스크를 최소화시키는 것이다. 이를 위해서 창업초기에는 위에서 제시한 8가지의 방법을 활용하여 창업을 시작하는 것이 가장 좋을 것이다.

13. 창업으로 돈을 벌 수 있는 8가지 방법

한국의 창업시장은 매우 빠르게 그리고 다양한 형태로 성장하고 있는데, 이것은 다양한 방법의 창업이 가능하다는 것을 의미한다. 하지만, 대부분의 예비창업자들은 오직 독립형 창업 혹은 프랜차이즈 창업에만 관심을 갖고 있는 실정이다. 이에 따라 아래에서는 창업시장에서 돈을 벌 수 있는 8가지 방법들에 대해 설명하고자 한다.

첫째, 독립형 창업이 있다. 즉, 창업자가 처음부터 끝까지 모든 것을 혼자서 준비해서 창업을 하는 것을 말하는데, 초보 창업자보다는 창업에 대해 경험과 노하우가 있는 창업자에게 적합한 방법이다.

둘째, 프랜차이즈 본사를 창업할 수 있다. 독립형 창업으로 경험과 노하우를 쌓은 후에 프랜차이즈 본사를 창업하는 것도 좋은데, 독립형 창업은 창업자의 능력에 의해 성패가 좌우되지만 프랜차이즈 본사 창업은 프랜차이즈 본사의 시스템에 의하여 창업의 성패가 결정된다고 할 수 있다. 따라서, 프랜차이즈 본사 창업자는 프랜차이즈 본사가 갖추어야 할 여러 기능들을 확인한 후에 개별 기능들이 통합적으로 구축될 수 있도록 준비하는 것이 필요하다.

셋째, 가맹점 창업을 할 수 있다. 오랜 기간 동안 직장생활을 한 명예퇴직자, 주부 등이 쉽게 창업을 할 수 있는 방법이며, 본사의 지원이 부실하거나 본사가 망하면 모든 것을 잃게 될 수 있다. 따라서, 본사에 대한 철저한 조사 및 분석과 더불어 본사가 망했을 때를 가정하여 가맹점이 독자적으로 생존할 수 있도록 사전에 준비하는 것이 필요하다.

넷째, 총판계약을 통한 창업이 가능하다. 시장성과 장래성이 있는 프랜차이즈 본사와 특정 지역에서의 총판계약을 맺는 것이 필요하며, 예비창업자들에게 다양한 방법으로 홍보를 하여 가맹점 계약을 할 수 있는 실무지식과 노하우가 필요하다.

다섯째, 홍보 및 계약대행 창업이 있다. 수익성 및 성장성이 검증된 프랜차이즈 본사들과 계약을 한 후에 예비창업자들을 대상으로 창업교육 혹은 사업설명회를 개최한 후에 가맹점 계약을 대행하고 약정된 수수료를 받는 창업이라고 할 수 있다.

여섯째, 창업관련 연구소, 연구원 및 단체설립을 통한 창업이 가능하다. 단체는 일반적으로 비영리를 목적으로 하지만 단체의 목적에 맞는 제한된 범위 내에서의 영리사업도 일부 가능한 것도 현실이다. 세무서에서 개인사업자로 등록할 때에도 기존의 회사이름보다는 연구소 혹은 연구원의 명칭을 사용하는 것도 고려할 만하다.

일곱째, 국내외의 창업현장 및 도매시장에 대한 탐방을 활용한 컨설팅 창업도 가능하다. 예를 들어, 국내의 3대 도매시장이라고 할 수 있는 동대문 시장, 남대문 시장, 화곡동 시장뿐만 아니라 중국의 이우시장, 일본의 오사카 시장 등을 탐방하는 창업이 가능하다. 또한 예비창업자들을 대상으로 창업아이템의 선정에서부터 점포의 계약 및 개업까지의 모든 과정에 대한 창업컨설팅이 가능하다.

여덟째, 민간자격증을 발급해 주는 창업이 가능하다. 민간자격증은 규제가 엄격하지 않으면서 국가 공인자격증인 것처럼 홍보를 하지 않으면 누구나 만들 수 있다. 어떤 분야라도 다양한 민간자격증을 발급하면서 부가적인 수익을 창출할 수 있다.

결론적으로, 창업시장을 조금 더 넓은 관점에서 바라보면, 다양한 방법으로 돈을 벌 수 있다는 것을 알게 된다. 또한 창업시장을 다양한 측면에서 살펴보면서, 어떤 기업, 기관 및 단체들이 창업시장에 관련되어 있는가를 조사해 보는 것도 새로운 수익을 창출하는 데 도움이 될 것이다.

14. 창업자금을 지원하는 기관 및 활용방법

1997년의 외환위기 이후 여러 정부기관에서 다양한 형태의 창업자금들을 지원하고 있는데, 무상으로 지원하는 자금, 저리로 지원하는 정책자금 및 투자자금으로 구분할 수 있다. 주요 창업자금 지원기관은 아래와 같은데, 접속해 보면 자세하게 알 수 있다(창업자금을 지원하는 기관의 명칭 및 홈페이지 주소가 가끔 변경되는 경우가 있음).

(1) 중소기업청(중소벤처기업부, www.mss.go.kr)
(2) 중소기업진흥공단(www.sbc.or.kr)
(3) 기술보증기금(www.kibo.or.kr)
(4) 신용보증기금(www.kodit.co.kr)
(5) 신용보증재단
  ① 서울신용보증재단 : www.seoulshinbo.co.kr
  ② 경기신용보증재단 : www.gcgf.or.kr
  ③ 제주신용보증재단 : www.jejusinbo.co.kr
  ④ 인천신용보증재단 : www.icsinbo.or.kr
  ⑤ 부산신용보증재단 : www.busansinbo.or.kr
  ⑥ 대구신용보증재단 : www.ttg.co.kr
(6) 소상공인시장진흥공단(소상공인지원센터, www.semas.or.kr)
(7) 한국여성경제인협회(www.womanbiz.or.kr)
(8) 근로복지공단(www.welco.or.kr)

(9) 한국장애인고용촉진공단(www.kepad.or.kr)

(10) 여성부(www.mogef.go.kr)

(11) 마이크로크레디트(Microcredit)

① 사회연대은행(www.bss.or.kr)

② 신나는 조합(www.joyfulunion.or.kr)

(12) 중소기업을 위한 종합정보서비스(www.bizinfo.go.kr, www.spi.go.kr)

(13) 전국 창업선도대학(sundo.kised.or.kr)

(14) 전국의 창업보육센터(www.bi.go.kr)

(15) 창업진흥원(www.kised.or.kr)

(16) 창업넷(www.changupnet.go.kr)

최근에 와서 창업자금지원에 대해서는 언론에 수시로 발표가 되기 때문에 자주 언론기사를 검색하는 것도 많은 도움이 된다. 또한 창업자의 거주 지역에 있는 위의 기관들의 위치를 잘 파악해 두고, 수시로 방문을 하는 것도 필요하다. 한편, 위에서 제시한 창업자금지원기관들의 홈페이지를 방문하면서 조사하고 확인해야 할 사항들은 다음과 같다.

① 무상으로 받을 수 있는 창업자금이 있는가?

② 투자형태로 지원받을 수 있는 창업자금은 있는가?

③ 창업자금을 받기 위한 조건 및 자격은 무엇이며, 어떤 준비가 필요한가?

④ 중복하여 받을 수 있는 창업자금은 있는가?

⑤ 지원하는 창업자금의 주요 용도는 무엇인가?

⑥ 이미 창업자금을 지원받은 사람들을 만나서 노하우를 배울 수 있는가?

15. 초보 창업자에게 꼭 필요한 멘토

창업을 준비하면서 그리고 창업과정 상에 반드시 필요한 멘토(mentor)를 꼽으라면 창업전문가, 세무와 회계에 대해 도움을 받을 수 있는 전문가, 지적재산권에 대해 도움을 받을 수 있는 전문가, 그리고 법률적인 문제에 대해 도움을 받을 수 있는 전문가라고 할 수 있다.

1. 창업전문가

적어도 10년 이상 창업분야에서 일을 한 경험이 있는 창업전문가는 창업의 시작 단계에서부터 창업의 전 과정에 걸쳐서 꼭 필요한데, 특정 창업분야에서의 전문가보다는 창업시장 전체를 볼 수 있는 안목을 가진 전문가가 필요하다.

2. 세무사 혹은 공인회계사

창업을 하게 되면, 그것이 어떤 형태이든 간에 상관없이 세무서에서 사업자등록을 해야 하고 정해진 기일 내에 세금을 납부해야 한다. 그런데, 세금을 납부하려고 하면 장부기장을 해야 하는데, 초보 창업자들의 경우에는 어떤 종류의 장부들이 있는지 그리고 장부기장을 어떻게 해야 하는지에 대해 잘 알지 못한다.

아울러, 상품과 서비스를 판매하거나 원자재(원재료)를 구입할 때에는 영수증을 주고 받아야 하는데, 이 또한 어떻게 해야 하는지를 모르는 경우가 많다. 또한 정해진 기한 내에 세금 신고를 해야 하고 세금을 납부해야 한다. 이러한 경우에 항상 자문을 받고 도움을 받기 위해서는 반드시 세무사 혹은 공인회계사가 꼭 필요하다.

3. 변리사

창업자가 보유하고 있는 기술 혹은 아이디어를 보호 받으려면 특허청(www.kipo.go.kr)에 출원을 하고 등록을 해야 한다. 또한, 특허, 실용신안, 디자인, 상표 등과 같은 지적재산권을 출원할 때에는 변리사(patent attorney)의 도움을 받아야 한다. 또한 지적재산권과 관련하여 분쟁이 발생하는 경우에는 변리사를 통해 소송을 진행할 수도 있을 것이다.

4. 변호사

창업을 하게 되면, 다른 회사와 분쟁이 발생하는 경우가 있는데 이러한 경우에는 변호사의 도움을 받을 수 있다. 일반적으로는 변호사가 자주 필요하지는 않지만, 적어도 친분이 있는 변호사 1명 정도는 꼭 필요하다.

5. 그 외에도 창업관련 업무를 담당하는 공무원, 창업관련 기사의 작성을 담당하는 기자들과의 인맥도 중요하다. 인객은 중요한 자산이며, 창업자의 부족한 부분들을 보완하기 위해 수시로 도움을 받을 수 있다. 따라서 창업자는 멘토(mentor)로서의 다양한 인맥을 형성하고 유지시키는데 게을리 하지 않아야 한다.

16. 초보 창업자가 자주 활용해야 하는 웹사이트

창업을 준비하는 예비창업자들은 창업에 대한 다양한 정보 혹은 도움을 받을 수 있는 웹사이트들을 많이 알고 있는 것이 중요하다. 웹사이트를 많이 알고 있는 만큼 시간과 비용을 절약할 수 있으며, 효과적인 창업 준비에도 도움이 되기 때문이다. 이에 따라 창업자가 반드시 알고 있어야 하는 필수 웹사이트 몇 개를 소개하면 다음과 같다.

1. 한국건강기능식품협회(www.hfood.or.kr)

건강기능식품에 관한 법률 제13장 2항의 규정에 의해서 건강기능식품 관련 영업을 하고자 하는 자(제조업, 수입업, 판매업)와 품질관리인은 교육을 받아야 한다. 자세한 내용은 한국건강기능식품협회(www.hfood.or.kr)의 [교육] 메뉴에서 확인할 수 있다.

2. 중소기업청(중소벤처기업부), 소상공인지원센터 및 창업보육네트워크 시스템

중소기업청(중소벤처기업부, www.mss.go.kr), 소상공인시장진흥공단(www.semas.or.kr, 소상공인지원센터에 대한 정보 포함), 창업보육네트워크시스템(www.bi.go.kr)은 예비창업자들이 가장 빈번하게 방문해야 하는 웹사이트들이다. 현재 창업지원에 대한 업무는 중소기업청(중소벤처기업부)에서 담당하고 있으며, 자영업 창업의 지원과 상담은 소상공인지원센터에서 도움을 받을 수 있다. 아울러, 전국 창업보육센터에 대한 정보는 창업보육네트워크시스템에서 상세하게 제공하고 있다.

3. 금융감독원의 전자공시시스템(dart.fss.or.kr)

대한민국의 상장회사, 코스닥 등록기업 및 향후 등록이 가능한 기업들에 대한 상세 정보들은 전자공시시스템에서 확인할 수 있다. 특히 특정 기업에 투자를 할 때에 혹은 해당 기업과 거래를 할 때에 재무상태표와 손익계산서를 확인할 수 있어서 해당 기업의 건전성을 점검할 수 있다는 장점이 있다.

4. 한국산업인력관리공단 자격검정정보망(www.q-net.or.kr)

국가자격증, 민간자격증, 외국자격증에 대한 종합적인 정보를 제공하고 있는 사이트인데, 창업자들의 경우에는 특히 민간자격증에 대해 관심을 가져볼 만하다. 즉, 민간자격증을 만들어서 운영할 수도 있다는 것을 생각하면 된다. 아울러 한국민간자격협회(www.kqa.or.kr)에서는 국내의 다양한 민간자격증에 대해 인증을 하는 업무를 수행하기도 한다.

5. (사)대한가맹거래사협회(www.fea.or.kr)

대한가맹거래사협회는 국가자격증인 가맹거래사들의 단체인데, 가맹거래사는 가맹사업의 사업성 검토, 가맹사업당사자의 교육-훈련, 정보공개서와 가맹계약서의 작성 및 수정에 관한 상담이나 자문, 분쟁조정신청대행, 정보공개서 등록신청대행 등 가맹사업 전반에 대한 경영 및 법률서비스를 제공하는 전문가를 말한다. 가맹거래사는 2002년 5월에 제정된 가맹사업거래의 공정화에 관한 법률에 의거하여 2003년부터 자격시험을 실시하고 있으며, 2007년 8월의 법 개정으로 인해 자격명이 '가맹사업거래상담사'에서 '가맹거래사'로 자격증의 명칭이 변경되었다.

6. 창업박람회 정보

창업을 하고 싶은 예비창업자들이 해야 하는 일 중의 하나는 바로 전국에서 개최되는 다양한 창업박람회를 참관하는 것이며, 아래의 사이트에서 박람회 정보를 확인할 수 있다.

① 서울 : 서울무역전시장(www.setec.co.kr), 코엑스(www.coex.co.kr)

② 부산 : 벡스코(www.bexco.co.kr)

③ 대구 : 대구전시컨벤션센터(www.excodaegu.co.kr)

④ 경기도 : 킨텍스(www.kintex.com)

예비창업자들은 한 달에 한번만 접속해도 다양한 창업박람회에 대한 정보를 확인할 수 있는데, 미리 일정을 확인해 두었다가 참관하는 것이 좋다.

7. 공정거래위원회 가맹사업거래(franchise.ftc.go.kr)

프랜차이즈 본부와 가맹점 창업자(또는 가맹점 창업희망자) 간에 발생하는 다양한 형태의 분쟁들은 공정거래위원회 가맹사업거래에서 해결할 수 있으며, 자세한 내용은 홈페이지를 참조하면 된다. 일반적으로 아래의 사항에 대한 분쟁이 있는 경우에 도움을 받으면 된다.

① 가맹계약 해지 및 가맹금 반환

② 부당한 계약해지 및 갱신거절의 철회

③ 계약이행의 청구

④ 영업지역의 보장

⑤ 일방적 계약변경의 철회

⑥ 부당이득반환(광고비 등)

⑦ 상표 및 의장권 침해

8. 로앤비(www.lawnb.com)

로앤비에서는 창업관련 법률 및 시행령들을 찾아 볼 수 있는데, 창업자가 관심이 있는 업종 및 아이템과 관련된 법률들을 확인하는 것이 중요하다. 예를 들어, 전자상거래 키워드를 입력하면, 전자상거래 창업에 대한 법률, 시행령, 시행규칙을 모두 확인할 수 있다.

17. 초보 창업자가 반드시 배워야 하는 5가지

고객들에게 상품을 홍보하거나 판매하려는 창업자들이 반드시 알아야 하는 몇 가지를 제시하면 다음과 같은데, 창업아이템에 상관없이 반드시 배워서 적극 활용해야 한다.

1. HTML

HTML은 HyperText Markup Language의 약어이며, 하이퍼텍스트(hypertext) 문서를 만들기 위한 언어이다. 하이퍼텍스트는 윈도우즈에서의 도움말 형식과 같은 문서를 의미한다. 즉, 윈도우즈의 도움말을 보면 색깔이 다른 단어를 클릭하면 그 단어에 대한 설명으로 바로 연결이 되는데, 이런 식으로 동적으로 연결되어 있는(link되어 있다고 한다) 문서를 HTML 문서라고 한다. 쉽게 설명하면, HTML은 창업기업의 홍보를 위한 홈페이지 혹은 인터넷 사이트를 만들기 위한 기본 언어라고 할 수 있다.

2. 상품사진 촬영

디지털카메라를 이용하여 상품사진을 촬영하게 되는데, 중요한 것은 수동기능을 활용하여 촬영해야 한다. 그래야 상품을 정확하게 표현할 수 있을 뿐만 아니라 포토샵 작업을 상대적으로 덜 해도 된다. 그렇기 때문에 디지털카메라를 구입할 때에는 반드시 수동기능이 있는 디지털카메라를 구입하여 사용법을 배우면 된다.

3. 포토샵

포토샵(Photoshop)은 촬영된 사진에 대하여 다양한 편집과 수정을 할 수 있는 프로그램이며. 사진 이미지의 색상 보정, 오래된 사진 복원, 이미지 합성, 문자 디자인, 인쇄물 디자인, 웹디자인 등의 작업을 할 수 있다. 포토샵은 촬영한 상품사진들을 활용하여 인터넷상에서 상품 판매가 가능하도록 상품이미지를 만들기 위해 꼭 필요한 프로그램이다.

4. 캠코드 촬영 및 동영상(UCC) 만들기

요즈음은 동영상(UCC)을 활용한 홍보가 효과적인데, 이를 위해서는 캠코드를 구입하여 촬영하는 방법과 더불어 동영상(UCC)을 편집하는 방법을 배워야 한다. 사실, 디지털카메라에도 동영상(UCC)을 촬영하는 기능이 있기는 하지만, 캠코더에 비해 화질이 상대적으로 떨어진다는 단점이 있다.

초보 창업자들이 촬영된 영상들을 활용하여 동영상(UCC)을 만들기 위해서는 무비메이커(Movie Maker)를 이용하면 되는데, 전문가들의 경우에는 어도비 프리미어(Adobe Premiere) 등과 같은 소프트웨어를 활용한다.

5. 기 타

포토샵으로 제작된 상품이미지들은 이미지 호스팅(image hosting) 사이트에 등록한 후에 HTML 명령어를 활용하는 방법 및 애니메이션 이미지를 만드는 방법 등도 알아야 한다.

18. 인터넷쇼핑몰 창업의 절차 및 준비 사항

인터넷쇼핑몰 창업은 무점포 재택형태로 창업을 할 수 있다는 점에서 예비창업자들이 가장 선호하는 창업아이템 중의 하나인데, 인터넷쇼핑몰 창업의 기본적인 절차는 [그림 1]과 같이 설명할 수 있다. 아울러, 단계별로 준비해야 할 사항들에 대해 정확하게 이해하는 것이 중요하다.

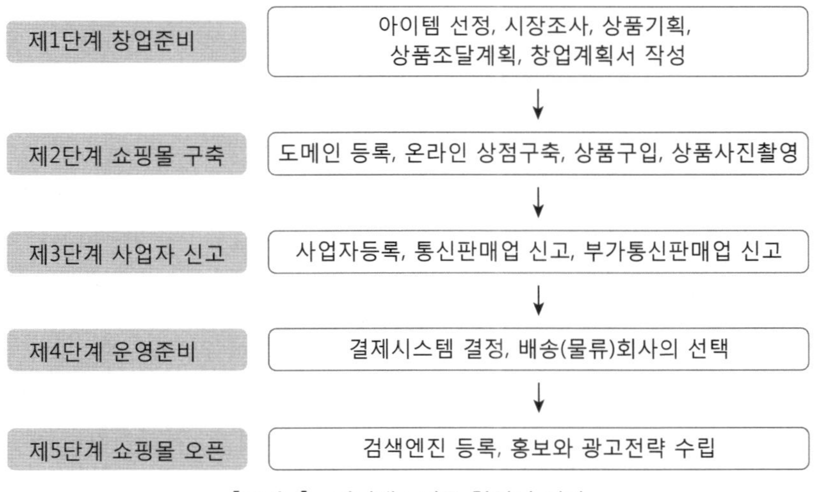

[그림 1] 인터넷쇼핑몰 창업의 절차

① 1단계에서 생각해야 할 중요한 사항은 목표로 하는 고객을 선정하고 그러한 고객이 많이 구매할 수 있는 상품을 기획하는 것이라고 할 수 있다. 이를 위해서 창업계획서를 작성하면서 미처 생각

하지 못한 세부내용들을 파악하고 준비해야 한다.

② 2단계에서는 인터넷쇼핑몰을 만들어야 하는데, 상품사진을 촬영하고 포토샵 작업을 해야 하는 등 지루하면서도 가장 많은 시간을 투자해야 하는 단계라고 할 수 있다. 특히 상품의 수가 많으면 창업자가 혼자서 감당하기에는 무리이며, 아르바이트를 구해서 단순 작업들을 맡기는 것도 좋다. 고가의 상품이라면 상품사진 촬영과 포토샵 작업은 전문가에게 의뢰하는 것도 필요할 것이다.

③ 3단계에서는 사업자등록 및 신고업무가 수행되어야 하는데, 부가통신판매업의 경우에는 자본금이 1억 이상인 경우에만 해당된다. 아울러, 건강식품을 판매하는 경우에는 한국건강기능식품협회(www.hfood.or.kr)에서 주관하는 건강기능식품영업자 법정교육을 받아야 하는 것도 잊지 말아야 한다.

④ 4단계에서는 특히 인터넷쇼핑몰에서 고객의 상품구매에 따른 결제를 하기 위해서는 지불중계업체(PG, Payment Gateway)를 결정해야 하는데, 메이크샵, 카페24, 고도, 후이즈 등과 같은 임대형 인터넷쇼핑몰 전문기업에서 선정을 도와준다.

⑤ 5단계에서는 포털사이트의 검색엔진에 등록해야 하고, 매월 키워드 광고를 해야 하는데, 검색엔진 등록비용은 평생비용으로 100만원 정도가 소요된다. 키워드 광고는 주로 다음(Daum), 네이버(Naver), 그리고 오버추어(Overture)에서 진행하게 된다. 검색엔진 등록과 키워드 광고도 임대형 인터넷쇼핑몰 전문기업에 문의하면 도움을 받을 수 있다.

19. 임대형 인터넷쇼핑몰 솔루션 및 쇼핑몰 프랜차이즈 창업

기존에는 인터넷쇼핑몰 창업을 하려면 디자인 및 개발을 담당하는 직원을 채용하여 직접 개발하거나 적어도 몇 백만원을 지불하고 전문 개발업체에 의뢰를 하였다. 하지만, 최근 인터넷쇼핑몰 창업은 매월 3~5만원 정도만 지불하면 인터넷쇼핑몰을 개발할 수 있는 솔루션을 제공해 주는 임대형 인터넷쇼핑몰 전문기업으로 인해 매우 편리하게 되었다.

1. 임대형 인터넷쇼핑몰의 종류

국내 대표적인 임대형 인터넷쇼핑몰 전문기업들은 다음과 같다.

① 메이크샵(www.makeshop.co.kr)

② 후이즈몰(www.whoismall.com)

③ 카페24(www.cafe24.com)

④ 가비아(www.gabia.com)

⑤ NHN고도(www.godo.co.kr)

예를 들어, 메이크샵(makeshop)에서 인터넷쇼핑몰 만들기의 주요 기능을 살펴보면 다음과 같은데, 인터넷쇼핑몰 창업자들이 일반적으로 많이 사용하는 기능을 중심으로 미리 설정이 되어 있어서 몇 가지의 기능만 추가적으로 설정하면 된다는 장점이 있다.

① 쇼핑몰 구축 : 인터넷쇼핑몰의 기본 구조 혹은 골격을 만드는 일

을 한다.

② 상품관리 : 대분류, 중분류 등을 만들고 상품을 등록하는 일을 한다.

③ 주문관리 : 고객의 주문을 확인하고 배송하는 일을 한다.

④ 회원관리 : 회원 정보를 확인하고 회원을 관리하는 일을 한다.

⑤ 게시판/메일 : 게시판을 만들고 메일을 발송하는 일을 한다.

⑥ 프로모션 : 고객들이 쇼핑몰을 자주 방문하도록 하고, 매출을 올리기 위한 다양한 판매촉진 활동을 진행한다.

한편, 임대형 인터넷쇼핑몰 솔루션을 활용하여 창업을 하려고 할 때에는 어느 업체의 솔루션을 사용할 것인가에 대해서 특징과 차별성에 대해 꼼꼼하게 비교한 후에 결정하는 것이 바람직할 것이다. 예를 들어, 다음과 같은 사항들에 대해 비교분석을 하는 것이 좋다.

① 인터넷쇼핑몰 분야의 프랜차이즈 사업을 할 수 있는 솔루션이 있는가?

② 외국어(영어, 일어, 중국어 등)로 개발된 인터넷쇼핑몰 솔루션이 있는가?

③ 옥션, G마켓 등의 오픈마켓에서 사용하고 있는 경매 솔루션이 있는가?

④ 해외 시장의 개척을 위한 차별적인 솔루션 및 지원이 있는가?

⑤ 모바일 쇼핑몰, 키워드 광고 등을 효과적으로 지원하고 있는가?

2. 인터넷쇼핑몰을 활용한 프랜차이즈 본사 창업

메이크샵(makeshop)에서는 인터넷쇼핑몰의 프랜차이즈 솔루션을 활용하여 프랜차이즈 사업을 할 수 있도록 지원하고 있는데, 자세한 내용은 메이크프랜(www.makefran.co.kr)에서 확인할 수 있다. 메이크프랜에서는 아래와 같이 4가지 형태의 솔루션을 제공하고 있다.

① 본사 중심

② 대리점 중심

③ 중립형

④ 오픈마켓+몰인몰

20. 점포 창업자가 알아야 하는 홍보 포인트

매출 부진을 겪고 있는 많은 소상공인 혹은 영세자영업자들의 경우에는 홍보 및 광고비에 많은 돈을 투자할 수 없는 실정이며, 이에 따라 적은 비용으로 최대한 효과를 올릴 수 있는 다양한 홍보전략이 필요하다. 홍보와 광고는 개별 창업자들이 독자적으로 진행할 수도 있겠지만 여러 창업자들이 공동으로 진행할 수도 있는데, 제휴와 협력을 통한 공동 홍보와 광고는 비용의 절감뿐만 아니라 점포에 대한 고객의 신뢰에도 긍정적인 영향을 미치게 될 것이다.

1. 효과적인 홍보 및 광고전략 10가지

소규모 점포를 운영하고 있는 창업자들이 효과적으로 이용할 수 있는 10가지의 홍보 및 광고 방법들을 소개하면 다음과 같은데, 여러 방법들을 혼합하여 사용하는 것도 좋을 것이다.

(1) **전단광고** : A4 1장 크기의 전단지를 만들어서 배포하는 것을 말하는데, 전단지는 신문 배달시 신문에 끼워 배달하는 방법, 고객을 직접 방문하여 배포하는 방법, 점포 앞에서 배포하는 방법, 박람회 혹은 행사 참가자들에게 배포하는 방법 등으로 구분할 수 있다.

(2) **구매시점광고**(POP, Point Of Purchase) : 고객이 상품을 구매하는 장소에서 수행하는 광고를 말하는데, 일반적으로 포스터를 제작하여 벽면에 붙여 놓은 방법, 상징적 물건을 설치해 놓은 방법, 음식점에서의 메뉴판 등이 있다.

(3) **우편광고** : 우편을 통하여 광고를 하는 것인데, 아파트의 경우에는 단순히 아파트의 동과 호수만 적어도 발송이 된다는 장점이 있다. 하지만, 그렇게 자주 배달된 광고의 경우에 대해 많은 소비자들이 부정적인 반응을 보이고 있다는 것도 생각해야 한다.

(4) **판촉물 광고** : 성냥, 열쇠고리, 달력, 포스트잇 등의 판촉물을 나누어 줌으로써 광고를 할 수 있는데, 고객의 특성을 분석한 후에 다양한 판촉물을 준비하는 것이 중요하다.

(5) **인명부광고** : 전화번호부, 지역 내 상가 책자 등에 광고를 하는 방법이 있는데, 요즈음 상가 책자들의 종류가 워낙 많아서 발행부수 및 배부처를 분석한 후에 광고게재를 결정하는 것이 좋다.

(6) **구전광고** : 사람의 입을 통해 광고를 하는 것인데, 주로 주변의 인맥을 활용하게 된다. 구전광고는 고객이 오피니언 리더(opinion leader)인 경우에 특히 도움이 될 수 있다. 특히 여성들을 주고객으로 하는 창업인 경우에는 구전광고에 특별히 신경을 써야 한다.

(7) **데몬스트레이션**(demonstration) : 상점에 온 고객들을 상대로 상품의 특성이나 사용법을 알리기 위하여 데몬스트레이션을 하는 것도 소매업에서 효과적으로 이용하는 광고방법의 하나가 될 수 있는데, 소점포의 경우에는 같은 시간대에 방문하는 고객의 수가 제한되어 있어 실질적인 효과는 별로 없는 실정이다.

(8) **디스플레이**(display) : 고객의 주의를 끌고 구매의욕을 일으키도록 상품을 진열하는 것을 디스플레이 혹은 진열이라 한다. 이러한 디스플레이를 효과적으로 이용하기 위해서는 상품, 대상고객, 색채, 장소, 조명, 레이아웃, POP광고 효과 등을 구체적으로 검토할 필요가 있다.

(9) **특별 행사** : 소매점에서는 일정한 기간 동안에 특별행사를 할 수 있다. 즉 새해맞이, 민속의 날 행사, 창립기념일, 입학, 졸업, 어버이날,

어린이날, 정기바겐세일, 사은 대매출 등 여러 가지 특별 행사를 진행할 수 있다.

(10) 기타 : 현수막 걸기, 아파트의 홍보 게시판에 전단지를 부착하는 방법, 엘리베이터 내의 광고 장치를 활용한 홍보 및 광고, 할인쿠폰의 발행 및 배포 등을 활용할 수가 있다.

2. 할인쿠폰의 발행 및 배포를 활용한 홍보전략

위에서 설명한 "효과적인 홍보 및 광고전략 10가지" 중에서 할인쿠폰의 발행 및 배포를 통해서 홍보 효과를 극대화시키고자 할 때에 고려해야 할 사항들은 다음과 같다.

① 한 점포의 할인쿠폰만을 발행하여 배포할 것인가 아니면 여러 점포의 할인쿠폰을 모아서 발행할 것인가를 고려해야 한다. 직접적으로 경쟁하는 업소가 아니라면 다양한 점포들의 할인쿠폰을 모아서 발행하는 것이 홍보 효과 및 매출 증대의 측면에서 유리할 것이다.

② 할인쿠폰을 배포할 것인가 아니면 홈페이지에서 출력하도록 할 것인가를 고려할 수 있다. 장기적인 측면에서 홈페이지에 할인쿠폰을 등록해 놓고 고객들이 홈페이지에 접속하여 출력하도록 하는 것이 더 유리할 수 있다.

③ 할인쿠폰을 다양한 인터넷 홈페이지에 등록한 후에 고객들이 출력하도록 하는 것도 생각할 수 있다. 네티즌들이 많이 접속하는 다양한 종류의 웹사이트에 할인쿠폰을 등록하는 것이 홍보효과가 매우 클 수가 있다.

④ 할인쿠폰을 오래 보관할 수 있는 방법을 고려하는 것이 필요하다. 대부분의 할인쿠폰은 작은 종이에 인쇄되어 있기 때문에 더 이상

사용하지 않을 때에는 쓰레기통으로 버려지게 되는데, 고객이 오랜 기간 동안 보관하거나 사용할 수도 있는 형태로 쿠폰을 제작하는 것도 좋을 것이다.

⑤ 공동 이벤트를 위한 할인쿠폰의 공동 발행 및 배포를 기획하는 것도 필요하다. 예를 들어, 10회를 이용하면 1회는 무료 서비스를 제공하는 이벤트를 공동으로 진행할 때에 공동으로 제작한 할인쿠폰에 있는 여러 업소를 합쳐서 10회 이용하더라도 고객이 원하는 업소에서 1회 무료로 이용하도록 하는 것을 말한다. 이렇게 함으로써 공동 할인쿠폰에 있는 모든 업소들의 홍보 효과가 좋아질 것이며, 고객의 관심 및 매출도 동시에 증가될 것이다.

이러한 공동 할인쿠폰의 발행은 소점포 창업자들 간의 인맥형성에도 많은 도움이 되며, 공동의 발전에도 많은 도움이 될 수 있다. 다만, 같은 상권 내에 있으면서 상호 보완적인 점포들의 할인쿠폰들을 공동으로 발행하는 것을 고려해야 할 것이다. 지나치게 이질적인 점포들 간의 공동 할인쿠폰의 발행은 고객들에게 친밀감을 주지 못하는 동시에 오히려 부정적인 이미지를 형성할 수도 있다.

21. 성공하는 인터넷쇼핑몰 창업의 방법

인터넷을 활용하여 상품을 판매하는 인터넷쇼핑몰 창업은 점포 창업에 비해 창업비용이 상대적으로 저렴하며, 창업실패로 인한 리스크(risk)가 크게 낮다는 장점이 있다. 이에 따라 인터넷쇼핑몰 창업을 성공적으로 진행하기 위해 반드시 알아야 하는 여러 사항들을 구체적으로 설명하고자 한다.

1. 인터넷쇼핑몰 창업의 개요

인터넷에서 판매할 수 있는 상품의 수량을 충분히 확보하고 있는 창업자가 가장 쉽게 시작할 수 있는 것이 바로 인터넷쇼핑몰 창업이라고 할 수 있다. 요즈음 인터넷쇼핑몰은 5~10시간 정도의 실습교육만 받으면 충분히 만들 수 있는데, 중요한 것은 지속적으로 판매가 가능한 상품을 지속적으로 확보할 수 있느냐 하는 것과 다음(Daum), 네이버(Naver) 등의 포털에서 키워드 광고의 효과적인 진행이라고 할 수 있다. 즉, 성공적인 인터넷쇼핑몰 창업은 목표 고객에게 맞는 상품의 선정 및 효과적인 키워드 광고의 진행에 의해 좌우된다고 할 수 있다.

2. 인터넷쇼핑몰의 개발 방법

요즈음 인터넷쇼핑몰은 홈페이지 혹은 인터넷쇼핑몰 개발 전문업체에 의뢰하기보다는 임대형 쇼핑몰을 활용하여 구축하는데, 앞에서도 언급하였듯이 주요 회사들은 다음과 같다. 이러한 회사들은 매월 3~5만원 정도의 비용을 받고 인터넷쇼핑몰 창업자들이 필요로 하는 인터넷쇼핑몰의 개발에 필요한 모든 솔루션을 제공하고 있다.

① 메이크샵(www.makeshop.co.kr)
② 후이즈몰(www.whoismall.com)
③ 카페24(www.cafe24.com)
④ 가비아(www.gabia.com)
⑤ NHN고도(www.godo.co.kr)

한편, 인터넷쇼핑몰을 직접 만들기 위해서는 위에서 제시한 주요 인터넷쇼핑몰 전문기업에서 실시하는 교육에 참가하거나 서적을 구입하여 공부하면 된다. 예를 들어, 메이크샵에서 운영하는 샵인사이드(www.shopinside.net)에서는 인터넷쇼핑몰 창업에 대한 온라인 및 오프라인 교육에 대한 정보를 제공하고 있으며, 카페24에서도 교육센터(edu.cafe24.com)의 운영을 통해 전국적으로 인터넷쇼핑몰 창업교육을 진행하고 있다. 가비아에서도 인터넷쇼핑몰 창업자들을 위한 교육을 진행하고 있으며, 후이즈는 후이즈 아카데미(study.whois.co.kr)를 통하여 인터넷쇼핑몰 창업교육을 진행하고 있다. 아울러 고도몰에서도 고도교육센터(edu.godo.co.kr)를 통하여 서울과 부산 등에서 인터넷쇼핑몰 창업교육을 진행하고 있다. 따라서, 예비창업자들은 이러한 기업에서 실시하고 있는 창업교육에 참가한 후에 어느 회사의 솔루션을 활용하여 인터넷쇼핑몰 창업을 할 것인가를 결정하면 될 것이다.

3. 인터넷쇼핑몰을 직접 만들기 위해 꼭 알아야 하는 3가지

인터넷쇼핑몰을 개발하고 운영하기 위해서 꼭 알아야 하는 것은 다음의 세 가지라고 할 수 있는데, 인터넷을 활용한 다른 창업을 할 때에도 꼭 필요하다.

(1) HTML과 포토샵(photoshop) : 인터넷쇼핑몰 창업을 하기 위해서는

HTML과 포토샵에 대한 실무지식이 있어야 하며, 10일 정도만 공부를 하면 충분하다. HTML과 포토샵은 서적을 구입하여 공부해도 되며, 아이비컴퓨터 교육닷컴(www.ib96.com) 등과 같은 온라인 교육 사이트를 활용하여 공부해도 될 것이다.

(2) **상품사진의 촬영 방법** : 디카 혹은 휴대폰을 사용하여 상품사진을 촬영하면 되는데, 이를 위해서는 조명장치를 구입하는 것이 필요하다. 즉, 상품을 판매하기 위해서는 상품 사진을 보기 좋게 촬영하는 것이 필요한데, 가정에서 사용하는 형광등 아래에서 촬영해 보면 상품이 흐리게 보이기 때문에 별도의 조명장치를 구입하는 것이 좋다.

(3) **홍보와 광고방법** : 창업자의 인터넷쇼핑몰을 고객들에게 홍보하고, 고객들이 접속할 수 있도록 다양한 홍보 및 광고방법에 대해 폭넓게 공부하는 것이 필요하다.

4. 인터넷쇼핑몰 창업의 성공 전략

인터넷쇼핑몰 창업으로 성공하기 위해서는 다음과 같은 사항들을 준비해야 하는데, 중요한 것은 창업자가 직접 꼼꼼하게 준비해야 한다는 것이다.

① 위에서 언급한 임대형 쇼핑몰 전문기업 중에서 어느 회사를 선택하여 인터넷쇼핑몰 창업을 할 것인가를 결정해야 하는데, 회사의 인지도, 시장점유율, 인터넷쇼핑몰의 개발 편리성, 프랜차이즈 사업으로의 전개 가능성 등이 선정 기준이 될 수 있을 것이다.

② 인터넷쇼핑몰에 대한 홍보와 키워드 광고의 방법을 잘 알고 있어야 하는데, 특히 다음(Daum), 네이버(Naver) 등에서 키워드 광고를 어떻게 진행하는가에 대해 공부해야 한다. 키워드 광고의 진행에 대해서는 네이버(Naver)는 1588~5896, 다음(Daum)은 1566~

2100번으로 문의를 하면 되는데, 2011년 6월 1일부터 다음(Daum)과 네이트(Nate)가 제휴를 하여 일부 다음(Daum) 광고는 네이트(Nate)로 이관되었다. 인터넷쇼핑몰 창업으로 성공하기 위해서는 다음(Daum), 네이버(Naver), 네이트(Nate) 등의 포털에서 진행하고 있는 키워드 광고 교육에 참석하는 것도 필요할 것이다.

③ 상품을 직접 제조할 것인가 혹은 도매상가에서 구입할 것인가를 고려해야 하며, 국내 및 해외의 도매상가를 잘 알고 있어야 한다. 예를 들어, 국내 도매시장으로는 동대문, 남대문 및 화곡동 도매시장이 있는데, 정기적으로 방문하여 상인들과 인맥을 형성하면서 신상품을 발굴하는 것이 필요하다. 또한 해외 도매시장으로는 일본의 오사카 도매시장 및 중국의 이우시장 등이 있는데, 가끔 방문하여 최근 트렌드에 맞는 신상품을 조사하거나 구매하는 것이 필요하다.

④ 인터넷쇼핑몰 창업자들이 생각해야 할 것은 장기간 판매되지 않고 재고로 쌓이는 상품을 어떻게 할 것인가 하는 것이다. 앞으로는 돈을 버는 것처럼 보이지만 재고의 누적으로 인해 뒤로는 밑지는 창업이 되지 않도록 하기 위해서는 재고 상품을 빨리 처분하는 것이라고 할 수 있는데, 인터넷쇼핑몰 창업자들은 주변의 점포창업자 혹은 오픈마켓(옥션, G마켓, 11번가, 인터파크)에서 처분하는 것이 좋다.

⑤ 메이크샵(www.makeshop.co.kr)의 '뉴프랜차이즈(메이크프랜)'에서는 인터넷쇼핑몰을 프랜차이즈 사업으로 진행할 수 있는 솔루션을 제공하고 있다. 즉, 본사의 인터넷쇼핑몰을 활용하여 가맹점을 개설할 수가 있다. 예를 들어, 본사에서 개설한 가맹점이 10개가 있다고 하면, 본사의 인터넷쇼핑몰을 포함하여 총 11개의 인터넷

쇼핑몰에서 본사의 상품을 판매하기 때문에 매출 및 이익이 크게 증가될 수 있다.

5. 인터넷쇼핑몰 창업자가 수익모델을 확대하는 방법

인터넷쇼핑몰의 운영을 시작하면서 창업자가 생각해야 하는 것은 다양한 수익모델(business model)의 개발이라고 할 수 있는데. 창업자가 판매하고 있는 상품을 옥션(auction), G마켓(gmarket), 이베이(ebay) 등에서 동시에 판매하는 것을 생각할 수 있다. 즉, 옥션에서 스토어(store)를 만들고, G마켓에서는 미니샵(minishop)을 만들고, 이베이(ebay)에서는 스토어(store)를 만들어서 국내뿐만 아니라 해외의 고객들에게 상품을 판매하는 것이 충분히 가능하다는 것이다. 또한 이베이(ebay)뿐만 아니라 아마존(amazon), 알리바바(alibaba), 라쿠텐(rakuten) 등에 상품을 등록하여 전 세계의 고객들에게 상품을 판매하는 것도 생각할 수 있다.

22. 전자상거래 창업을 할 수 있는 8가지 방법

별도의 점포 없이 가정에서 컴퓨터와 인터넷을 활용하여 예비창업자들이 창업할 수 있는 창업아이템 중의 하나가 바로 전자상거래 창업이라고 할 수 있으며, 국내시장뿐만 아니라 해외시장을 포함하는 전자상거래 창업은 다음과 같이 다양한 방법으로 진행할 수 있다.

1. 인터넷쇼핑몰 전문기업들의 솔루션을 활용하는 방법

메이크샵(www.makeshop.co.kr), 카페24(www.cafe24.com), 가비아(www.gabia.com), 후이즈(mall.whois.co.kr), 고도몰(www.godo.co.kr) 등과 같은 인터넷쇼핑몰 전문기업에서는 인터넷쇼핑몰 개발에 필요한 다양한 솔루션(solution)들을 제공하고 있는데, 매월 3~5만원으로 인터넷쇼핑몰을 창업할 수 있다. 인터넷쇼핑몰은 종합쇼핑몰과 전문쇼핑몰로 분류할 수 있는데, 창업자들은 300~400개 정도의 상품을 판매하는 전문쇼핑몰 창업이 더 유리하다.

2. 카페(cafe)를 활용한 전자상거래 창업

다음(Daum)과 네이버(Naver)에서 무료로 개설하여 운영할 수 있는 카페(cafe)는 공통의 주제에 대해 관심이 있는 사람들이 교류하는 커뮤니티라고 할 수 있는데, 이러한 커뮤니티에 결제 기능이 있다면 전자상거래 창업이 가능하다.

또한 다음(Daum)과 네이버(Naver)의 카페에는 상품등록게시판을 추가하여 사용할 수 있는데, 상품등록게시판에 상품을 등록하면 3가지의 결제 시스템(신용카드, 계좌이체, 무통장입금)이 자동으로 설치가 된다. 또한 이니P2P(www.inip2p.com)에서 제공하는 안전거래 중계 모듈을 활용하여 카페(cafe)의 일반게시판에서도 전자상거래를 할 수가 있다.

3. 국내 오픈마켓을 활용한 전자상거래 창업

옥션(www.auction.co.kr), G마켓(www.gmarket.co.kr)과 같은 오픈마켓에는 창업자들이 스토어(store) 혹은 미니샵(minishop)을 개설할 수 있는데, 이것은 창업자가 운영하는 또 하나의 전자상거래 사이트와 같은 개념으로 생각할 수 있다. 즉, 창업자들이 옥션에 스토어(store)를 개설하거나 G마켓에서 미니샵(minishop)을 개설한 후에 창업자의 오프라인(off-line) 점포에서 판매하고 있는 모든 상품들을 등록하여 판매할 수가 있으며, 스토어(store) 및 미니샵(minishop)은 별도의 인터넷 주소를 제공하기 때문에 독자적인 홍보 및 광고도 가능할 것이다.

4. 도매사이트를 활용한 전자상거래 창업

현재 다음(Daum), 네이버(Naver), 네이트(Nate) 등과 같은 포털사이트에서 도매, B2B(Business-to-Business) 등으로 검색해 보면 다양한 도매사이트들이 있는데, 이러한 도매사이트들을 활용하여 전자상거래 창업을 할 수 있다. 즉, 도매사이트에 등록되어 있는 상품을 도매가격으로 구입하여 판매하거나 상품이미지만을 무료 혹은 저렴한 비용에 제공받아서 전자상거래 사이트를 운영할 수 있다.

대표적인 도매사이트로는 나까마(www.naggama.co.kr), 베스트켓(www.bestket.com), 도매토피아(www.dometopia.com), 한아름기프트(www.ihangift.com) 등이 있다. 특히 도매토피아에서는 온라인 판매자들을 위해 상품이미지를 제공하고 있으며, 도매토피아 및 바이앤몰(www.bynmall.com) 등에서는 판매된 상품에 대한 포장과 배송까지 지원하고 있다.

5. 이베이(eBay)를 활용한 전자상거래 창업

이베이(www.ebay.com)는 세계 최고의 전자상거래 사이트이며, 현재 39개국에 진출하여 200개 국가 2억 명이 이용하고 있으며, 옥션과 G마켓에서 상품판매를 해 본 경험이 있으면 누구나 이베이(eBay)에서 상품 판매를 시작할 수 있다. 이베이에서는 개인 창업자를 위한 스토어(store)를 개설하여 운영할 수 있는데, 창업자의 오프라인(off-line) 점포에서 판매하고 있는 모든 상품들을 등록하여 전 세계의 고객들을 대상으로 상품을 판매할 수 있다. 이베이 외에도 아마존(www.amazon.com), 알리바바(korean.alibaba.com) 등을 활용한 전자상거래 창업은 안방에서 전 세계 고객들에게 상품을 수출하는 글로벌 창업을 할 수 있다.

6. 해외 고객을 위한 전자상거래 창업

현재 임대형 인터넷쇼핑몰 전문기업에서는 국내 시장뿐만 아니라 해외의 고객들에게도 상품을 판매할 수 있도록 지원하고 있다. 예를 들어, 일본시장에 진출하려면 메이크샵이 개발한 메이크트랜스(www.maketrans.com)를 사용하여 인터넷쇼핑몰을 만들면 된다.

드림웹(www.dreamweb.co.kr)에서는 한국어 쇼핑몰뿐만 아니라 영어, 일어, 중국어로 인터넷쇼핑몰을 제작해 주고 있기 때문에 해외 고객을 대상으로 하는 인터넷쇼핑몰 창업을 지원하고 있다. 한편, 메이크샵(www.makeshop.co.kr)에서는 해외진출을 돕기 위해 해외판매 DGG, 잉글리쉬 HTML, 메이크글로비 등의 기능을 지원하고 있다.

7. 프랜차이즈 개념을 도입한 전자상거래 창업

일반적으로 인터넷쇼핑몰은 회사 혹은 개인이 하나의 인터넷 주소를 사용하여 운영한다. 하지만, 인터넷쇼핑몰 창업에 프랜차이즈 개념을 도입하게 되면, 여러 개의 인터넷 주소를 사용하여 여러 개의 전자상거래 사이트들을 여러 명의 창업자가 동시에 운영하는 것이 가능하게 된다. 즉, 지금까지 오프라인(off-line)에서만 존재하던 프랜차이즈 창업이 온라인(on-line)에서도 가능하게 되었다는 특징이 있다.

예를 들어, 메이크샵(www.makeshop.co.kr)에서는 A타입(본사 결제), B타입(대리점 결제), C타입(대리점 결제+본사지원 상품)의 전자상거래 창업을 지원하고 있다. 특히 C타입은 가맹점(혹은 대리점) 자체상품을 100개까지 등록할 수 있다는 점에서 본사의 전자상거래와 비교하여 차별화를 시킬 수 있는 장점이 있다.

이러한 전자상거래 창업은 본사 및 가맹점에서 운영하고 있는 여러 사이트에서 본사의 상품과 가맹점의 상품을 공동으로 판매하게 되는데, 이를 통해서 본사 및 가맹점들이 상호 윈-윈(win-win)할 수 있는 장점이 있다.

8. 인지도가 높은 인터넷쇼핑몰에 입점하는 전자상거래 창업

소자본으로 창업을 하는 경우에는 전자상거래 사이트를 독립적으로 개설하여 운영하는 것이 어렵기 때문에 처음에는 인지도가 높은 인터넷쇼핑몰에 입점하는 것이 오히려 더 유리할 수 있다. 예를 들어, 판매할 상품의 수가 많지 않을 때에는 독립적인 전자상거래 창업이 불가능하기 때문에 현재 성공적으로 운영되고 있는 전문적인 인터넷쇼핑몰에 입점하는 것이 더 유리하다는 것이다.

요약하면, 위에서 제시한 전자상거래 창업의 8가지 방법을 효과적으로 활용한다면, 예비창업자가 판매하고자 하는 상품을 다양한 전자상거래 사이트에서 직접 판매할 수 있으며, 국내 및 해외고객을 대상으로 상품판매가 동시에 가능하다는 장점이 있다. 또한 여러 개의 전자상거래 창업도 동시에 가능한데, 중요한 것은 시너지 효과(synergy effect)를 높일 수 있도록 진행하는 것이 필요하다는 점이다.

23. 해외 전자상거래 및 판매대행업 창업

현재 대부분의 창업자들은 국내 고객만을 대상으로 상품과 서비스를 판매하고 있는 실정인데, 컴퓨터와 인터넷을 효과적으로 활용하면 전 세계 고객을 대상으로 상품과 서비스의 판매가 충분히 가능하다. 예를 들어, 집에서도 컴퓨터 1대를 활용하여 해외 고객들을 대상으로 상품을 판매할 수 있는 국내외의 다양한 전자상거래 사이트들이 개설되어 있으며, 아울러 해외 고객들을 위한 국내의 인터넷쇼핑몰 솔루션들도 이미 개발되어 있는 실정이다.

하지만, 자영업자 혹은 소기업에서 해외 전자상거래 사이트에 상품을 등록하고 판매를 하는 것은 전문 인력의 부재, 실무지식의 부족 등으로 인해 쉬운 일이 아니며, 상품을 등록하고 매출을 지속적으로 증가시키기 위해서는 전문가들의 조언과 도움이 절대적으로 필요하다. 최근 KOTRA가 세계 전자상거래 시장으로의 우리 기업 진출을 적극 지원하기로 결정을 하면서 많은 국내 기업들이 해외시장으로의 진출에 관심을 갖게 될 것으로 전망이 되고 있으며, 마케팅트라이브(www.marketingtribe.co.kr)에서는 아마존, 이베이 및 해외 전자상거래 사이트들을 활용한 상품판매에 대한 교육 및 컨설팅을 실시하고 있다.

이러한 측면에서 국내외의 다양한 전자상거래 사이트를 활용한 상품의 직접 판매 혹은 판매대행은 유망한 무점포 1인 창업아이템이라고 할 수 있다. 특히 중소기업들과의 폭넓은 인맥이 있는 중장년층에게는 소자본으로 창업을 할 수 있으며, 국내 시장을 넘어 글로벌(global) 창업자로서 새로운 도약의 기회도 만들 수 있을 것이다.

1. 창업아이템의 개요

해외 전자상거래 창업 및 판매대행업은 두 가지의 방법으로 진행할 수가 있다. 첫째, 해외에 있는 전자상거래 사이트들을 활용하여 상품을 직접 판매하거나 판매대행을 할 수 있다. 예를 들어, 세계 최대 기업상대(B2B) 전자상거래 사이트인 알리바바닷컴(www.alibaba.com), 중국 최대의 일반인 대상 내수 소매 사이트인 타오바오닷컴(www.taobao.com), 이베이(www.ebay.com), 일본의 오픈마켓인 라쿠텐(www.rakuten.co.jp), 아마존(www.amazon.com) 등에서 상품을 직접 판매하거나 다른 기업이 생산한 제품의 판매를 대행할 수 있다.

둘째, 창업자가 직접 해외 고객들을 위한 전자상거래 사이트를 개발한 후에 상품을 직접 판매하거나 판매대행을 할 수 있다. 국내의 여러 임대형 인터넷쇼핑몰 전문기업에서는 국내 시장뿐만 아니라 해외의 고객들에게도 상품을 판매할 수 있도록 지원하고 있다. 예를 들어, 메이크샵(www.makeshop.co.kr)에서는 한국어, 영어, 중국어, 일본어 쇼핑몰을 운영할 수 있도록 지원하고 있는데, 일본시장에 진출하려면 메이크샵에서 개발한 메이크트랜스(www.maketrans.com)를 사용하여 인터넷쇼핑몰을 만들면 된다. 또한, 드림웹(www.dreamweb.co.kr)에서는 한국어 쇼핑몰뿐만 아니라 영어, 일어, 중국어로 인터넷쇼핑몰을 제작해 주고 있기 때문에 해외 고객을 대상으로 하는 전자상거래 창업을 지원하고 있다.

2. 창업성공사례 및 관련 사이트

국내외 고객들을 대상으로 하는 판매대행업의 사례는 다음과 같다. 국내 오픈마켓의 판매를 대행하는 와이드아이티씨(wideitc.com), 미국의 이베이(eBay)와 일본의 라쿠텐의 판매를 대행하는 이미지스튜디오(www.imagestudio.co.kr), 일본의 온라인 및 오프라인 시장에서의 판매를 대행해 주는 플러스엠에프(www.plusmf.com) 등이 있는데, 창업자는 이러한 사이트에 접속하여 벤치마킹(benchmarking)하는 것이 필요하다.

3. 핵심 성공요소 및 준비사항

해외 전자상거래 창업 및 판매대행업의 주요 성공요소 및 준비사항은 다음과 같다.

① 다양한 외국어로 상품 설명을 작성할 수 있는 어학 실력이 필요한데, 이를 위해서는 적어도 2~3개 정도의 외국어를 구사할 수 있는 실력이 있어야 한다. 하지만, 구글의 번역(translate.google.co.kr)을 활용하면 한글을 영어 및 일어로 자동 번역을 할 수 있다.

② 해외 전자상거래 사이트의 구조 및 주요 기능에 대한 이해, 광고를 하는 방법, 해외 배송 등에 대한 실무지식이 필요하다.

③ 해외 전자상거래 사이트에서의 판매경험을 통해 독립적인 전자상거래 사이트의 개발 및 운영도 생각해 볼 수 있으며, 관련 법률도 알아야 한다. 예를 들어, 국내에서 인터넷쇼핑몰을 개설하고 운영할 때에는 '전자상거래 등에서의 소비자보호에 관한 법률'을 이해하고 있어야 한다.

④ 해외 전자상거래에 대한 환경 및 국내 전자상거래와 비교한 차별성에 대해 잘 이해하고 있어야 한다. 특히 상품을 판매하고자 하는 국가의 고객들의 구매특성에 대한 파악도 사전에 진행되어야 한다.

⑤ 배송은 어떻게 할 것이며, 환불 및 반품에 대한 준비 및 대책도 마련해야 한다. 아울러, 고객이 전화 혹은 메일로 문의를 할 경우에

신속하게 응답할 수 있도록 준비해야 한다.

⑥ 외국의 주요 포털을 조사하고 키워드 광고를 어떻게 진행할 것인가에 대한 준비도 해야 한다. 예를 들어, 메이크트랜스(www.maketrans.com)를 사용하여 일본 고객들을 대상으로 전자상거래 창업을 한다면, 일본의 어느 포털에서 키워드 광고를 어떻게 진행할 것인가에 대한 계획이 구체적으로 마련되어야 한다.

⑦ 상품사진의 촬영에 대한 전문지식, 촬영한 상품사진을 활용하여 상품이미지로 만들 수 있는 포토샵(photoshop)에 대한 실무지식, 홍보를 위한 홈페이지를 개발하고 운영하기 위해 필요한 HTML(Hypertext Markup Language)에 대한 실무지식 등이 있어야 한다.

⑧ 포토샵(photoshop)으로 만든 상품이미지를 상품이미지 호스팅 사이트에 등록해야 하는데, 상품이미지 호스팅 사이트는 매월 1~3만원을 지불하고 사용하는 유료 사이트들이라고 할 수 있다. 포털사이트에서 상품이미지 혹은 호스팅 사이트를 검색하면 쉽게 찾을 수 있으며, 드롭박스(www.dropbox.com), Imgur(imgur.com), Fileslink(www.fileslink.com), postimage(postimage.org), tinypic(tinypic.com) 등과 같은 사이트들도 상품이미지 호스팅 사이트와 같은 목적으로 무료로 사용할 수 있다.

⑨ 해외에 있는 전자상거래 사이트에 직접 상품을 등록하여 판매할 경우에는 상품을 직접 제조할 것인지 아니면 국내외의 여러 기업으로부터 상품을 공급 받을 것인지를 결정해야 한다. 이를 위해서는 국내의 동대문, 남대문 및 화곡동 도매시장을 방문하여 조사를 하는 것도 필요하며, 중국의 이우시장 및 일본의 오사카 도매시장에서 상품을 구입하는 것도 생각할 수 있다.

24. 실버용품 전문점 창업

1. 창업아이템의 개요

고령화 사회에서 꼭 필요한 실버용품을 판매하는 창업아이템이며, 실버용품에 대한 수요는 실버산업의 성장률을 보더라도 지속적으로 증가할 것으로 예상된다. 대한상공회의소 2010~2020년 실버산업 연평균 성장률 전망 자료에 따르면, 의료기기에서 실버산업 성장률이 12.1%로 기존산업 11%를 앞지르고 있다. 정보 분야에서는 25.1%로 기존산업 성장률 5%를 크게 상회하는 것으로 나타났다.

2. 벤치마킹할 수 있는 창업사례

국내에서 실버용품 전문점 창업은 아직 초기단계에 있는 실정이며, 주요 창업사례는 다음과 같다. 먼저 이레나(www.irena.co.kr)에서는 복지용구, 보장구, 의료용품 등을 무점포형, 점포형, 점포인테리어형으로 구분하여 창업을 지원하고 있다. 실버365(www.silver365.co.kr)에서는 건강측정용품(혈압계, 혈당측정기, 체온계 등), 생활건강용품(틀니소독기, 효도화, 안마기), 생활편의용품(증폭전화기, 돋보기) 등과 같이 생활건강에 관련된 상품과 보행보조용품(휠체어, 보행 보조차, 지팡이), 배변간병용품(성인용 기저귀, 간병침대), 목욕보조용품(목욕의자, 목욕안전용품) 등과 같이 독립생활이 어려운 분들에게 필요한 보조용품을 판매하고 있으며, 오프라인 및 온라인 가맹점 창업도 지원하고 있다. 실버용품 전문브랜드 '100세동안'(www.100age.co.kr)은 대웅제약의 계열사로 지난 2010년

7월 1일부터 프랜차이즈사업을 시작했으며, 오프라인 가맹점 창업을 지원하고 있다.

3. 실버용품 전문점 창업의 준비 및 고려사항

예비창업자의 입장에서 실버용품 전문점 창업을 하기로 결정하였다면 아래의 사항들에 대한 체계적인 준비가 필요할 것이다.

① 우선 실버용품에 대한 조사가 필요한데, 이를 위해서는 국내외 도매시장 및 다양한 전자상거래 사이트들을 방문하여 찾아보는 것이 필요하다. 국내 도매시장으로는 동대문 시장, 남대문 시장 및 화곡동 도매시장이 있으며, 해외 도매시장으로는 중국의 이우시장, 일본의 오사카 도매시장 등이 있다. 이러한 도매시장을 방문하면서 가능하면 대중성이 있는 실버용품의 선정이 중요한데, 그것은 누구나 필요하면서 누구나 구매를 하고 또한 누구나 사용하는 제품을 찾는 것이 필요하다는 것이다. 아울러, 판매할 제품의 종류를 최종적으로 확정하기 위해서는 해외의 사례에 대한 조사 및 분석도 필요할 것이다.

② 실버용품을 어떻게 판매할 것인가를 고려해야 하는데, 크게 보면 오프라인(off-line)과 온라인(on-line)에서의 상품판매, 독립형 창업과 프랜차이즈 창업에 의한 상품판매로 구분하여 생각할 수 있다. 여기에서 오프라인(off-line)은 점포에서의 상품판매를 말하는 것이며, 온라인(on-line)은 다양한 전자상거래 사이트를 활용한 상품판매를 말한다. 또한 독립형 창업은 창업자의 점포를 활용하여 상품을 판매하는 것이며, 프랜차이즈 창업에 의한 상품판매는 전국적으로 가맹점들을 모집하여 상품을 판매하는 것이다.

③ 실버용품의 판매와 더불어 생각할 수 있는 것은 실버들을 위한 별

도의 레저 및 스포츠시설을 운영하는 것이다. 즉, 실버용품을 구매한 고객들이 지역별로 운영되고 있는 레저 및 스포츠시설을 무료 혹은 저렴한 비용으로 이용할 수 있도록 하는 서비스를 제공하게 되면 상품의 판매는 지속적으로 증가될 수 있기 때문이다.

④ 스마트폰을 사용하는 실버들이 크게 증가하고 있는 것을 감안하면 실버용품의 판매와 더불어 다양한 정보를 제공하기 위한 앱(app)을 개발하여 보급하는 것도 필요할 것이다. 다만, 실버들이 쉽게 사용할 수 있도록 간단하게 만들면서 유용한 정보들을 많이 제공하는 것이 필요하다. 또한 앱(app)의 사용방법에 대한 동영상(ucc)을 만들어서 제공하는 것도 앱(app)의 이용을 활성화시키는데 많은 도움이 될 것이다.

⑤ SNS(Social Networking Service)의 활용이 급속하게 확산되고 있는 실정을 감안하면, 페이스북(facebook)을 이용하여 고객들과 인맥을 형성하는 것이 필요하다. 페이스북의 개인 계정을 갖고 있는 경우에는 여러 개의 페이지를 만들 수 있는데, 페이스북 페이지(facebook page)는 회사, 브랜드 및 단체가 자신들의 소식을 공유하고 사람들과 연결할 수 있는 공간이라고 할 수 있다. 개인 프로필과 마찬가지로 페이지도 소식을 게시하거나 이벤트를 열거나 앱을 추가하는 등 다양한 활동을 통해 자유롭게 활용할 수 있다. 또한 페이스북 페이지(facebook page)는 개인 프로필과 비슷하지만 비즈니스, 브랜드, 단체를 위한 고유한 도구를 제공하고 있다. 페이지는 개인 프로필을 가진 사람들에 의해 관리되며, 페이지의 "좋아요"를 클릭하면 뉴스피드에서 업데이트를 볼 수 있다. 즉, 페이스북에 등록하는 사용자는 각자 하나의 계정과 로그인 정보를 가지며, 계정마다 개인 프로필 1개가 포함되며 하나의 계정에

서 여러 페이지를 만들고 관리할 수 있는데, 실버들이 교류하는 공간으로 활용될 수 있다.

4. 실버용품 전문점 창업의 성공요소

실버용품 전문점으로 성공하기 위한 핵심요소(critical success factors)들은 다음과 같은데, 창업자의 환경을 고려하여 단계적으로 진행하는 것이 필요하다.

① 실버용품들은 대부분 다품종 소량으로 소비되기 때문에 제품 구성력이 매장 활성화를 좌우할 수 있다. 그렇기 때문에 관련 업계의 정보를 다양하게 빠르게 입수하는 것이 중요하며, 인터넷쇼핑몰 등 다양한 전자상거래 사이트를 함께 운영하는 것도 매출에 큰 도움이 될 수 있다. 현재 실버용품의 개발 및 판매는 일본 등 해외 선진국에서 크게 성장하고 있기 때문에 해외 정보들을 꾸준하게 수집하는 것이 매우 중요할 것이다.

② 실버용품의 판매뿐만 아니라 건강관련 정보, 여가 활용 및 레저 정보의 제공 등 실버들이 필요로 하는 다양한 서비스를 제공하는 것이 필요하다. 특히 고객들을 대상으로 정기적으로 여가 및 관광 서비스를 제공하는 것은 장기적으로 볼 때에 충성도가 높은 고객들을 모집하는 데 많은 도움이 될 수 있다. 또한 일을 할 수 있는 실버들을 위해서는 다양한 일자리 정보를 제공하는 것도 생각할 수 있다.

③ 온라인(on-line) 및 오프라인(off-line)에서 제품을 판매할 때에는 단순히 택배 회사를 이용하기보다는 고객의 집까지 직접 배달하는 것은 물론 제품의 사용방법에 대한 교육 서비스를 친절하게 제공하는 것이 필요하다. 또한 콜 센터(call center)를 개설하여 24시

간 서비스를 제공하는 것도 회사의 인지도 제고 및 이미지 향상에 많은 도움이 될 것이다.

④ 요양보호사 혹은 사회복지사를 채용하여 실버들을 위한 전문적이고 부가적인 서비스를 제공하는 것도 고객의 확보 및 매출 증대에 많은 도움이 될 것이다.

⑤ 요양병원 및 시설, 장례예식장, 여행사 등과 전략적 제휴를 추진한다면, 단순히 실버용품의 판매를 넘어서 다양한 실버 서비스를 제공하는 기업으로 발전할 수 있을 것이다.

25. 일본 보따리무역 창업

1. 일본 보따리무역의 개요

일본 보따리무역은 사업자등록을 하고 관세를 납부하는 소자본 소호(SOHO) 무역의 일종이며, 부산에서 출발하여 일본 오사카지역의 할인점, 백화점, 재래시장, 전문도매상가 등에서 상품을 직접 구매한 후에 국내 시장에서 판매하게 된다.

또한 일본 보따리무역은 오프라인에서는 소매 및 도매형태의 창업이 가능하며, 온라인에서는 인터넷쇼핑몰, 오프마켓(open market) 및 카페(cafe)를 활용한 공동구매 창업 등 다양한 형태의 창업이 가능하다. 일본 보따리무역에 관심이 있는 예비창업자들은 저자가 집필한 "일본소호무역으로 창업하기(일본 보따리무역의 모든 것, 집현재)"를 참고하면 된다.

2. 일본 보따리무역의 성공사례 및 관련 사이트

일본 보따리무역의 주요 성공사례 및 관련 사이트들은 다음과 같으며, 어떤 상품들을 판매하고 있는가를 꼼꼼하게 분석하는 것은 향후 일본 보따리무역을 준비하는 데에도 많은 도움이 된다. 또한 뉴비즈니스연구소(cafe.daum.net/isoho2jobs)에서는 일본 보따리무역 창업을 하고 싶은 예비창업자들을 모집하여 매월 일본 오사카 지역을 대상으로 현장 연수를 진행하고 있다.

① 소호리(www.soholee.com)

② 니케(www.shoustory.com)

③ 일본창업연구소(cafe.naver.com/limdk325)

④ 코사카(cafe.daum.net/kosaka.com)

⑤ 일본무역으로 내가게 만들기(cafe.daum.net/antfly)

한편, 저자가 운영하고 있는 뉴비즈니스연구소(cafe.daum.net/isoho2jobs)의 [창업동영상(UCC)강좌] 게시판에서 일본 보따리무역을 검색하면, 총 97개의 동영상(UCC)을 볼 수 있는데, 일본에서 상품을 구매할 수 있는 주요 도매상가 및 일본 보따리무역에 대한 성공사례들에 대해 살펴볼 수 있다. 또한 일본창업연구소(cafe.naver.com/limdk325)에서도 매월 일본 보따리무역에 대한 현장 교육 및 아이템의 선정, 직수입 및 점포 오픈까지의 창업컨설팅도 하고 있다.

3. 성공적인 판매전략 및 매출증대 방법

창업자가 일본에서 직접 수입한 상품들의 판매전략은 온라인(on-line)과 오프라인(off-line)에서의 판매, 소매와 도매 형태로의 판매로 구분하여 진행하는 것이 필요하다. 즉, 온라인에서의 소매와 도매, 오프라인에서의 소매와 도매로 총 4가지 형태의 판매가 가능하다.

또한, 일본 보따리무역에서 3년 이상의 경력이 있는 경우에는 일본 보따리무역을 통해 창업을 하고 싶은 예비창업자들을 대상으로 일본 도매상가에 대한 동행 연수, 일본 상품의 구매 및 선적, 점포의 선정 및 개업 등에 대한 컨설팅을 통해 추가적인 수입도 가능하다.

26. 프랜차이즈 총판계약을 활용한 무점포 창업

1. 창업아이템의 개요

시장성과 장래성이 있는 프랜차이즈 본사와 특정 지역(예 : 부산지역)에서 총판계약을 한 후에 예비창업자와 가맹점계약을 체결하고 본사로부터 일정 금액의 수수료를 받는 창업아이템이다. 총판계약의 경우에는 적어도 5천~1억원 전후의 자금이 초기에 투자되어야 한다는 단점이 있지만, 사업성이 있는 창업아이템에 대한 총판계약은 상당 기간 동안에 수익성이 상당히 좋다는 장점이 있다. 또한 총판계약을 활용한 창업은 어쩌면 전화기 1대와 홍보를 위한 웹사이트만 있으면 창업이 얼마든지 가능하다는 장점도 있다.

2. 창업성공사례 및 관련 사이트

프랜차이즈 총판계약을 활용한 무점포 창업을 성공적으로 진행하기 위해서 제일 먼저 해야 하는 일은 바로 우수한 프랜차이즈 본사를 찾아서 계약을 체결하는 것이다. 이를 위해서 한국프랜차이즈산업협회(www.ikfa.or.kr), 한국프랜차이즈경제인협회, 공정거래위원회 가맹사업거래 홈페이지(franchise.ftc.go.kr)에서 사업성과 장래성을 갖춘 프랜차이즈 본사들을 찾을 수 있다. 또한 전국에서 개최되는 창업박람회에서 우수한 프랜차이즈 창업아이템들을 찾을 수도 있는데, 서울무역전시장(www.setec.co.kr), 코엑스(www.coex.co.kr), 벡스코(www.bexco.co.kr), 대구전시컨벤션센터(www.excodaegu.co.kr), 킨텍스(www.kintex.com) 등에서 매년 개최되는 다양한 창업박람회에 대한 정보를 수집한 후에 참석하여 총판계약을 체결할 수도 있다.

한편, 다음(Daum), 네이버(Naver) 등과 같은 포털사이트에 등록되는 뉴스를 검색하여 우수한 프랜차이즈 창업아이템을 찾는 것도 도움이 될 수 있는데, 본사의 방문뿐만 아니라 가맹계약을 한 창업자들과의 만남을 통해서 본사에 대해 심층적으로 검증하는 절차가 꼼꼼하게 진행되어야 할 것이다.

3. 핵심 성공요소 및 준비사항

프랜차이즈 총판계약을 활용한 무점포 창업의 주요 성공요소 혹은 준비사항은 다음과 같다.

① 매월 정기적인 창업세미나를 개최할 수 있도록 다음(Daum)과 네이버(Naver)를 활용한 창업카페 혹은 홈페이지를 운영하는 것이 필요하다. 즉, 특정 창업분야 혹은 창업아이템에 관심이 있는 예비창업자들과 교류할 수 있는 커뮤니티 성격의 사이트가 필요하며, 동시에 오프라인(off-line)에서의 행사 및 교류모임도 정기적으로 진행되어야 한다,

② 가맹점 창업자들의 자질과 특성을 파악하여, 창업자에게 맞는 창업아이템들이 연결되도록 해야 하며 무차별적인 가맹점 모집은 절대 금물이다. 즉, 가맹점 모집보다 더 중요한 것은 모집된 가맹점들의 성공률을 높이도록 노력하고 지원하는 것이다. 아직도 많은 프랜차이즈 본사 혹은 창업컨설팅 회사에서는 가맹점 계약건수를 늘리는 데에만 신경을 쓰고 있는 실정인데, 계약된 가맹점들의 성공적인 사업을 체계적으로 지원하는 것이 장기적인 관점에서 보면 더 중요할 것이다.

③ 공정거래위원회 가맹사업거래 홈페이지(franchise.ftc.go.kr)에서 제공하는 정보공개서를 꼼꼼하게 분석하여 사업성이 있는 본사를 선정하는 것이 매우 중요한데, 대한가맹거래사협회(www.fea.or.kr)에 소속된 가맹거래사들의 도움을 받는 것도 생각할 수 있다.

④ 창업자의 인지도를 높이도록 하는 것이 중요한데, 이를 위해서는 언론활동, 대중적인 강연활동, 창업서적 출판 등이 필요하다.

4. 프랜차이즈 총판계약을 활용한 창업에 필요한 자격증

프랜차이즈 총판계약을 활용한 창업을 성공적으로 진행하기 위해서는 아래에서 소개하는 자격증을 취득하는 것도 필요한데, 이것은 예비창업자들로부터 신뢰를 얻기 위해서도 필요하다.

(1) 가맹거래사 자격증 : 가맹거래사는 2002년 5월에 제정된 '가맹사업거래의 공정화에 관한 법률'에 의거하여 2003년부터 자격시험을 실시하고 있으며, 2007년 8월의 법 개정으로 인해 자격명이 '가맹사업거래상담사'에서 '가맹거래사'로 변경되었다. 즉, 가맹거래사는 프랜차이즈 창업분야의 국가자격증이라고 할 수 있으며, 가맹거래사는 가맹사업의 사업성 검토, 가맹사업당사자의 교육·훈련이나 이에 관한 자문, 정보공개서와 가맹계약서의 작성·수정이나 이에 관한 자문, 분쟁조정 신청의 대행 및 의견의 진술, 정보공개서 등록의 대행 등 가맹사업 전반에 대한 경영 및 법률서비스를 제공하는 전문가를 말한다.

현재 국내에는 가맹거래사들의 단체인 사단법인 대한가맹거래사협회(www.fea.or.kr)가 있다. 또한 갈라파고스 학원(www.galapagos.kr), 에듀올(www.eduall.kr) 등에서도 가맹거래사 자격증 취득을 위한 교육을 하고 있다.

(2) 경영컨설턴트 자격증 : 본인이 가진 전문적인 지식을 살릴 수 있는

분야가 바로 경영컨설턴트라고 할 수 있다. 경영컨설턴트로 활동하려면 경영지도사 자격증을 취득해야 하는데, 자격증을 취득하면 중소기업청(중소벤처기업부)에서 실시하는 다양한 중소기업 경영컨설팅 지원사업에 참여할 수 있다. 또한 소상공인시장진흥공단(www.semas.or.kr)에서 주관하는 자영업컨설팅지원사업의 컨설턴트 교육을 수료하면 소상공인들을 대상으로 하는 컨설턴트로 활동할 수 있다.

한편, 경영지도사는 '중소기업진흥에 관한 법률'에 규정된 자격제도이며, 경영지도사 자격시험은 한국산업인력공단에서 주관한다. 경영지도사는 1차 시험(중소기업관련법령, 회계학개론, 경영학, 기업진단론, 조사방법론, 영어)과 4개 분야(인적자원관리분야, 재무관리분야, 생산관리분야, 마케팅분야)에 대한 2차 시험을 통해 선발된다. 한편, KMAC(www.kmac.co.kr)에서는 경영컨설턴트 자격인증 과정을 개설하고 있으며, 한국경영인재연수원(www.kmhi.or.kr)에서는 경영지도사 온라인 양성과정을 운영하고 있다.

27. 창업의 관점에서 생각할 수 있는 SNS의 종류

SNS를 생각하는 관점을 조금만 달리해 보면, SNS는 단순히 홍보와 광고의 수단에서 벗어나서 상품판매를 위해 효과적으로 활용할 수 있다는 것을 알게 된다. 따라서, 창업자들은 홍보와 광고가 결국 상품판매로 연결되기 위한 SNS의 활용에 관심을 가져야 할 것이다.

1. SNS의 개념

SNS(Social Network Service, 소셜 네트워크 서비스)는 온라인 인맥구축 서비스이다. 즉, SNS는 1인 미디어, 1인 커뮤니티, 개인 간의 정보 공유 등을 포괄하는 개념이며, 참가자가 서로에게 친구를 소개하여, 친구관계를 넓힐 것을 목적으로 개설된 커뮤니티형 웹사이트라고 할 수 있다. 또한, 보이드와 엘리슨(Boyd & Ellison)은 SNS를 "개인들로 하여금 특정 시스템 내에 자신의 신상 정보를 공개 또는 준공개적으로 구축하게 하고, 그들이 연계를 맺고 있는 다른 이용자들의 목록을 제시해 주며, 나아가 이런 다른 이용자들이 맺고 있는 연계망의 리스트, 그리고 그 시스템 내의 다른 사람들이 맺고 있는 연계망의 리스트를 둘러볼 수 있게 해주는 웹 기반의 서비스(web-based services)"라고 정의하였다.

이러한 SNS에 대한 다양한 정의들을 종합적으로 고려할 때, SNS는 먼저 인맥형성을 목적으로 개설된 웹 사이트라는 온라인 공간에서 공통의 관심이나 활동을 지향하는 일정한 수의 사람들이 일정한 시간 이상 공개적으로 또는 비공개적으로 자신의 신상 정보를 드러내고 정보

교환 및 교류를 수행함으로써 대인관계망을 형성토록 해 주는 웹 기반의 온라인 서비스로 정의될 수 있다. 따라서, SNS(소셜 네트워크 서비스)는 오프라인(off-line)에 있는 창업자의 점포뿐만 아니라 인터넷쇼핑몰, 오픈마켓(open market) 등과 같은 다양한 온라인(on-line) 전자상거래 사이트들에 대한 홍보 및 광고를 진행하기 위해서도 매우 유용하게 활용될 수 있으며, 창업자가 운영하고 있는 SNS뿐만 아니라 다른 사람들이 운영하고 있는 SNS를 통합적으로 활용하여 창업자가 목표로 하는 홍보, 광고 및 상품판매를 효과적으로 진행할 수 있는 장점이 있다.

2. SNS의 종류

(1) 협의의 관점에서 본 SNS

협의의 관점에서 생각할 수 있는 대표적인 소셜 네트워크 서비스(Social Network Service)의 종류는 아래와 같다.

① 트위터(www.twitter.com)

② 페이스북(www.facebook.com)

③ 구글플러스(plus.google.com)

④ 한국어트위터(www.twtkr.com)

이러한 사이트들에 가입하여 효과적인 활용방법을 습득한 후에 어떻게 사용하는 것이 홍보, 광고 및 상품판매에 도움이 되는지를 파악하는 것이 필요한데, 최근에는 소셜 네트워크 서비스의 이용자가 급속하게 증가하고 있는 실정이다. 예를 들어, 트위터 및 페이스북은 페이지뷰 기준으로 2010년 1월에서 2011년 8월까지 수십배 이상 트래픽이 증가하고 있는 것으로 조사되었다. 이러한 통계는 SNS를 이용하고 있는 사람들이 크게 증가하고 있다는 것을 설명하고 있으며, SNS는 인맥형성의 차원을 넘어 상품판매 등의 비즈니스적인 목적으로도 충분히 활용될 수 있다는 것을 의미하기도 한다.

구글플러스는 카테고리(Category)를 만들어서 운영할 수 있는데, 일반적인 홈페이지에 있는 게시판에 해당된다. 또한 페이스북에서는 노트(Notes)가 게시판의 역할을 담당한다.

(2) 광의의 관점에서 본 SNS

아직도 많은 창업자들은 SNS를 트위터, 페이스북 등만을 중심으로 생각하는 경향이 있는데, 온라인(on-line)에서 인맥의 형성, 교류 및 정보교환 등을 조금 더 넓은 관점에서 생각해 보면 아래의 웹 사이트들도 SNS의 범위에 직·간접적으로 포함시킬 수 있다.

① **카페**(cafe) : 다음(Daum)과 네이버(Naver)에서 누구나 무료로 개설할 수 있는데, 카페는 커뮤니티형 SNS라고 할 수 있다. 즉, 특정 주제 혹은 이슈에 관심이 있는 사람들이 하나의 커뮤니티(community)를 형성하여 회원들이 상호 교류하면서 유익한 정보를 공유하고, 상호 인맥을 형성하고, 제휴와 협력도 하게 된다. 저자가 개발하여 운영하고 있는 3개의 카페를 소개하면 다음과 같은데, 카페에서 어떤 SNS의 요소들이 사용되고 있는가를 살펴보는 것도 좋을 것이다.

i) (Daum)뉴비즈니스연구소(http://cafe.daum.net/isoho2jobs)

ii) (Naver)뉴비즈니스연구소(http://cafe.naver.com/ihavetwojobs)

iii) 월성성당(http://cafe.daum.net/wscatholic)

② **블로그**(blog) : 1인 미디어의 형태로 운영이 되고 있지만, 댓글과 스크랩 기능을 활용하여 상호 교류를 할 수 있는 SNS의 요소를 갖고 있다. 최근에는 블로그를 활용한 광고 및 상품판매도 점차 확대되고 있는 실정이다. 저자가 개발하여 운영하고 있는 4개의 블로그를 소개하면 다음과 같은데, (Daum)블로그에만 지금까지

149,267명과 인맥을 형성하였다.

i) (Daum)블로그(http://blog.daum.net/newbiz2001)

ii) (Naver)블로그(http://blog.naver.com/newbiz2001)

iii) (구글)블로그(http://newbiz2001.blogspot.kr)

iv) (에이블)블로그(http://www.ablenews.co.kr/Blog/newbiz2001) : 메인포스트 설정에서 특정 글(혹은 포스트)을 블로그의 메인에 설정할 수 있는데, 포토샵 및 HTML을 활용하여 블로그를 홈페이지와 같이 운영할 수 있는 장점이 있다.

③ **유튜브**(Youtube) : 유튜브의 My Channel 메뉴에서는 본인이 등록한 모든 동영상(UCC)들을 관리할 수 있으며, 공유 및 댓글 등을 활용하여 다른 사람들과 인맥을 형성하거나 유익한 정보들을 공유할 수 있는 SNS의 요소를 갖고 있다. 예를 들어, 유튜브에 있는 저자의 My Channel(https://www.youtube.com/user/newbiz2001/videos)을 보면, 295명의 구독자들이 있는데, [구독자]를 클릭한 후에 댓글, 메시지 등을 활용하여 구독자들과 인맥형성 및 교류를 할 수 있는 SNS의 요소가 있다. 또한 관심이 있는 동영상에 대해 구독(subscribe)을 함으로써 유튜브의 동영상 등록자들과 인맥을 형성할 수 있으며, 메시지도 서로 주고 받을 수 있다.

④ **윅스**(www.wix.com) : 윅스는 포토샵 및 HTML을 활용하여 홈페이지를 간단하게 만들 수 있으며, 무료라는 장점이 있다. wix유저(cafe.naver.com/diywebsite)에서는 wix를 사용하여 홈페이지를 만드는 방법에 대한 강의 자료도 제공하고 있는데, 아직은 윅스(wix) 사용자가 많지 않다는 한계가 있다. 지금까지는 카페(cafe), 블로그(blog), 페이스북 페이지로 만든 홈페이지가 홍보와 광고라는 측면에서는 윅스(wix)에 비하여 오히려 더 효과적이라는 것이

저자의 판단이다.

⑤ **스토어팜**(storefarm) : 네이버(Naver)가 쇼핑몰과 블로그의 장점을 결합하여 개발한 새로운 쇼핑몰 구축 솔루션이며, 스토어팜 판매자센터(sell.storefarm.naver.com)에서 누구나 무료로 쇼핑몰을 개발할 수 있다. 또한 판매자센터의 [매뉴얼 다운로드] 메뉴에서는 아래와 같이 7가지의 자료를 제공하고 있다.

i) 상품관리
ii) 판매관리
iii) 정산관리
iv) 혜택관리
v) 기획전 관리
vi) 스토어팜 관리
vii) 판매회원

한편, 포털사이트 네이버(Naver)에서 "storefarm.naver.com"로 검색해 보면, 다양한 종류의 스토어팜을 확인할 수 있다. 따라서 예비창업자들은 이러한 스토어팜들에 접속하여 홍보, 광고 및 상품판매를 위한 활용가능성을 검토해 보는 것이 필요할 것이다.

3. SNS의 활용 및 상품판매

지금까지 SNS의 주요 목적은 인맥형성 및 교류, 정보공유 등이었다면, 최근에 SNS는 상업적인 목적으로 그 활용을 넓혀 가고 있는 실정이다. 즉, 단순히 친목 목적의 인맥형성에서 형성된 인맥들을 대상으로 하는 비즈니스의 추구가 부가되어, 결국 SNS는 상품판매를 위한 홍보와 광고, 그리고 결제기능이 부가된 전자상거래의 형태로 발전하고 있는 실정이다.

① 홍보
② 광고
③ 상품판매
④ 제휴와 협력
⑤ 기타

한편, 창업자는 위에서 제시한 홍보, 광고, 상품판매, 제휴와 협력 등을 효과적으로 수행하기 위하여 SNS의 종류에서 언급한 다양한 SNS들을 어떻게 활용하고 융합시킬 것인가를 고민해야 할 것이다.

28. 창업으로 성공하기 위해 꼭 필요한 6가지

최근 정부 및 지방자치단체 그리고 다양한 창업관련 기관에서는 예비창업자들을 위한 다양한 사업들을 진행하고 있으며, 이에 따라 창업에 관심을 갖고 준비하는 사람들이 크게 증가하고 있는 실정이다. 하지만, 창업을 하는 것은 쉽지만 창업으로 성공하는 것은 무척 어려운 것도 사실이다. 이에 창업으로 성공하기 위해 반드시 준비해야 하는 6가지 사항을 제시하고자 한다. 아직도 많은 예비창업자들은 오직 유망한 창업아이템만을 찾기 위해 노력하고 있는데, 아무리 좋은 창업아이템을 찾았다고 하더라도 여기에서 제시하는 6가지 사항이 제대로 준비되어 있지 않으면 결코 성공적인 창업을 할 수 없다는 것을 명심해야 한다.

첫째, 창업이론 및 창업실무를 제대로 갖추어야 하는데, 이것은 창업하고자 하는 분야 혹은 창업아이템에 따라 달라진다. 예를 들어, 외식창업 혹은 인터넷쇼핑몰 창업을 준비하는가에 따라 사전에 갖추어야 할 창업이론 및 창업실무는 완전히 다르다는 것이다. 따라서, 다양한 창업서적, 창업관련 언론보도 자료, 창업교육 및 성공적인 창업현장 탐방 등을 통하여 창업하고자 하는 분야에서 필요로 하는 창업이론 및 창업실무를 경쟁력이 있게 준비해야 할 것이다.

또한, 로앤비(www.lawnb.com)에 접속하여 창업하고자 하는 분야에서 알아야 하는 법률을 검색하여 자세하게 살펴보아야 할 것이다. 예를 들어, 인터넷쇼핑몰 혹은 옥션, G마켓 등의 전자상거래 사이트에서 창업을 하기 위해서는 로앤비에서 '전자상거래 등에서의 소비자보호에 관한 법률'을 검색하여 꼼꼼하게 읽어보는 것이 필요할 것이다.

둘째, 홍보와 광고 전략을 수립해야 하는데, 온라인(on-line)과 오프라인(off-line)으로 구분하여 계획을 수립해야 한다. 특히 온라인에서는 다음(Daum), 네이버(Naver) 등과 같은 포털사이트에서의 키워드 광고뿐만 아니라 홈페이지, 카페(cafe), 블로그(blog), 페이스북(facebook) 등의 다양한 웹사이트들을 활용한 홍보도 매우 중요한데, 적어도 5~10개 정도의 웹사이트들을 연계하여 운영하는 것이 필요하다. 많은 사람들이 접속하는 포털 등 주요 사이트에 적어도 하나의 웹사이트들을 개설하여 운영하는 것도 생각할 수 있다.

한편, 홍보와 광고를 효과적으로 진행하기 위해 준비해야 할 세부적인 사항들은 다음과 같은데, 알고 있는 만큼 성공적인 창업에 대한 확률은 더 높아진다는 것을 생각해야 한다.

① 포토샵과 HTML에 대한 실무지식
② 동영상(UCC)을 만들 수 있는 실무지식
③ 포털사이트에서 키워드 광고를 진행하는 방법에 대한 실무지식
④ 언론 보도자료의 작성 및 배포 방법에 대한 실무지식
⑤ 전단지 제작 및 배포, 현수막 걸기 등 오프라인(off-line)에서의 홍보 및 광고 방법
⑥ 이메일 및 문자 발송을 통한 광고 방법에 대한 실무지식
⑦ 카페(cafe), 블로그(blog) 및 다양한 SNS 사이트의 개발 및 운영에 대한 실무지식

셋째, 현재의 경쟁기업 및 잠재적 경쟁자에 대한 정보를 지속적으로 수집하고, 성공한 창업사례들을 꾸준히 벤치마킹(benchmarking)을 해야 한다. 창업아이템을 확정하기 전에 그리고 창업 후에 반드시 해야 하는 일이 바로 경쟁정보를 수집하고 관리하는 것인데, 혼자 독점적으로 할

수 있는 창업아이템은 없기 때문이다.

이에 따라 먼저 경쟁기업들이 어떤 사업을 어떻게 진행하고 있는가에 대한 정보를 체계적으로 수집하여 경쟁적 우위를 점할 수 있도록 노력해야 하며, 동종 분야 혹은 아이템으로 성공한 창업사례를 벤치마킹하여 성공한 경험과 노하우들을 배우는 것을 게을리 하지 말아야 한다. 특히 초보창업자들의 경우에는 벤치마킹만으로도 창업과정상에서 겪을 수 있는 각종 오류 혹은 문제들을 크게 줄일 수 있다.

한편, 경쟁정보를 수집하고 벤치마킹을 할 수 있는 가장 좋은 방법들은 다음과 같다.

① 다음(Daum) 및 네이버(Naver)에 개설되어 있는 창업관련 커뮤니티에 가입하여 열심히 활동을 한다.

② 전국에서 개최되는 창업박람회에 참관하여 전시된 아이템들을 꼼꼼하게 살펴본다.

③ 언론에 보도된 창업 성공사례의 현장을 방문하여 자세하게 살펴보고, 성공한 창업자와 인맥을 형성한다.

④ 창업관련 업무를 담당하는 공무원 및 창업관련 기사를 작성하는 언론인들과 인맥을 형성한다.

⑤ 다음(Daum), 네이버(Naver), 네이트(Nate) 등의 포털에 매일 등록되는 창업관련 기사들을 자주 검색하여 읽으면서 창업트렌드를 파악한다.

넷째, 지속적인 멘토링(mentoring)을 통해 창업 준비과정에서부터 시행착오를 줄이는 노력이 필요하다. 많은 예비창업자들은 본인의 경험과 노하우에 지나치게 집착하여 주변의 조언을 외면하는 경우가 많으며, 일별 및 월별 매출에만 너무 신경을 쓰다보면 거시적인 트렌드에 무관심 하는 경우가 많다. 창업하고자 하는 분야 혹은 아이템에 대해 전문적인 지식과 경험을 보유하고 있는 멘토들과 인맥을 형성하여 정기적으로 사업의 추진현황 및 사업관련 여러 문제점들에 대해 멘토링을 받는 것이 필요하다. 특히 마케팅 및 신규시장 개척, 세무 및 법률, 기술개발, 자금 등의 분야에서 적어도 2~3명의 멘토(mentor)를 확보하는 것이 필요한데, 다음과 같은 전문가들 중에서 선택할 수 있을 것이다.

① 언론에 자주 보도되는 창업전문가
② 창업분야를 집중적으로 연구하고, 창업관련 서적을 꾸준히 출판하는 전문가
③ 성공한 창업기업의 최고경영자(CEO)
④ 다양한 창업지원기관들의 임직원
⑤ 창업컨설팅 회사의 전문컨설턴트

다섯째, 창업을 지원하는 정부 및 민간기관, 다양한 창업자금에 대한 정보를 수집하고 적극적으로 활용해야 한다. 창업자금을 지원하는 주요 기관으로는 중소기업청(중소벤처기업부), 중소기업진흥공단, 창업선도대학 및 창업보육센터, 테크노파크, 소상공인시장진흥공단 및 소상공인지원센터, 창업진흥원 등이 있는데, 먼저 창업자금을 지원하는 기관들의 홈페이지들을 조사하여 일주일에 한 번 정도는 접속하는 것이 필요하다. 또 각 기관별로 요구하는 서류들도 확인한 후에 미리 준비를 하는 것이 필요한데, 특히 사업계획서를 수익성, 성장성 및 수출가능성 등의 측면에서 설득력이 있게 작성하는 것이 중요하다. 사업계획서를 심사하고 무상 창업자금을 지원하는 기관들에서 본다면, 정말로 수익을 낼 수 있는 사업인가, 지속적으로 성장할 수 있는가 그리고 장기적으로 수출도 가능한가에 대해 꼼꼼하게 확인한다는 것을 고려해야 한다.

여섯째, 다양한 종류의 웹사이트를 개설하여 직접 운영하는 것이 필요하며, 다음과 같은 웹사이트들을 추천한다.

① 다음(daum) 및 네이버(naver)에서 카페(cafe)를 개설하여 운영한다.

② 다음(daum), 네이버(naver), 구글(google), 이글루스(egloos), 고도(godo), 에이블뉴스(www.ablenews.co.kr) 등에서 블로그(blog)를 개설하여 운영한다.

③ 트위터(www.twitter.com), 페이스북(www.facebook.com), 미투데이(www.me2day.net), 한국어트위터(www.twtkr.com), 구글플러스(plus.google.com) 등의 SNS(Social Network Service)를 개설하여 운영한다. 페이스북의 경우에는 개인 프로필보다는 페이스북 페이지를 개설하여 운영하는 것이 좋은데, 페이스북 페이지(facebook page)는 회사, 브랜드 및 단체가 자신들의 소식을 공유하고 사람들과 연결할 수 있는 공간이라고 할 수 있다.

결론적으로, 창업은 좋은 아이템만으로는 결코 성공할 수가 않으며, 위에서 설명한 6가지 요소들에 대한 체계적인 준비가 매우 중요하다. 이러한 준비는 단기간에 가능하지 않으며, 적어도 3개월에서 6개월 정도의 시간을 갖고 준비하는 것이 필요하다.

29. 외식창업자가 고민하고 깊이 생각해야 할 10가지

창업을 준비하는 사람들이 가장 선호하는 창업분야가 바로 외식창업이라고 할 수 있으며, 전체 창업분야 중에서 60% 이상을 차지하고 있다. 하지만, 외식창업자 중에서 성공 확률은 10~20%에 그치고 있는 실정인데, 창업자들의 60% 이상이 3년 이내에 망하는 것으로 조사되었다. 이러한 시점에서 외식창업을 하고 있거나 향후 외식창업을 하고 싶은 창업자들이 깊이 고민하고, 생각해야 하는 10가지를 제시하고자 한다.

(1) **외식창업의 트렌드(trend) 변화를 지속적으로 확인** : 국내 외식창업 아이템들의 수명주기(Life Cycle)는 다른 창업분야에 비하여 매우 짧기 때문에 외식창업 시장의 트렌드를 꾸준히 지켜봐야 한다. 또한 외식창업 관련 뉴스의 검색 및 창업박람회의 참관 등을 통해서 고객들의 변화에 신속하게 대응하는 것이 필요한데, 업종 전환도 고려할 필요가 있다.

(2) **경쟁업소와의 차별화를 추진** : 한국의 외식업소들은 차별화가 되지 않았고, 이것은 결국 경쟁력의 약화로 이어지고 있는 실정이다. 현재 국내 외식창업은 거의 레드오션(Red Ocean) 수준의 경쟁 환경에 빠져들고 있는데, 다른 외식업소와 비교하여 작은 것에서의 차별화만으로도 고객에게는 감동을 줄 수 있고 점포를 재방문하게 하는 요인이 될 수 있다.

(3) **정확한 목표 시장의 설정 및 메뉴개발** : 메뉴도 목표 고객을 명확하

게 선정한 후에 개발해야 한다. 목표 고객의 입맛에 맞는 메뉴의 개발이 중요하다는 것인데, 연령, 성별, 지역에 따라 고객의 입맛에는 분명히 차이가 있다.

(4) **고객에 대한 만족도 조사 및 관리** : 창업자가 운영하고 있는 외식업소의 메뉴, 반찬, 분위기, 종업원의 서비스 등에 대해 고객이 얼마나 만족하는지에 대해 조사하고 분석해야 한다. 손님이 식사 후 계산을 할 때에 그저 "맛있게 드셨어요?"라고 묻는 것은 아무런 의미가 없으며, 몇 가지의 질문을 만들어서 조사하고, 그 결과에 따라 불만족이 높은 사항에 대해서는 과감하게 변화시킬 수 있도록 관리하는 것이 필요하다.

(5) **지속적인 경쟁분석 혹은 벤치마킹** : 무엇인가 조금은 다른 것을 창조하기보다는 그저 모방하고 베끼기가 난무하고 있는 외식창업시장에서 경쟁업소의 성공비결을 분석하고, 성공한 외식업소들을 지속적으로 벤치마킹하는 것은 성공하기 위한 핵심이라고 할 수 있다.

(6) **업주 및 직원들에 대한 서비스 교육 및 복장 관리** : 가끔 외식업소를 방문해 보면 누가 손님인지, 주인인지 혹은 종업원인지 구분이 잘 안 되는 경우가 있다. 이것은 철저한 서비스 교육, 직원으로서의 복장 개선 등을 통해서 해결할 수 있을 것이다. 손님이 부르기 전에 먼저 손님에게 무엇이 필요하며, 제공되어야 할 서비스를 먼저 생각하는 것도 매우 중요하다.

(7) **다양한 홍보 및 광고의 진행** : 고객에게 점포를 어떻게 알릴 것인가에 대해서는 끊임없이 고민하고, 온라인(on-line)과 오프라인(off-line)에서 홍보와 광고를 꾸준히 진행해야 한다. 막연히 경기 탓으로 인해 손님이 없다고 불평만 하지 말고, 신규 고객을 꾸준히 개발하려는 노력이 필요하다.

(8) **고객의 입장에서 소규모 외식업소의 문제점을 파악 및 관리** : 고객

들이 대형 외식업소로 몰리는 현상을 단순히 대형화의 장점으로만 보지 말고, 소규모 외식업소를 외면하는 이유와 문제점을 파악하여 보완하는 노력이 필요하다.

(9) **향후 프랜차이즈화에 대한 준비** : 외식창업도 제조 혹은 유통기업과 같이 전국적으로 점포를 확장시킬 수가 있으며, 일정기간 동안 독립형 외식창업을 하면서 경험과 노하우를 쌓은 후에는 프랜차이즈 시스템을 만들고 운영할 수 있는 준비를 해야 한다.

(10) **외식창업에서의 발상의 전환** : 경쟁에서 살아남기 위해서는 기존의 방식에서 탈피하여 새로운 방식이 필요한데, 고객의 입장에서 변화를 시켜야 더 만족하고 감동하게 된다. 피자집의 경우에 가격을 차별화하여 고객이 직접 테이크아웃(takeout)을 하는 경우에는 할인을 해 주는 것도 생각할 수 있으며, 1인 고객들을 위한 실내 접객공간의 리모델링(remodeling)도 적극 고려해야 한다.

요즈음 외식업 창업자들이 자꾸 어렵다는 말만 하지 말고 위에서 제시한 10가지의 사항을 활용하여 해결방법을 찾는 것이 필요하다. 중요한 것은 창업자의 입장이 아니라 손님의 입장에서 그리고 경쟁업소의 측면에서 조사하고 분석하는 것이 필요할 것이다.

30. 무상 창업자금을 받기 위한 5가지 준비

국내 경기가 위축되면서 정부에서는 무상으로 지원하는 창업자금을 크게 증액하고 있는데, 아래에서 제시하는 5가지를 잘 준비해야 한다. 창업자금을 지원하는 심사과정은 서류심사와 발표심사로 구분되어 진행되는데, 심사위원들이 관심을 갖고 살펴보는 것은 돈을 벌 수 있는지, 창업자가 기술을 보유하고 있는지, 장기적으로 성장성이 있는지, 창업을 하기 위해 제대로 준비가 되어 있는지 등이라고 할 수 있다.

① 창업자금을 지원하는 기관들을 조사해야 한다. 중소기업청(중소벤처기업부), 소상공인지원센터, 중소기업진흥공단, 창업진흥원, 창업선도대학 및 창업보육센터, 테크노파크 등이 있는데, 창업자금 지원 기관별로 자금지원의 대상 및 조건이 다르다. 또한 이러한 창업자금 지원기관들의 홈페이지에 수시로 접속하는 것이 적기에 필요한 창업자금을 받는 데 도움이 될 수 있으며, 나중에 갚아야 하는 창업자금 외에도 완전히 무상으로 지원되는 창업자금도 많다.

② 사업계획서를 작성해야 하고, 증빙서류들을 준비해야 한다. 창업자금을 지원하는 기관에서 중요하게 생각하는 것은 바로 사업계획서인데, 어떤 창업을 할 것이며 창업자가 얼마나 준비되어 있는가에 대해 알고자 한다. 그렇기 때문에 사업계획서에 창업을 위해 지금까지 어떤 준비를 하였으며. 어떤 기술을 보유하고 있는지 그리고 어떤 분야의 창업을 계획하고 있는가를 구체적으로 설명해야 한다. 또한 사업계획서에 설명된 내용에 대해서는 객관적인 증

빙서류를 준비하여 제출하는 것이 매우 중요한데, 특히 지적재산권, 자격증, 주요 경력 및 교육이수 실적 등에 대해서는 증빙서류를 갖추어야 한다.

③ 특허청에 등록되어 있는 지적재산권을 보유하고 있는 것이 필요한데, 특허 혹은 실용신안 등록증을 보유하고 있는 경우에는 자금을 받는 데 유리하다. 현재 대부분의 창업자금 지원기관에서는 지적재산권을 보유하고 있는 경우에는 심사에서 가산점을 부여하고 있다. 지적재산권은 변리사를 통해 등록을 할 수도 있지만, 특허 관련 사이트에서 구매하는 것도 생각할 수 있다. 사실, 창업자가 지적재산권 1~2개를 보유하고 있음으로 인해 받을 수 있는 혜택은 매우 다양하며, 특히 창업자금을 지원받는 데 매우 유리하다.

④ 시제품을 제작하여 창업준비 상황을 입증시킬 수 있어야 한다. 포털사이트에서 시제품제작 기관을 검색하여 시제품을 제작할 수 있으며, 시제품 제작비를 지원해 주는 기관들도 많이 있다. 예를 들어, 전국 40개의 창업선도대학 창업지원단 및 280여개의 창업보육센터에서는 시제품 제작을 희망하는 예비창업자들에게 적어도 몇 백만원의 자금을 지원하고 있다.

⑤ 심사과정을 이해하고 사전에 준비해야 한다. 앞에서 언급한 창업자금 지원기관에서 창업자금의 지원에 대한 심사를 어떻게 하는지를 이해하는 것이 필요한데, 일반적으로는 서류심사 및 발표심사를 진행하게 된다. 특히 발표심사는 10분 정도의 시간이 주어지게 되는데, 제한된 시간 내에 계획 중인 창업아이템에 대한 시제품을 보여주면서 창업으로 인한 수익성, 성장성, 수출가능성, 자금조달방안 등에 대해 예상되는 질문 및 답변을 만들어보는 것도 도움이 될 것이다.

31. 옥션, G마켓 등 오픈마켓 창업의 성공전략

1. 오픈마켓 창업의 개요

오픈마켓(open market)은 인터넷쇼핑몰의 판매방식에서 벗어나서 개인과 소규모 판매업체 등이 온라인상에서 자유롭게 상품을 거래하는 중개형 전자상거래 사이트를 말한다. 현재 국내 4대 오픈마켓은 옥션(www.auction.co.kr), G마켓(www.gmarket.co.kr), 11번가(www.11st.co.kr), 인터파크(www.interpark.com)라고 할 수 있으며, 오픈마켓 창업은 10시간만 배우면 별도의 점포 없이 집에서 1인 창업을 할 수 있는 장점이 있기 때문에 10만원만 있어도 창업이 가능하다.

오픈마켓은 고객(customer)이 상품을 등록하고, 고객(customer)이 상품을 구매하는 C-to-C 형태의 전자상거래이며, 온라인 창업을 준비하는 예비창업자들이 가장 쉽게 상품 판매를 경험해 볼 수 있다. 점포 혹은 인터넷쇼핑몰 창업자들의 경우에는 장기간 판매되지 않고 보유하고 있는 재고 상품들을 처리하는 방법으로 오픈마켓을 활용하기도 한다.

2. 창업성공사례 및 관련 사이트

국내 오픈마켓 창업에서 대표적인 성공사례는 데코마당(옥션, G마켓에서 검색하여 확인)을 운영하고 있는 김용훈 대표를 들 수 있는데, 60을 바라보는 나이에도 불구하고 특정 상품 판매에서 오픈마켓 매출 1위를 달성하기도 하였다. 김용훈 대표가 이렇게 오픈마켓 창업에서 성공할 수 있었던 이유는, 먼저 오픈마켓 창업 교육을 받고, 국내뿐만 아니라 해외에서 상품개발에 많은 노력을 하였다는 점이다. 김용훈 대표의 창업현장은 뉴비즈니스연구소(cafe.daum.net/isoho2jobs)의 [창업동영상(UCC)강좌] 게시판에서 '김용훈 대표'를 검색하여 직접 확인할 수 있다.

필자의 경우에도 옥션에 대구경북마트(stores.auction.co.kr/tkmart)를 개설하였으며, 대구경북지역의 기업들이 생산한 제품들을 국내 고객들에게 판매할 준비를 하고 있다. 또한, 해외 고객들을 위해서는 이베이(www.ebay.com)에 스토어(store)를 개설하여 상품을 판매할 계획이다. 즉, 오픈마켓 창업은 국내 오픈마켓과 해외 오픈마켓을 활용하여 안방에서 전 세계의 고객들에게 상품을 판매할 수 있다는 특징이 있으며, 창업실패로 인한 리스크(risk)가 별로 없다는 장점도 있다.

한편, 국내 4대 오픈마켓에서는 신규 판매자들을 위한 온라인 및 오프라인 교육을 지속적으로 하고 있으며, 지역별로 판매자들의 교류모임도 진행하고 있다. 따라서 국내 오픈마켓 창업에 관심이 있는 예비창업자들은 각 오픈마켓에서 진행하는 교육부터 참석하는 것이 필요한데, 옥션의 판매장 교육센터(www.ebayedu.com/mainMenu), G마켓의 판매자 교육센터(www.gmarket.co.kr/ecenter) 외에도 11번가 및 인터파크에서 진행하고 있는 온라인 및 오프라인 교육에 참여하면 된다.

3. 오픈마켓 창업의 핵심 성공요소 및 준비사항

국내 대표적인 오픈마켓인 옥션, G마켓, 11번가, 인터파크 등에는 마치 사막에서 오아시스를 찾으려는 사람들처럼 성공신화를 좇는 예비창업자들이 몰려들고 있다. 그렇지만, 적어도 80% 이상은 한 달 평균 50만원도 벌지 못하고 떠나고 있는데, 그 원인을 잘 살펴보면 창업자 본인의 상품을 등록하고 판매하는 것에만 신경을 쓴다는 것이다. 이에 따라 오픈마켓 창업에서의 성공전략을 살펴보면 다음과 같다.

① 우수 판매자(파워셀러, 파워딜러)들의 상품을 가끔 구매해 보는 것이 필요하다. 경매에도 참여하면서 구매를 해 봐야 잘 판매하는 방법을 배울 수 있다. 특히 우수 판매자들의 물품 상세페이지를 열심히 보면서 포토샵(photoshop) 작업을 어떻게 했는가를 분석해 보는 것도 많은 도움이 된다.

② 판매할 제품을 잘 개발해야 한다. 월별 · 계절별로 판매할 다양한 아이템을 개발해야 하는데, 그러기 위해서는 국내 및 해외 도매시장 등에 대한 조사를 지속적으로 해야 한다. 초보판매자는 현재 보유하고 있는 상품의 판매에만 신경을 쓰지만, 우수 판매자들은 다음 달 혹은 몇 달 후에 판매할 상품의 개발에 많은 시간을 보낸다.

③ 판매할 제품의 조달이 잘 되어야 한다. 안정적인 가격에 지속적으로 조달이 되어야 하는데, 이를 위해서는 제조업체 및 도매상인들과의 인맥형성이 잘 되어 있어야 한다.

④ 판매할 제품의 전문가가 되어야 한다. 즉, 자신이 잘 알고 있는 제품을 판매해야 한다. 다른 판매자들이 잘 팔고 있는 상품보다는 창업자가 자신 있는 상품을 개발하여 차별화를 시키는 것이 더 중요하다.

⑤ 다른 판매자들을 꾸준히 접촉하고 교류한다. 다음(Daum)과 네이버(Naver)에 개설되어 있는 오픈마켓 창업카페에 가입하여 모임에 자주 참석하다 보면 좋은 정보를 얻을 수 있고 또한 기존 판매자들의 상품도 좋은 조건에 공급받을 수도 있다.

⑥ 부담 없이 누구나 구매할 수 있는 아이템을 판매하는 것이 좋은데, 특별한 아이템에는 구매자가 적다는 것을 생각해야 한다. 특히 초보창업자의 경우에는 대중적인 아이템 중에서 가격, 품질 등에서 경쟁력이 있는 제품을 선택하는 것이 필요하다.

⑦ 옥션, G마켓, 11번가, 인터파크 등에서의 상품등록은 매우 쉽다. 포토샵 작업은 어느 정도의 실력이 필요하지만, 돈을 주고 포토샵 작업을 해도 된다는 것이다. 그렇기 때문에 집에 있는 중고 상품 혹은 1,000원 상품을 구매한 후에 일단 등록하여 2~3달을 꾸준히 판매를 해 보는 것이 중요하다. 예를 들어, 다이소몰(www.daisomall.co.kr), 자파즈(www.zapaz.net), 도매토피아(www.dometopia.com) 등에서 상품을 구입한 후에 옥션, G마켓 등에서 판매해 보는 것은 인터넷창업뿐만 아니라 점포창업으로 성공하기 위해서도 매우 중요할 것이다.

⑧ 마지막으로, 오픈마켓 창업을 성공적으로 진행하기 위해서 반드시 배워야 하는 사항들은 다음과 같다.

i) 디지털카메라로 상품 사진을 잘 촬영할 수 있어야 하며, 이를 위해서는 10시간 정도의 사진촬영 교육을 받는 것이 필요하다. 오픈마켓에서 상품사진이 얼마나 선명한가 하는 것은 매출에도 상당한 영향을 미치고 있는 실정이다.

ii) 디지털카메라로 촬영한 상품 사진을 포토샵(photoshop)을 활용하여 일정한 크기의 상품 이미지로 만들 수 있는 실무지식이 필요한데, 포토샵(photoshop) 책을 구입하여 혼자 공부를 해도 충분하며 온라인 강좌들도 많이 있다.

iii) HTML에 대한 공부도 필요한데, 옥션 및 G마켓에 상품을 등록할 때에 HTML을 활용하면 상품정보를 조금 더 효과적으로 표현할 수 있다.

iv) 상품 홍보를 위한 동영상(UCC)을 제작할 수 있는 실무지식이 있어야 하는데, 무비메이커(Movie Maker)의 사용방법만 배워도 충분하다.

32. 창업자가 운영하는 카페와 블로그의 효과적인 운영방법

창업시장에서 카페(cafe)와 블로그(blog)에 대한 관심이 매우 증대되고 있는 실정인데, 블로그가 없는 사람이 없을 정도로 대부분의 네티즌들은 1~2개의 블로그를 운영하고 있으며, 다양한 카페에도 가입하여 활동하고 있다.

이러한 카페(cafe)와 블로그(blog)는 공짜로 만들고 운영할 수가 있다는 점에서 매력이 있으며, 마무리 많은 카페와 블로그를 만들어도 상관이 없다는 것이다. 또한 요즈음은 열린 검색 기능으로 인해서 다른 포털의 카페와 블로그에 있는 글도 검색을 할 수가 있기 때문에, 창업자의 상품과 서비스를 홍보하는 수단으로서는 장점이 매우 많다. 이에 따라, 창업자로서 카페와 블로그를 어떻게 효과적으로 활용할 수 있는가에 대해 10가지 전략을 제시하고자 한다.

전략 1 : 콘텐츠를 풍부하게 한다. 과거에는 개발기술 및 디자인이 중요한 요소로 생각되었으나, 카페와 블로그는 결국 콘텐츠가 풍부해야 네티즌들이 많이 접속한다. 또한 콘텐츠는 다른 사이트에서 복사하여 등록하기보다는 본인의 경험과 노하우를 반영한 콘텐츠를 많이 제공할 수 있어야 한다. 콘텐츠는 크게 텍스트(글), 이미지(사진), 동영상(UCC) 등으로 구분할 수 있는데, 중요한 것은 창업자가 직접 만든 콘텐츠가 많아야 한다는 점이다.

전략 2 : HTML과 포토샵을 활용한다. HTML과 포토샵으로 만든 이미지를 잘 활용하면 웬만한 홈페이지보다 더 강력한 자신의 사이트를 구축하고 운영할 수가 있다. 여러 포털에 동일한 주소의 카페를 만들고, 동일한 메뉴와 이미지를 사용하여 통일성을 주게 되면 매우 강력한 홍보효과를 발휘할 수 있다.

전략 3 : 오프라인에서 다양한 교육과 행사를 개최한다. 카페의 운영자라면 오프라인 세미나를 통해서 회원들이 상호 교류를 할 수 있도록 해야 한다. 누군지도 모르는 회원들이 오프라인 모임을 통해서 서로 친밀감을 갖게 되며, 카페에 대한 충성심이 높아지게 된다.

전략 4 : 닉네임을 사용하지 않는다. 아직도 많은 네티즌들이 닉네임을 사용하고 있는데, 자신의 이름 석자를 걸고 일을 하는 것이 좋다. 그것은 자신의 브랜드 인지도를 높이기 위해서도 필요하며, 또한 신뢰성이라는 측면에서도 도움이 된다.

전략 5 : 꼬리말을 통해서 관심을 보여준다. 블로그나 카페에 글을 올린 네티즌들을 위해서 꼬리말에 글을 올리는 것이 필요하며, 때로는 그 네티즌이 운영하고 있는 카페나 블로그에 가입하여 관심을 표명하는 것도 필요하다. 카페의 [내 정보]-[내 글 반응]을 클릭하면 내가 올린 글의 꼬리말에 네티즌들이 올린 댓글들을 확인할 수가 있다.

전략 6 : 언론을 활용하여 홍보한다. 유료 광고를 하는 것보다는 언론에 기사화가 될 수 있는 행사를 기획해 보는 것도 좋을 것이며, 이를 통해서 자신의 블로그와 카페를 자연스럽게 홍보할 수 있다.

전략 7 : 글 제목에도 신경을 써야 한다. 제목이 좋거나 무엇인가 특별하면 네티즌들의 클릭 수를 높일 수 있다. 특히 행사 홍보를 할 때에는 제목과 문구 하나하나에 많은 신경을 써야 하는데, 그렇게 해야 수많은 네티즌들이 글을 읽는다는 것이다. 일시적으로 많은 네티즌들을 모으기 위해 과장 홍보를 하는 경우에 결국 잃는 것이 많다는 것을 기억해야 한다.

전략 8 : 목표를 분명하게 정한다. 블로그와 카페가 지향하는 대상이 누구인지를 분명하게 한다. 분명한 것은 모든 네티즌이 내 고객이 될 수는 없다는 것이며, 모든 네티즌을 대상으로 서비스를 할 수도 없다는 것이다. 카페는 결국 특정 분야에 관심 있는 네티즌들이 교류하는 커뮤니티이기 때문에 가능하면 범위를 좁혀서 운영하는 것이 좋으며, 목표 또한 구성원 모두가 공감할 수 있는 것이어야 한다.

전략 9 : 공유해야 한다. 정보도 공유하고, 회원도 공유해야 한다. 인터넷에서 나만 혼자 독점하겠다는 것은 스스로 고립되는 환경으로 빠질 수 있다.

전략 10 : 장기적인 관점에서 충성고객을 만든다. 수익만을 추구해서는 안 되며, 장기적인 안목을 갖고 충성도 높은 고객을 만들어 가는 것이 필요하다. 사실, 카페에서의 회원은 큰 의미가 없다는 것인데, 가입한 회원 수에 대한 활동회원 수는 10~20%를 넘지 못한다는 것이다. 그렇기 때문에 회원이 몇 명이냐 하는 것보다는 열심히 활동하는 회원이 몇 명이냐 하는 것이 더 중요하다는 것이다.

☞ 창업자가 운영하고 있는 카페와 블로그를 통해 창업자가 운영하고 있는 웹사이트, 인터넷쇼핑몰로 연결될 수 있는 방법을 고민하는 것이 필요하다. 아울러, 창업자가 옥션, G마켓 등에서 상품을 판매하고 있거나 종합쇼핑몰에 입점하고 있을 때에도 HTML과 포토샵을 활용하면 얼마든지 연결(링크, link)을 시킬 수 있다. 예를 들어, HTML의 〈A Href="..."〉..〈/A〉 태그만 잘 사용할 수 있어도 충분히 가능하다.

33. 다음(Daum) 및 네이버(Naver) 카페를 활용한 창업

카페(cafe)는 주로 하나의 커뮤니티로 사용되지만, 카페는 동시에 가입한 회원들을 대상으로 상품과 서비스를 판매하는 창업의 핵심도구로서 사용될 수 있다. 즉, 카페로 창업을 하고 돈을 벌 수 있다는 것인데, 일반적으로 다음과 같은 절차를 따라 하면 된다.

1. 카페의 주제 및 아이디 정하고, 카페 만들기

카페의 주제는 무엇을 하는 카페인가로부터 출발하는 것이며, 카페의 주소는 뉴비즈니스연구소와 같이 cafe.daum.net/isoho2jobs의 형식으로 만들게 된다. 아울러 카페 이름은 6개월에 한 번씩 변경이 가능하지만, 카페 주소는 변경이 불가능하다. 카페를 한 번도 만들어보지 않은 초보창업자들은 뉴비즈니스연구소(cafe.daum.net/isoho2jobs)의 [창업강의실+실습교육] 게시판 5~6번 글을 참조하면 쉽게 카페를 만들 수 있다.

카페를 만들 때에 중요한 것은 메뉴를 정하는 것으로, 현재 회원이 1만명이 넘는 카페를 벤치마킹하는 것이 가장 좋은데, 각 게시판별로 권한(읽기, 쓰기, 꼬리말쓰기) 설정이 매우 중요하다. 또한, 게시판의 용도에 따라 권한(읽기, 쓰기, 꼬리말쓰기)이 달라져야 한다는 것이다. 한 가지 명심할 것은 다음(Daum)에서 손님은 카페에 가입하지 않은 사람을 말하는데, 손님에게는 어떤 권한(읽기, 쓰기, 꼬리말쓰기)도 주어서는 안 될 것이다. 즉, 카페를 가입하지 않은 손님에게 글을 읽거나, 글을 쓰거나,

꼬리말쓰기 권한을 주게 되면 회원이 증가되지 않기 때문이다.

2. 카페에 콘텐츠 올리기

콘텐츠는 크게 텍스트(글), 이미지(사진), 동영상(UCC) 등으로 분류할 수 있는데, 포털을 비롯한 다른 사이트에서 검색하여 정리할 수도 있고, 창업자가 직접 만들어서 등록할 수도 있다. 아울러 콘텐츠는 카페와 직접 관련된 것들도 좋고 요즈음 많은 사람들이 관심을 갖고 있는 콘텐츠도 좋은데, 적어도 하루에 10~20개의 콘텐츠가 등록되도록 해야 한다.

콘텐츠를 등록할 때에는 제목을 잘 만드는 것이 필요하며, 특히 카페에서 블로그로 콘텐츠를 등록할 때에는 복사(Ctrl+C)하여 붙이기(Ctrl+V)를 하지 말고, 직접 스크랩하기 기능을 사용하면 블로그에 등록된 글의 하단에 카페의 주소가 나타나게 된다. 이를 통해 블로그에 접속한 사람들이 카페로 바로 접속하도록 하는 효과도 있다.

3. 카페 꾸미기

카페를 꾸미기 위해서는 사진형 대문만들기와 포토샵과 HTML을 활용한 대문만들기로 구분할 수 있는데, 사진형 대문만들기는 [대문만들기]-[쉬운 꾸미기]-[사진형]의 순서로 진행하면 된다. 하지만, 포토샵과 HTML을 활용한 대문만들기는 상당한 실무지식이 필요한데, 초보창업자들은 포토샵과 HTML에 대해 먼저 배워야 한다. 사실, 사진형 대문만들기로 만든 카페의 경우에는 초보카페라고 생각되어 일반 네티즌들이 외면하는 것이 현실이며, 그래도 포토샵과 HTML로 만든 카페에 상대적으로 네티즌들이 많이 가입하게 된다.

4. 카페 회원을 늘리기 위한 홍보와 마케팅 전략

카페로 창업하고 돈을 벌기 위해서는 회원들이 많아야 하는데, 우선은 3,000명 이상 되는 것이 좋고, 회원이 1만명이 넘으면 상당한 수입이 가능하다. 카페 회원을 늘리기 위해서는 우선 다양한 행사, 교육, 모임 등을 지속적으로 개최하는 것이 필요하며, 언론보도 자료를 만들어서 배포하는 것도 중요하다.

아울러, 다음과 네이버의 관련 카페에 가입하여 홍보하는 것도 필요하며, 관공서 혹은 언론사의 사이트에서 홍보하는 것도 효과가 좋다. 또한 포스트맨(www.postman.co.kr)을 활용하여 문자 혹은 e-메일을 발송하는 것도 좋은데, 허락을 받은 사람에게만 보내야 한다는 것을 명심해야 한다.

아마 카페의 회원을 늘리기 위한 가장 효과적인 방법은 카페초이스와 키워드 광고를 진행하는 것인데, 카페초이스는 다음(Daum)에서 카페를 홍보하기 위한 광고(전화 : 1566~2100)이다. 또한 키워드 광고는 다음(Daum)뿐만 아니라 네이버(Naver, 전화 : 1588~5896)에서도 진행할 수 있다. 한 달에 5~10만원 정도의 광고비만 투자하면 카페회원을 늘리는 데 상당히 도움이 된다.

5. 카페를 통한 다양한 수익창출방법

카페에서 돈을 벌 수 있는 방법은 전체 회원들을 대상으로 홍보 메일을 보낼 수도 있으며, 광고배너를 게재할 수도 있다. 교육수입도 큰 부분이며, 이니P2P(www.inip2p.com)를 활용하면 기존의 인터넷쇼핑몰과 같이 상품판매와 신용카드 결제도 가능하다.

게시판의 개설을 통한 수익창출뿐만 아니라 행사 및 홍보를 대행하는 것도 가능하다. 아울러, 컨설팅을 통한 수익창출, 카페 간의 제휴를 통한 수익창출 등 다양한 수익모델이 있다는 것이다.

☞ 카페로 많은 돈을 벌기는 힘들다. 하지만, 죽는 날까지 즐겁게 일을 할 수 있는 일터가 사이버 공간에 만들어지는 것이며, 전국적으로 많은 사람들과 인맥을 형성할 수 있다. 사실, 이메일 주소 혹은 휴대폰 번호는 바뀌지만, 카페 주소는 변경되지 않기 때문에 평생을 살아가면서 다양한 사람들과 교류할 수 있는 것이 바로 카페이다. 그렇기 때문에 앞으로의 세상은 자신을 중심으로 하는 커뮤니티를 만들어서 운영하는 시대가 될 것이다.

34. 카페와 블로그에서 사용할 수 있는 INIP2P 결제 솔루션

(주)이니시스에서 개발한 INIP2P 서비스(www.inip2p.com)는 국내 최초로 개발된 개인간 안전거래 중계 모듈이다. INIP2P 서비스는 카페와 블로그 등의 개인 웹사이트에서 상품을 판매할 때에 사용할 수 있는 결제솔루션이다. 즉, 상품의 구매자는 블랙리스트에 신경 쓰지 않고 상품을 보냈는지에 대한 불안감을 떨쳐 버리고, 판매자는 현금 이외의 지불수단을 통해 다양한 판매활동을 할 수 있는 안전한 상거래 방식이다.

[그림 2] INIP2P의 초기화면

INIP2P는 크게 판매자 상품 등록, 구매자 상품 구매, 에스크로 및 정산의 3가지 서비스로 구성되어 있는데, [그림 2]는 INIP2P의 초기화면이다.

1. 판매자 상품 등록

판매자는 INIP2P에 상품명, 상품금액만 입력하여 상품판매 버튼을 생성 받으며, INIP2P를 통해 생성된 판매버튼을 판매자의 블로그, 카페 등의 웹사이트에 복사&붙여넣기를 통해 판매버튼을 게시할 수 있다.

2. 구매자 상품 구매

구매자는 판매자의 블로그 또는 카페에 게시된 상품을 구매할 경우 판매자가 게시한 구매하기 버튼을 클릭하면, (주)KG이니시스에서 제공하는 INIP2P를 통한 안전결제가 시작된다. 그렇기 때문에 옥션과 G마켓에서와 같이 구매자가 결제한 돈은 구매자가 상품을 수령한 후에 구매결정을 할 때까지 (주)KG이니시스가 보관하게 된다.

3. 에스크로 및 정산

구매자가 결제 후 판매자는 택배사 등을 통해 물품을 배송하게 된다. INIP2P는 판매자가 배송한 택배사를 통해 물품 배송정보를 제공받아 물품배송 여부를 인지하고 물품배송이 완료된 후 구매자가 물품수령 거절을 하지 않는 경우에만 판매대금을 판매자에게 정산한다.

앞에서 설명한 INIP2P를 사용하기 위해서는 먼저 INIP2P(www.inip2p.com)에 가입을 해야 하는데, 아이디는 이메일 주소를 사용하게 된다. 가입을 하게 되면 이메일 주소로 인증서를 보내준다. 따라서 이메일로 접속하여 인증서를 클릭해야 가입절차가 끝나게 된다.

[그림 3] INIP2P의 상품등록 과정

[그림 3]은 INIP2P에서의 상품등록화면인데, 신용카드, 계좌이체, 무통장입금의 3가지 지불수단을 선택할 수 있다. 상품명을 입력한 후에 상품분류를 선택하고, 가격과 수량을 입력한 후에 지불수단을 선택한 후에 [상품등록]을 누르면 상품판매 버튼이 생성된다. 그 후에 상품정보 그대로 복사하기, HTML 소스 복사하기, 상품링크 복사하기 중에서 하나를 복사하여 붙여넣기를 하면 된다.

☞ 카페와 블로그에서 INIP2P를 효과적으로 사용하기 위해서는 HTML 명령어에 대한 지식이 필요하다. 아울러, 상품이미지 호스팅 사이트의 활용법도 배워야 한다.

35. 창업의 성공 가능성을 파악하기 위한 사업타당성 분석 및 절차

사업타당성 분석이란 창업을 본격적으로 실행하기 이전에 특정 창업의 성공가능성에 대한 정보를 파악하기 위해 사업추진능력, 기술성, 시장성, 경제성, 위험정도 등을 분석하고 평가하는 총체적인 과정을 말한다. 창업타당성 분석은 크게 나누어 1단계 사업성 분석(예비사업성 분석)과 2단계 사업성 분석으로 나누어 볼 수 있다. 예비사업성 분석은 소수의 특정 프로젝트 선정 전에 다수의 예비 프로젝트를 선별해 가는 과정이라 볼 수 있다. 예비사업성 분석은 후보사업 아이디어의 발견, 예비사업성 분석 및 후보사업 아이디어의 1차 선정으로 이어진다.

제2단계 사업타당성 분석은 예비사업성 분석에서 1차적으로 선정된 후보사업 아이디어의 상세한 분석, 즉 아이템 적응성 분석, 시장성 및 판매전망 분석, 제품 및 기술성 분석, 수익성 및 경제성 분석, 국민경제적 분석, 공익성 분석 등을 통해 사업 성공가능성을 확인하는 과정이라 볼 수 있다.

[그림 4]에서는 중소기업정보은행이 제시한 사업타당성 분석의 기본 절차를 보여주고 있는데, 문제는 후보 사업아이템을 어떻게 비교 분석할 것인가 하는 것이다. 즉, 비교할 항목을 무엇으로 할 것인가 하는 것인데, 창업비용, 본사지원, 상품 및 서비스의 가격 등이 가능할 것이다. 사업타당성 분석 역시 정성적(qualitative)인 평가항목과 정량적(quantitative)인 평가항목으로 세분할 필요가 있다.

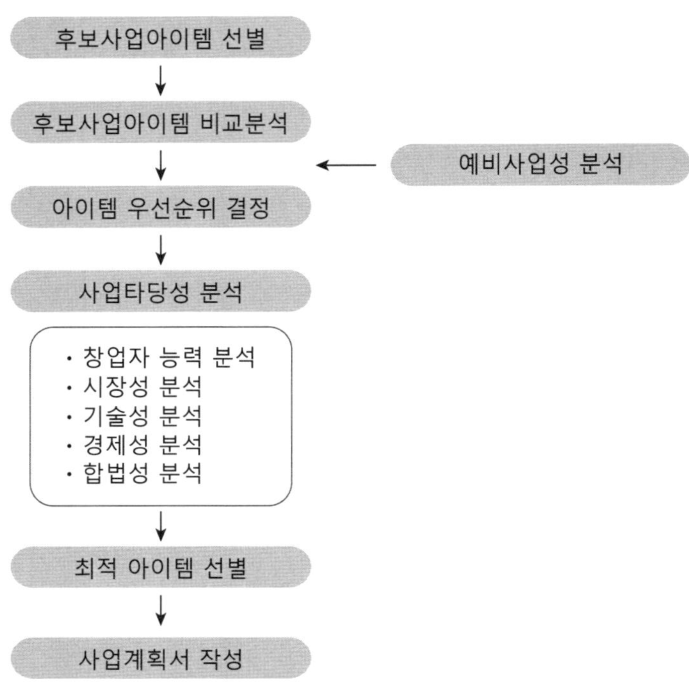

[그림 4] 사업타당성 분석의 기본절차(자료 : 중소기업정보은행)

그런데, 이렇게 평가항목의 수 및 평가방법에 따라서 평가결과에 상당한 영향을 미치게 되는데, 이러한 경우에는 전문가들의 도움을 받는 것이 필요할 것이다. 많은 예비창업자들이 합리적인 평가절차를 거치지 않고, 소위 말하는 즉흥적인 생각 혹은 느낌만으로 결정을 하는 경우가 많다는 것이다.

[그림 4]에서 계획사업의 성공가능성을 체계적이고 합리적으로 분석, 평가하기 위한 사업성 평가 항목들을 살펴보면 다음과 같다.

① 창업자의 사업 수행능력 평가 : 기업가로서의 적성과 자질(장단점 파악), 창업자의 경험과 경력 그리고 이것에 의한 업종선택의 적

합성 등을 분석한다.

② 시장성 분석 : 시장의 특성 및 구조, 잠재수요, 유통경로, 판매시장 환경, 경쟁상태, 시장진입 가능성 및 중장기적인 수급전망 등을 분석한다.

③ 기술성 분석 : 제품의 기술수준, 품질, 성능 분석, 생산시설 계획, 기술 및 기능인력 확보 등을 분석한다.

④ 경제성(수익성) 평가 : 수익전망, 소요자금의 규모 및 조달가능성, 자금운용 계획, 사업의 위협요소, 성장가능성 등을 분석한다.

⑤ 법률적 평가 : 법률적으로 문제가 없는지를 분석한다.

36. 창업지원기관의 이해 및 효과적인 활용방법

창업을 생각하고 있거나 준비하고 있는 예비창업자들이 가장 먼저 생각해야 하는 것은 바로 창업을 지원하는 다양한 기관들을 조사하고, 그러한 기관에서 어떤 도움을 받을 수 있는가를 확인하는 것이라고 할 수 있다. 현재 국내에는 다양한 창업지원기관들이 있으며, 기관별로 창업을 지원하는 내용이 약간씩 차이가 있다.

1. 국내 창업지원기관들에 대한 이해

창업을 지원하는 기관들은 크게 아래와 같이 6가지로 구분할 수 있으며, 창업을 지원하는 대상 혹은 내용들은 기관별로 차이가 있다.

(1) **창업자금 지원기관** : 현재 창업자금을 지원하는 주요 기관으로는 중소기업청(중소벤처기업부, www.mss.go.kr), 중소기업진흥공단(www.sbc.or.kr), 소상공인시장진흥공단(www.semas.or.kr), 창업진흥원(www.kised.or.kr), 사회연대은행(www.bss.or.kr) 등이 있는데, 이러한 기관들에서는 직접 혹은 창업관련 기관들과 연계하여 다양한 창업자금을 지원하고 있다. 창업자금 중에는 무상으로 받을 수 있는 자금들이 많은데, 사전에 사업계획서를 작성하고 증빙서류들을 준비하는 것이 필요하다.

(2) **창업보육센터 네트워크시스템** : 창업보육센터 네트워크시스템(www.bi.go.kr)에서는 전국 창업보육센터에 대한 정보를 제공하고 있는데, 창업보육센터는 저렴한 비용으로 사무실 및 창업에 필요한 시설도

제공하고 있다. 초기 창업자들의 경우에는 지역에 있는 창업보육센터에 입주하여 창업을 하는 것이 좋은데, 창업과 관련하여 다양한 도움을 받을 수 있는 장점이 있다. 특히 대학 내의 일부 시설도 활용할 수 있으며, 관련 교수들로부터 기술개발 등 전문적인 컨설팅도 받을 수 있기 때문에 초기 창업자들에게는 많은 도움이 된다.

(3) **창업선도대학** : 현재 전국에는 40개의 창업선도대학이 있으며, 개별 창업선도대학 홈페이지에서 예비창업자들을 위한 자세한 창업지원 사항들을 확인할 수 있다. 현재 국내 창업지원기관 중에서 창업선도대학들은 창업지원을 위해 많은 예산을 확보하고 있으며, 최고 7천만원까지 무상으로 받을 수 있는 사업도 진행하고 있다. 특히 사관학교식 창업선도대학은 무상 창업자금뿐만 아니라 사무실도 무료로 제공하고 있는 실정이다.

(4) **소상공인시장진흥공단** : 소상공인시장진흥공단에서는 창업자금뿐만 아니라 창업교육 및 창업컨설팅 등에 대한 지원을 받을 수 있는데, 소상공인시장진흥공단(www.semas.or.kr) 홈페이지에서 자세한 정보들을 제공하고 있다. 또한 소자본 점포창업자들은 소상공인지원센터에서 상권분석에 대한 지원뿐만 아니라 창업아이템 및 점포의 입지선정에 대한 상담도 받을 수 있다.

(5) **테크노파크** : 한국테크노파크협의회(www.technopark.kr)에서 전국 18개 테크노파크에 대한 정보를 제공하고 있으며, 테크노파크에서는 창업자금, 창업교육 및 창업보육실 등을 지원하고 있다. 특히 테크노파크에는 공장형 창업보육실을 운영하고 있어서, 제조업 창업을 준비하고 있는 예비창업자들에게 많은 도움이 될 수 있다.

(6) **기타 창업관련 단체** : 창업을 지원하는 재단법인, 사단법인 등에 대해서는 다음(Daum) 혹은 네이버(Naver)에서 검색할 수 있는데, 창업

하고자 하는 분야와 관련된 단체에 가입하여 활동하는 것이 필요하다. 예를 들어, 무점포 및 1인 창업에 관심이 있다면, 사단법인 한국소호진흥협회(www.sohokorea.or.kr)에 가입하여 활동하는 것이 필요하며, 프랜차이즈 창업을 준비하고 있다면, 한국프랜차이즈협회(www.ikfa.or.kr)에 가입하여 활동하는 것이 좋다. 또한 프랜차이즈 본사의 설립 및 가맹점 창업분야의 창업컨설턴트로 활동하기를 원하면, 대한가맹거래사협회(www.fea.or.kr)에 가입하여 활동하면 된다. 전국 17개 지역에 설치되어 있는 18개의 창조경제혁신센터(ccei.creativekorea.or.kr)에서도 사무실, 창업자금 등 창업관련 다양한 지원을 받을 수 있다.

2. 창업지원기관들의 효과적인 활용방법

앞에서 살펴본 것과 같이 현재 국내에는 성공적인 창업을 지원하는 다양한 기관들이 있는데, 중요한 것은 이러한 기관들을 얼마나 효과적으로 활용하는가 하는 것이다. 이에 따라 창업지원기관들을 효과적으로 활용할 수 있는 구체적인 방법들은 아래와 같다.

① 창업을 준비하고 있는 사람들은 창업지원기관들의 홈페이지에 자주 접속하면서 기관별로 어떤 지원을 하고 있는가를 살펴봐야 한다. 예를 들어, 많은 창업지원기관들이 창업아이템의 선정에서부터 창업자금, 창업교육, 판로개척 등 기업을 설립하고 기업이 성장하는 데 필요한 것들을 지원하고 있지만 기관별로 상당한 차이가 있는 실정이다.

② 창업자금의 경우에는 무상으로 지원받을 수도 있고, 빌릴 수도 있으며, 또한 투자도 받을 수 있다. 특히 무상으로 창업자금을 지원받기 위해서는 사업계획서를 작성하여 제출해야 하며, 서류심사 및 발표심사도 받아야 한다. 따라서 해당 기관에서 사용하는 사업

계획서 양식을 다운 받아서 작성을 하는 것이 필요하며, 창업 준비가 많이 되어있다는 것을 입증시킬 수 있는 다양한 공인서류들도 준비하는 것이 필요하다. 사실, 창업에 대한 아무런 경험이 없는 창업자들이 사업계획서를 작성하기 위해서는 적어도 한 달 정도의 시간이 필요하다는 것을 생각해야 하며, 완성된 사업계획서에 대해 창업전문가의 컨설팅을 받는 것이 사업선정에 도움이 된다는 것도 생각해야 한다.

③ 동일하거나 유사한 창업지원사업도 여러 기관에서 진행하는 경우가 있는데, 문제는 창업지원기관별로 사업수행 시기가 다른 경우가 있으며, 이것은 해당 기관의 홈페이지에서 확인하거나 다음(Daum) 혹은 네이버(Naver)와 같은 포털사이트에서 뉴스를 검색하여 확인하는 것이 필요하다.

④ 일부 창업지원기관에서는 시제품을 요구하거나 시제품이 있는 경우에는 심사 때에 가산점을 주는 경우가 있는데, 시제품을 제작해주는 기관들을 사전에 파악하는 것이 필요하다. 또한 서류심사에 통과가 되어 발표심사를 받을 때에 시제품을 갖고 가서 심사위원들에게 보여주면서 설명을 하는 것은 최종 선정이 되는 데 많은 도움이 될 수 있다. 따라서 창업자들은 막연히 창업을 하고 싶다는 생각만 하지 말고, 어떤 제품을 생산해서 판매할 것인가도 생각하면서 시제품을 만들어보는 것이 창업성공의 타당성을 분석하는 데에도 많은 도움이 될 수 있다.

⑤ 창업지원기관에서 개최하는 다양한 교육 및 행사에 자주 참석하는 것은 성공적인 창업 준비에 많은 도움이 되며, 담당자들과의 인맥형성을 통해 창업자가 생각하고 있는 창업아이템에 대한 개별 상담도 받을 수 있을 것이다.

37. 다음(Daum)과 네이버(Naver) 카페에서의 상품 판매 방법

(주)이니시스에서 이니P2P(www.inip2p.com)를 개발한 이후 카페와 블로그에서도 상품을 등록하고 신용카드 등의 결제수단을 활용하여 기존의 인터넷쇼핑몰처럼 결제를 하는 것이 가능하게 되었다. 아울러 2009년에는 다음(Daum) 및 네이버(Naver) 카페에서 상품을 판매할 수 있는 [상품등록게시판]을 신설하여 상품을 등록하고 판매하는 것이 가능하게 되어 개인판매자들이 점차 늘어나고 있다.

1. 상품등록게시판의 개설

[그림 5]는 네이버 카페의 카페관리>메뉴관리 화면인데, 왼쪽 메뉴 종류에서 새롭게 추가된 상품등록게시판을 확인할 수 있다. 기존의 게시판 생성 방법과 동일하게 상품등록게시판을 선택하여 카페 메뉴에 추가하면 된다. 물론 상품등록게시판의 이름은 창업자가 주로 판매하고자 하는 제품의 이름 등으로 변경이 가능하다.

[그림 6]에서와 같이 메뉴기본설정에서 메뉴명과 게시판 설명을 입력한 후, 해당 게시판에서 사용할 거래종류를 선택하여 거래종류별로 게시판을 구별하여 편리하게 사용할 수 있다. 거래종류는 복수 선택이 가능하며, 단, 공동구매는 매니저와 부매니저, 공동구매 스탭만 상품등록이 가능하다.

메뉴 관리
통합게시판
상품등록게시판
사진게시판
그림게시판
스탭게시판
메모게시판
출석부
등업게시판
그룹 제목
구분선
링크
+추가
공지사항 (게시판형)
자유로운 글 (게시판형)
상품등록게시판 (게시판형)
우리들의 모습 (사진게시판)
가입인사 (메모게시판)
벙개치기 (메모게시판)
출석체크 (출석부)
※ 상품등록게시판은 카페 내 멤버들 간의 벼룩시장, 무료나눔, 공동구매를 위한 상품을 등록하기에 최적화된 게시판입니다.
들여쓰기
- 삭제

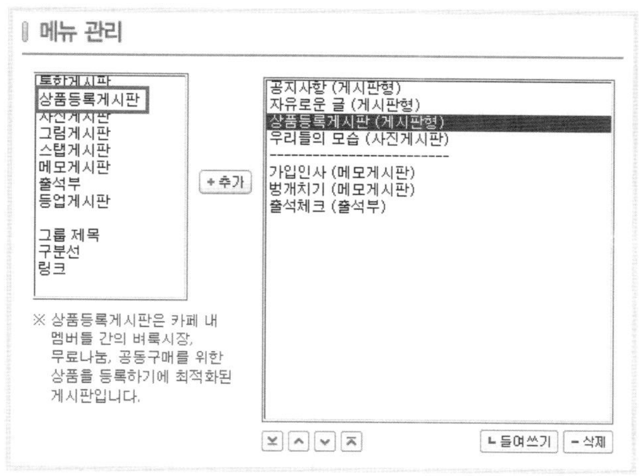

[그림 5] 상품등록게시판 추가

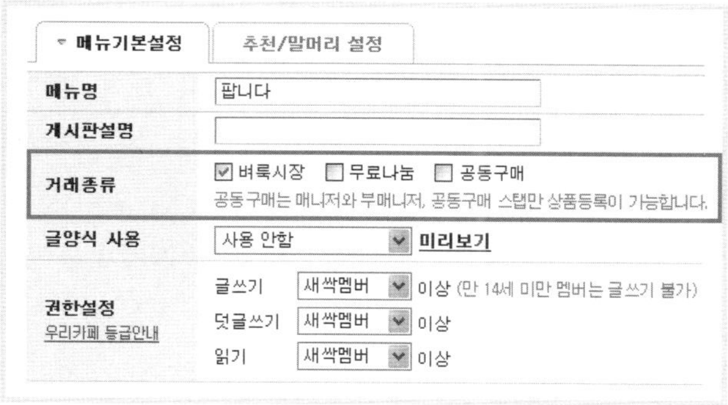

메뉴기본설정
추천/말머리 설정
메뉴명
팝니다
게시판설명
거래종류
벼룩시장
무료나눔
공동구매
공동구매는 매니저와 부매니저, 공동구매 스탭만 상품등록이 가능합니다.
글양식 사용
사용 안함
미리보기
권한설정
우리카페 등급안내
글쓰기
새싹멤버
이상 (만 14세 미만 멤버는 글쓰기 불가)
덧글쓰기
새싹멤버
이상
읽기
새싹멤버
이상

[그림 6] 거래종류의 설정

2. 상품판매를 위한 준비 및 발전 방향

① 다음(Daum) 및 네이버(Naver) 카페에서 상품판매를 하기 위해 사용하는 상품등록게시판을 추가하여 사용할 때에는 먼저 이니P2P(www.inip2p.com)에 가입하는 것이 필요하다.

② HTML 명령어를 사용하면 상품등록게시판에 등록되어 있는 상품

들을 활용하여 카페 메인을 인터넷쇼핑몰과 같이 만들 수 있다. 예를 들어, 뉴비즈니스연구소(http://cafe.naver.com/ihavetwojobs)에서 살펴보면, 한 줄에 5개의 상품이미지들을 배치하였으며 4줄에 총 20개의 상품이미지들을 보여주고 있다. 이렇게 카페 메인을 인터넷쇼핑몰로 만들기 위해서는 상품이미지들을 이미지호스팅 사이트에 등록한 후에 〈IMG SRC〉 명령어를 활용하여 카페 메인에서 보여주고, 상품이미지를 클릭하면 HTML 명령어를 활용하여 상품등록게시판에 등록되어 있는 해당 상품의 주문페이지로 링크(link)를 시키면 된다.

③ 다음(Daum) 및 네이버(Naver) 카페에서 일반게시판에서도 상품판매가 가능한데, 상품 상품이미지를 추가한 후에 앞서 설명한 INIP2P 사이트에서 생성한 상품판매버튼을 활용하면 된다. 예를 들어, INIP2P 사이트의 상품등록화면에서는 신용카드, 계좌이체, 무통장입금의 3가지 지불수단을 선택할 수 있다. 또한 상품명을 입력한 후에 상품분류를 선택하고, 가격과 수량을 입력하고 지불수단을 선택한 후에 [상품등록]을 누르면 상품판매버튼이 생성된다. 그 후에 상품정보 그대로 복사하기, HTML 소스 복사하기, 상품링크 복사하기 중에서 하나를 복사하여 상품이미지 아래에 붙여넣기를 하면 된다. 즉, 본 저서의 "95. 블로그(blog)에서의 상품판매 방법"에서 소개된 절차에 따라 진행하면 카페의 일반게시판에서도 상품을 판매할 수 있다.

38. 제휴마케팅을 활용한 무일푼 맨손 창업

1. 창업아이템의 개요

제휴마케팅(affiliate marketing)은 웹 비즈니스(상품 판매, 광고) 촉진 기법의 하나로서, 웹 사이트의 운영자(affiliate, publisher)가 그의 노력에 의해 파트너의 웹 사이트에 새로운 방문자, 회원, 고객, 매출을 발생시키면, 그 웹 사이트 운영자는 소정의 보상을 받는 식의 마케팅 기법을 말한다. 특히 여러 다른 부류의 기업과 개인들이 모여 이러한 형태의 인터넷 마케팅을 펼치는 것을 말할 때 제휴마케팅이라는 용어를 쓰기도 한다.

예를 들어, 카페 운영자(웹 사이트 발행자, affiliate)가 카페에 옥션(www.auction.co.kr, 파트너의 웹 사이트) 배너를 등록해 놓고 홍보를 하면, 네티즌들이 카페에 등록되어 있는 옥션 배너를 클릭한 후에 옥션에 접속하여 상품을 구입할 수 있다. 이러한 경우에 카페 운영자는 카페에 등록되어 있는 옥션 배너를 클릭한 네티즌들이 구매한 금액의 일부를 보상(커미션)으로 받게 되는 것을 제휴마케팅이라고 한다.

제휴마케팅을 활용한 창업은 중장년 창업자들이 직접 인터넷쇼핑몰 혹은 전자상거래 사이트를 개설할 필요가 없으며, 현재 운영 중인 수백 개의 종합쇼핑몰을 활용한 창업이라고 할 수 있으며, 창업비용은 전혀 필요가 없는 장점이 있다.

2. 창업성공사례 및 관련 사이트

현재 국내 대표적인 제휴마케팅 사이트 중의 하나가 바로 링크프라이스(www.linkprice.co.kr)인데, 사이트에 가입을 한 후에 [샵포털]을 클릭하고 신규 등록 어필리에이트의 [주소등록하기]를 하면 아래 [그림 7]과 같이 옥션, G마켓, 롯데닷컴, 신세계몰 등과 같은 200개 이상의 종합쇼핑몰에 등록된 모든 상품을 판매할 수 있는 무료 쇼핑몰을 개설할 수 있다. 즉, 링크프라이스에서 제공하는 샵포털에는 종합쇼핑몰, 오픈마켓, 해외상품구매, 화장품/미용용품, 브랜드의류, 패션의류, 도서/음악 분야에 200개 이상의 인터넷쇼핑몰이 입점되어 있다.

이에 따라, 링크프라이스에서 필자가 무료로 개설한 샵포털인 사랑

[그림 7] 링크프라이스의 샵포털

나눔쇼핑(shop.shopportal.co.kr/sarangnanum) 내에 등록되어 있는 200개 이상의 인터넷쇼핑몰에서 고객이 상품 구매를 하게 되면, 구매금액에 따른 수익금의 0.6~80%까지를 커미션으로 필자가 링크프라이스로부터 받게 된다.

위에서 설명한 제휴마케팅(affiliate marketing)의 개념을 조금 더 구체적으로 설명하면, 링크프라이스에서 무료로 개설한 사랑나눔쇼핑(shop.shopportal.co.kr/sarangnanum)을 열심히 홍보하고 광고를 진행하여 고객들이 사랑나눔쇼핑을 방문하도록 하고, 고객들이 사랑나눔쇼핑의 [쇼핑몰] 혹은 [카테고리]에서 특정 인터넷쇼핑몰에 접속하여 상품을 구매하면 사랑나눔쇼핑의 운영자는 고객이 구매한 금액 중에서 0.6~80%까지 보상(커미션)으로 받게 된다는 것이다.

물론, 사랑나눔쇼핑(shop.shopportal.co.kr/sarangnanum)과 같은 사이트에 200여개 이상의 유명 인터넷쇼핑몰이 입점되어 있지만, 정말로 수익이 얼마나 될 것인가 하는 것에 관심을 갖고 있는 예비창업자들이 많을 것이라고 생각한다. 하지만, 제휴마케팅 사이트를 활용하여 많은 돈을 벌 수 있을 것이라는 기대보다는 온라인 창업자들이 홍보와 광고에 대해 배울 수 있는 좋은 기회가 될 수 있다는 것으로 생각하는 것이 좋다.

또한 창업자들이 운영하고 있는 다양한 웹사이트에 사랑나눔쇼핑(shop.shopportal.co.kr/sarangnanum)에 바로 접속할 수 있는 배너를 만들어서 카페(cafe) 및 블로그(blog)에 등록하거나 페이스북(Facebook) 등과 같은 SNS에서 홍보를 할 수도 있으며, 명함에 사이트의 주소를 인쇄하여 열심히 홍보하면 매월 어느 정도의 수익창출이 가능하다는 것이다. 이러한 제휴마케팅은 일체의 비용 없이 무료로 운영할 수 있다는 장점도 있으며, 리스크(risk)는 전혀 없다.

3. 제휴마케팅을 활용한 창업의 핵심 성공요소

① 제휴마케팅 창업으로 수익을 창출하기 위해서는 먼저 창업자가 카페(cafe), 블로그(blog), 웹사이트, 페이스북(Facebook) 등과 같은 SNS에 적어도 2~3개 혹은 그 이상의 온라인 사이트를 운영하고 있어야 한다.

② 링크프라이스와 같은 제휴마케팅 사이트에서 무료로 받은 샵포털을 홍보하는 것도 좋지만, "카테고리별 광고 가져가기"에서 개별 사이트에 대한 배너 및 기본링크 주소를 등록하여 홍보하는 것도 좋다. 즉, 일반 네티즌들이 많이 방문하거나 상품을 구매하는 쇼핑몰 사이트들의 배너들만 등록하여 적극적으로 홍보 및 광고를 진행하는 것도 수익창출에 도움이 된다.

③ 다음(Daum)과 네이버(Naver), 랭키닷컴(www.rankey.com)에서 살펴보면 수 십개의 제휴마케팅 사이트들을 확인할 수 있는데, 이러한 제휴마케팅 사이트들의 운영방식에 대한 조사와 분석을 통해 창업자들은 수익을 창출할 수 있는 방법들을 배울 수 있다.

④ HTML과 포토샵에 대한 실무지식이 필요한데, 창업자들이 운영하고 있는 다양한 웹사이트에서 제휴마케팅 사이트들을 홍보하기 위해 반드시 필요하다. 따라서 창업자들은 링크프라이스에 등록되어 있는 200여개의 전자상거래 사이트들의 배너 및 기본링크 주소를 활용하여 창업자의 웹사이트에 효과적으로 등록하는 것이 필요하다.

39. 전자상거래 창업에서의 보험상품과 에스크로 서비스

인터넷이라는 사이버 공간에서 상품을 판매하는 1인창업자들의 경우에는 어떻게 해야 고객이 신뢰하며, 안심하고 구매를 할 수 있는가에 대해 많은 고민과 준비를 해야 한다. 대기업이 운영하는 전자상거래 사이트에 비해 인지도 및 신뢰성이라는 측면에서 약점이 있기 때문에 보증보험과 에스크로 서비스(escrow service)를 도입하고, 사이트를 방문하는 고객에게 적극적으로 알리는 것이 필요하다.

1. 인터넷쇼핑몰과 SGI서울보증(www.sgic.co.kr)

인터넷에서 상품을 판매하려는 창업자들이 반드시 알아 두어야 할 사이트 중의 하나가 바로 SGI서울보증(www.sgic.co.kr)이라고 할 수 있다. SGI서울보증의 [보험가입]－[보험상품 안내]－[보증보험]에서 '상품안내'를 클릭하면 전자상거래 피해보호와 관련된 2개의 보험상품을 확인할 수 있다.

① 전자상거래(결제수단) 보증보험

② 전자상거래(쇼핑몰) 보증보험

특히 인터넷쇼핑몰 창업자가 반드시 알고 있어야 하는 전자상거래(쇼핑몰) 보증보험은 소비자가 인터넷상의 쇼핑몰에서 상품을 구매하고 대금을 결제한 후 상품을 인도받지 못하거나, 반품사유에 해당함에도 결제대금을 반환받지 못한 경우 소비자가 입은 피해를 보상하는 것이다. 따라서 인터넷쇼핑몰 창업자라면 고객이 안심하고 구매를 할 수 있도록 전자상거래(쇼핑몰) 보증보험에 가입하는 것이 필요하다.

2. 에스크로 서비스와 에스크로 에이전트

에스크로 서비스(escrow service)는 물품상거래에서 특정 은행이 적극 개입하여 구매자에게는 확실한 물품배송을, 판매자에게는 안전한 판매대금을 중계하는 매매보호서비스를 말한다. 구매자(업체)는 대금결제시 에스크로 계좌에 대금을 입금한다. 구매자(업체)가 배송된 상품을 직접 확인한 후에 특정 은행은 판매자(업체)의 대금결제계좌(판매자 명의)로 대금을 지급한다. 따라서, 구매자(업체)는 판매자(업체)를 대신하여 특정 은행을 믿고 안심하고 전자상거래를 할 수 있다. 판매자(업체)는 구매자(업체)에게 무한의 신뢰를 제공함으로써 매출액을 신장시킬 수 있으며, 부가적인 금융지원도 받을 수 있다.

한편, 에스크로 에이전트(escrow agent)란 위와 같이 에스크로 서비스에서 결제대금을 예치 및 보관하는 기관을 의미한다. 따라서, 에스크로를 이용하려는 판매자인 경우는 에스크로 에이전트의 신뢰성 및 자산건전성을 반드시 확인해야 한다. 만약에 에스크로 에이전트의 자산이 부실하여 파산(default), 인수 등의 신뢰성이 떨어진다면, 에스크로를 이용하는 모든 이용자들의 피해가 불가피하다. 현재 국내에서 에스크로 서비스를 주로 제공하는 에스크로 에이전트는 하나에스크로(www.hanaescrow.com), 신한에스크로(www.shbescrow.com), KB에스크로(escrow1.kbstar.com), 우리에스크로(esc.wooribank.com) 등이 있다.

40. 개인사업자 및 법인사업자가 납부해야 하는 세금

창업자가 사업자등록을 하게 되면 세금을 납부해야 하는데, 개인사업자 또는 법인사업자에 따라 그 내용이 달라진다. 국세청 홈페이지(www.nts.go.kr)에서는 개인사업자, 법인사업자, 신규사업자, 영세사업자 등으로 구분하여 신고 및 납부해야 하는 세금에 대하여 자세하게 알려주고 있다. 또한 한국에서는 세법이 자주 변경이 되는데, 조세연구원(www.kipf.re.kr)의 [정보광장]-[조세제도]에서 최신 세무정보를 확인할 수 있다.

1. 개인사업자

개인사업자의 경우에 반드시 알아야 할 중요한 세금은 소득세와 부가가치세라고 할 수 있다.

① 소득세 : 소득세는 사업을 통해 얻은 소득에 대하여 내는 세금을 말한다. 소득세는 매년 주소지 관할세무서에 신고하여야 하는데, 사업자가 매년 1월 1일부터 12월 31일까지의 연간 얻은 소득에 대하여 다음해 5월 1일부터 5월 31일까지 주소지 관할세무서에 신고하면 된다.

② 부가가치세 : 부가가치세(value added tax : VAT)란 물건 값에 부가가치세가 포함되어 있어 물건을 팔 때 받은 세금에서 물건을 살 때 지불한 세금을 차감한 차액을 납부하는 것이다. 소득세는 사업 결과 얻어진 소득(이익)에서 내는 세금으로 소득이 없으면 세금을

내지 않을 수 있지만, 부가가치세는 소비자가 부담한 세금을 잠시 보관했다가 국가에 내는 세금이라고 할 수 있다. 개인사업자는 1월과 7월에 부가가치세를 신고한다.

2. 법인사업자

주식회사와 같은 법인사업자가 납부해야 할 세금은 법인세와 부가가치세라고 할 수 있다.

① 법인세 : 개인이 얻은 소득에 과세하는 것이 소득세라면, 법인세는 법인이 얻은 소득에 과세하는 것이다. 소득세법상 소득세의 과세대상이 되는 소득은 열거하여 규정하므로 열거되지 않은 소득에 대해서는 납세의무가 없지만, 법인세는 법인이 얻은 모든 순자산의 증가액에 대하여 과세를 한다.

② 부가가치세 : 앞에서 언급한 개인사업자가 납부해야 하는 부가가치세를 납부해야 한다. 다만, 개인사업자는 1년에 두 번만 신고하면 되는 데 비하여, 법인사업자는 예정신고와 확정신고를 합쳐서 1년에 4번 신고·납부해야 한다.

3. 세무사 혹은 공인회계사의 역할

① 창업자는 세무사 혹은 공인회계사와 계약을 하여 세금신고 및 납부에 대해 도움을 받는 것이 필요하며, 특히 절세방법에 대해 정기적으로 자문을 받는 것이 중요하다. "아는 만큼 번다"라는 말도 있듯이, 전문가의 영역은 전문가에게 맡겨 도움을 받는 것이 최선이라고 할 수 있다.

② 단순히 세금의 영역에서만 세무사 혹은 공인회계사의 도움을 받을 것이 아니라 자금의 조달, 다른 기업과의 제휴와 협력 등에서도 도움을 받는 것이 좋다.

41. 창업자가 알아야 하는 재무상태표와 손익계산서

재무상태표, 손익계산서 등을 재무제표(financial statement)라고 하는데, 재무제표는 회계실체의 일정기간(회계기간) 동안의 경제적 사건과 그 기간 말에 있어서의 경제적 상태를 나타내기 위한 일련의 회계보고서라고 할 수 있다

1. 재무상태표

창업자는 수시로 사업과 관련한 자산상태와 부채와 자본상태를 점검하여야 한다. 그럼으로써 현재의 부채상태가 적절한 수준인지 파악하고, 자산의 구성내용이 적절한지에 대하여도 고려할 필요가 있다. 사업과 관련한 특정시점의 자산상태와 부채와 자본상태를 일정기준에 따라 일목요연하게 나열한 표를 대차대조표(balance sheet 혹은 재무상태표, 한국채택국제회계기준('K-IFRS')이 도입되면서 대차대조표는 재무상태표라는 명칭으로 변경되었음)라고 한다.

아래의 〈표 3〉과 같이 재무상태표를 왼쪽과 오른쪽으로 구획을 갈라 작성할 때 자산은 재무상태표의 왼쪽에 기재하고 부채와 자본은 오른쪽에 기재한다. 그리고 자산은 위에서부터 빨리 현금화할 수 있는 순서대로 기재하고 반대로 부채는 빨리 갚아야 하는 순서대로 기재해야 한다. 또한 재무상태표의 왼편을 차변(debtor : Dr)이라 하고 오른편을 대변(Creditor : Cr)이라 한다. 재무상태표의 차변 기록은 자산의 구성내용을 표시해 주고, 대변은 총 자산의 조달원천(부채와 자본)이 어떠한지를 표시해 준다.

〈표 3〉 재무상태표

자산	금액	부채와 자본	금액
현금과 예금	20,000,000	단기차입금	50,000,000
재고자산	150,000,000	사채	50,000,000
임차보증금	50,000,000	부채총계	100,000,000
집기비품	30,000,000	자본금	150,000,000
자산총계	250,000,000	부채와 자본총계	250,000,000

2. 손익계산서

창업자는 사업을 통한 영업활동의 결과로 일정기간 동안 얼마만큼의 소득을 올렸는지 파악할 필요가 있다. 영업활동의 구성내용이 건전한지를 판단하고 당연히 가사를 위한 인출은 소득금액의 범위 내로 제한하여야 한다. 일정기간 동안의 영업활동의 내용을 일정기준에 따라 일목요연하게 나열한 표를 손익계산서(income statement)라고 한다.

손익계산서에서 알 수 있는 주요 내용들은 매출액, 매출원가, 매출총이익(매출액－매출원가), 판매비와 일반관리비, 영업이익(매출총이익－판매비와 일반관리비), 영업외 비용, 세전이익(영업이익－영업외비용), 소득세, 당기순이익(세전이익－소득세) 등이라고 할 수 있다.

42. 상가건물임대차보호법의 적용 범위

중소상인(소상공인)의 임대보증금을 보호하려는 취지에서 시행된 상가건물임대차보호법은 임대인에 비해 상대적으로 약자인 영세상인들이 안정적으로 생업에 종사할 수 있도록 지난 2001년 12월 29일에 제정되었다.

1. 임차인의 권익보호를 위한 법령의 주요 내용

(1) **임대차 존속기간 보장** : 최대 5년간의 계약갱신요구권을 보장받는다. 즉, 특별한 사유가 없는 한 최장 5년 동안 자동연장이 가능하게 되었다.

(2) **대항력 발생** : 임차인이 건물을 인도 받고 사업자등록을 신청하면, 이후 건물소유주가 바뀌어도 새로운 소유주에 대해 임차권을 주장할 수 있다.

(3) **임대료 인상 상한선 설정** : 연 9%의 범위 내에서 인상이 가능하도록 하였다.

(4) **우선변제권 보장** : 일정보증금액 범위에 해당하는 임차인이 대항력을 취득하고 확정일자를 받은 경우, 전세권등기와 같은 효력을 인정하여 경매·공매시 후순위 채권자보다 우선변제 받을 수 있다.

(5) **최우선변제권 보장** : 최우선변제권의 보호범위 안에 해당하는 임차인이 건물을 인도받고 사업자등록을 하여 대항력이 발생하였을 때, 건물주가 부도가 나더라도 경매가액의 1/3 범위 안에서 보증금 중 일부를 찾을 수 있다. 즉, 점포의 세입자들은 일반 담보권자들에 우선하여

건물가액의 33%(3분의 1) 범위 안에서 최우선변제권을 갖게 되었다.

2. 상가건물임대차보호법의 적용범위

상가건물임대차보호법은 사회적·경제적 약자인 임차인을 보호하기 위해 시행되고 있지만, 모든 상가건물의 임대차에 대해 적용되는 것은 아니고 지역에 따라 다르게 정해진 일정한 보증금액 이하인 임차인의 경우에만 적용된다는 사실을 알아야 한다. 즉, 상가건물을 임차한 임차인의 보증금액이 서울특별시의 경우에는 4억원 이하, 수도권 과밀억제권역의 경우에는 3억원 이하, 광역시(수도권 과밀억제권역에 포함된 지역과 군지역 제외)의 경우에는 2억 4천만원 이하, 그리고 나머지 지역의 경우에는 1억 8천만원 이하의 경우에만 상가건물임대차보호법의 적용을 받는다(상가건물법 제2조 제1항, 시행령 제2조 제1항, 시행령은 자주 변경이 되기 때문에 로앤비(www.lawnb.com)에서 정확하게 확인하는 것이 필요함).

예를 들어, 대구광역시에 있는 점포의 보증금이 8천만원이고, 월 임차료가 180만원인 경우를 살펴보자. 여기에서 임차인이 지급한 보증금 이외에 차임이 있는 경우에는 이를 월 단위로 환산한 금액에 100을 곱해 산출한 금액을 기존의 보증금에 포함시켜서 계산, 보증금액을 산출하게 된다(상가건물법 제2조 제2항, 시행령 제2조 제2항·제3항). 따라서, 월차임 180만원에 100을 곱해 산출된 1억 8천만원을 보증금 8천만원과 합산한 2억 6천만원이 보증금액이 되는 셈이다. 즉 대구광역시의 경우 2억 4천만원 이하에서만 상가건물임대차보호법이 적용되므로, 이 경우에는 상가건물임대차보호법의 적용을 받지 못한다. 따라서, 이러한 경우에는 월 임차료 및 보증금을 조정하여 상가건물임대차보호법의 보호를 받을 수 있도록 계약하는 것이 필요할 것이다.

43. 가맹점 창업자가 알아야 하는 '가맹사업거래의 공정화에 관한 법률'

프랜차이즈 사업이 활성화되는 시대적 추세에 따라 프랜차이즈 본부와 가맹점주 간의 분쟁을 규율하기 위해 2002년에 제정된 법인데, 프랜차이즈 본사가 난립하고 경험이 없는 소자본 창업자들이 본사 말만 믿고 창업했다가 실패의 나락으로 빠지는 경우를 막자는 취지에서 제정되었다. 이 법에는 가맹본부가 가맹사업자에게 정보공개서(disclosure document)를 제출할 의무가 있음을 명시하고 있으며, 정보공개서에는 회사 및 임직원에 관한 사항, 가맹사업자의 부담, 영업활동 조건 및 제한, 가맹본부의 가맹사업 현황, 가맹영업개시와 상세 절차, 소요시간, 교육훈련 프로그램, 점포 예정지 근처의 사업자 10군데의 명칭과 소재지, 전화번호 등의 내용이 담겨야 한다는 것을 규정하고 있다.

따라서, 프랜차이즈 본사를 통해서 가맹점 형태로 창업을 하려는 예비창업자들은 이 법에 의해서 사전에 본사에 대한 정보공개서를 제출받아 철저한 분석을 실시한 후에 가맹점 계약을 해야 할 것이다. 특히 예비창업자의 입장에서는 본사와의 문제가 발생했을 때를 생각하여 가맹비의 반환 여부에 대해서도 잘 알아두어야 한다.

현재 '가맹사업거래의 공정화에 관한 법률'은 2007년도에 크게 개정되어 가맹점 계약자에 대한 보호를 강화하는 측면에서 프랜차이즈 본사가 정보공개서를 공정거래위원회의 가맹사업거래 홈페이지(franchise.ftc.go.kr)에 등록하게 하는 등 여러 측면에서 보완이 이루어졌다. 따라서, 프랜차이즈 가맹점 창업에 관심 있는 예비창업자들은 가맹사업거래 홈페이지에 수시로 접속하여 현황을 파악할 수 있다. 가맹사업거래 홈페이지는 프랜차이즈 본사 및 창업아이템의 선정 등을 위해 유용하게 활용해야 하는 웹사이트라고 할 수 있다.

[그림 8] 공정거래위원회 가맹사업거래 홈페이지(franchise.ftc.go.kr)

☞ 가맹사업거래 공정화에 관한 법률은 로앤비(www.lawnb.com)에서 법률 및 시행령을 볼 수 있는데, 프랜차이즈 본사 및 가맹점 창업자 모두 잘 알아두어야 한다.

44. 전자상거래 창업자가 알아야 하는 법률

인터넷에서 상품을 판매하는 창업자가 반드시 알아야 하는 법률이 바로 '전자상거래 등에서의 소비자보호에 관한 법률'(전자상거래법)인데, 로앤비(www.lawnb.com)에서 검색하면 법률 원문을 확인할 수 있다. 전자상거래법에서 중요한 몇 가지를 설명하면 다음과 같다.

① 사이버몰 운영자의 표시사항(제10조 제1항) : 전자상거래를 하는 사이버몰의 운영자는 소비자가 사업자의 신원 등을 쉽게 알 수 있도록 몇 가지의 사항을 총리령으로 정하는 바에 따라 표시하여야 한다.

② 통신판매업자의 신고(제12조 제1항) : 통신판매업자는 상호 등 몇 가지 사항을 공정거래위원회나 특별자치시장 · 특별자치도지사 · 시장 · 군수 · 구청장에게 신고하여야 한다.

③ 신원에 대한 정보의 제공(제13조 제1항) : 통신판매업자가 재화 등의 거래에 관한 청약을 받을 목적으로 표시 · 광고를 할 때에는 그 표시 · 광고에 상호 및 대표자 성명 등 몇 가지의 사항을 포함하여야 한다.

④ 계약내용 서면 교부(제13조 제2항) : 통신판매업자는 소비자가 계약체결 전에 재화 등에 대한 거래조건을 정확하게 이해하고 실수나 착오 없이 거래할 수 있도록 적절한 방법으로 표시 · 광고하거나 고지하여야 하며, 계약이 체결되면 계약자에게 계약내용에 관한 서면을 재화 등을 공급할 때까지 교부하여야 한다.

⑤ 청약철회 조건(제17조) : 소비자는 주문이 체결된 경우라도 재화 등을 공급받은 날부터 7일 이내 조건 없는 청약 철회가 가능하다. 또한 표시·광고 또는 계약내용과 다른 재화 등이 공급된 경우 공급받은 날부터 3개월 이내, 그 사실을 안 날 또는 알 수 있었던 날부터 30일 이내 철회가 가능한데, 이 경우에는 시정조치를 해야 함은 물론 영업정지를 받을 수 있다.

⑥ 재화 등의 공급 등(제15조) : 대금의 전부 또는 일부를 지급 받은 날부터 3영업일 이내에 재화 등의 공급을 위해 필요한 조치를 하여야 하되 별도 약정 시에는 제외한다.

⑦ 미성년자 계약시 고지(제13조 제3항) : 미성년자 계약시 법정대리인이 동의하지 않으면 미성년자 본인 또는 법정대리인이 계약을 취소할 수 있다는 내용을 미성년자에게 고지하여야 한다.

⑧ 통신판매중개자의 책임(제20조의2) : 중개자의 책임이 없다는 것을 약정하지 아니하거나 미리 고지하지 아니한 경우 중개의뢰자의 고의 또는 과실로 인한 소비자피해에 대하여 중개의뢰자와 연대책임 부담이 있다.

⑨ 금지행위(제21조 제1항) : 전자상거래를 하는 사업자 또는 통신판매업자가 해서는 안 되는 행위들을 규정하고 있다.

☞ 인터넷이라는 사이버 공간에서 상품을 판매하는 경우에는 관계 법령을 자세하게 알고 있어야 한다. 따라서 법률을 출력하여 몇 번이고 읽고 내용을 잘 숙지해야 할 것이다.

45. 창업 관련 허가, 등록, 신고업종에 대한 주의사항

창업하고자 하는 업종이 허가, 등록, 신고 등을 필요로 하는 사업일 경우는 관련 법규를 검토한 후 해당 관청에 신청서를 제출해야 한다. 따라서 점포를 계약하기 전에 반드시 허가, 등록, 신고 등이 필요한 업종인지를 관할 구청 민원실 혹은 세무서를 방문하여 직접 확인하는 것이 필요할 것이다.

1. 허가, 등록, 신고업종의 분류

① 허가업종

② 신고업종

③ 등록업종

④ 지정업종

⑤ 면허업종

⑥ 인가업종

⑦ 인증업종

⑧ 통보대상

위에서 허가업종이란 정부에 사업을 시작하겠다고 신고를 한 후 사업자가 일정한 요건을 갖추었다고 판단되면 허가를 내주는 업종이다. 신고업종은 해당 행정기관에 사업내역을 신고하기만 하면 영업이 가능한 업종을 말하며, 등록업종은 정부나 지방자치단체에 사업자로 등록이 되어야만 사업을 시작할 수 있는 업종이다.

2. 허가, 등록, 신고업종 등에 대한 주의사항

① 해당 업종이 인허가 대상인지를 파악한다. 즉, 업종을 선택하기 전에 인허가 여부와 담당 행정기관을 미리 파악해야 하며, 법규 및 행정기관에 대해 미리 알아보는 것이 좋다.

② 창업 업종의 법적 규제 및 이행지침을 확인한다. 예비창업자들은 법규나 시행령의 변경에도 관심을 가져야 하며, 로앤비(www.lawnb.com)에서 확인하면 된다.

③ 법규에 따라 시설, 위치 등에 제한이 있는지를 파악한다. 소자본 창업업종은 대부분 허가가 필요 없는 신고업종이지만, 몇몇 업종들의 경우에는 시설, 위치 등에 제한이 따른다는 것을 고려해야 한다.

④ 기존 업종 중에서도 정부의 허가나 선 등록을 요구하는 업종의 경우에 지침을 정확히 이행하지 않으면 영업 활성화 유무에 상관없이 강제적으로 영업정지, 세무조사, 형사조치 등을 당하게 된다.

⑤ 허가 업종이 아니더라도 신고나 등록 시에는 신청서, 임대차계약서 사본, 평면도 등 업종에 따라 필요한 서류가 다르므로 사전에 파악해 두는 것이 좋다.

⑥ 약국, 부동산, 미용실, 안경점 등의 자격증 사업은 제3자를 고용하여 대리 창업할 수 없다는 것을 알아두어야 한다.

⑦ 업종에 따라서는 창업 전 미리 숙지 혹은 파악해 두지 않으면 낭패를 볼 만한 항목들이 많다. 하지만, 인허가 업종은 점차 해제되어 가는 추세이므로 시·군·구청 혹은 세무서에 사전에 문의를 하는 것이 가장 좋다.

46. 창업기업의 의무신고사항 6가지

창업 준비의 업무가 끝나게 되면 곧 바로 생산활동을 시작할 수 있으나 행정적인 절차를 이행하여야 하기 때문에 등기소를 비롯하여 노동부 지방사무소, 근로복지공단, 국민건강보험공단, 국민연금관리공단 등에 아래의 사항들을 신고해야 한다.

1. 건강보험

건강보험은 피보험자 또는 피부양자의 질병, 부상, 분만 및 사망 등에 대하여 보험급여를 실시함으로써 국민건강을 향상시키고 사회보장의 증진을 그 목적으로 하고 있으며, 상시근로자 1인 이상 사업장은 당연 적용 사업장에 해당한다.

2. 산재보험

산재보험제도란 근로자가 사업장에서 업무상으로 부상, 질병 또는 사망한 경우에 사업주의 보상책임을 대신하여 정부에서 신속하고 공정하게 보상해 줌으로써 근로자와 그 가족들을 보호해 주는 사회보장제도인데, 산재보험은 당해 사업 개시한 날로부터 14일 이내에 사업장 관할 근로복지공단에 보험관계성립신고서를 제출하여야 한다.

3. 고용보험

고용보험은 실업의 예방, 고용의 촉진 및 근로자의 직업능력의 개발 · 향상을 도모하기 위하여 실시하는 것으로서, 사업주는 당해 보험관계가 성립한 날로부터 14일 이내에 관할 지방노동청(사무소)에 신고하여야 한다.

4. 국민연금

대표이사 등 상근임원과 종업원을 합해서 1인 이상인 회사(법인)를 설립한 때에는 당연적용사업장이 되어 국민연금법 시행령 제19조의 규정에 의하여 국민연금에 의무적으로 가입하여야 하는데, 국민연금관리공단에 관련 서류를 제출하면 된다.

5. 취업규칙 신고

상시 1인 이상의 근로자를 사용하는 사용자는 취업규칙을 작성하여 노동부장관에게 신고하여야 하며, 이를 변경하는 경우에 있어서도 또한 같다.

6. 근로자명부와 임금대장 작성

근로기준법 제41조 및 제48조의 규정에 의하여 상시근로자가 5인 이상인 경우 근로자명부와 임금대장을 작성하여야 한다. 사업자는 근로기준법 시행규칙 제16조에서 정하는 서식에 각 사업장별로 근로자의 성명, 생년월일, 이력 등을 기재한 근로자명부와 임금과 가족수당 계산의 기초가 되는 사항, 임금액 등을 기재한 임금대장을 작성하여 보존하여야 한다.

47. 벤처기업 확인 및 이노비즈 인증의 절차

창업을 하게 되면 1차적으로 벤처기업 확인 혹은 이노비즈 기업으로 인증을 받는 것이 목표가 될 수 있다. 인증을 받게 되면, 정부로부터 다양한 혜택을 받을 수 있기 때문이다.

1. 벤처기업 확인

벤처기업 확인제도는 1998년 시행 이후 몇 번의 개정을 거치다가 2006년 6월 4일에 전면적인 제도개편을 단행하여 실제 자금시장에서 벤처자금을 운영하고 있는 기업을 벤처기업으로 인증해 주는 기술평가보증(대출) 기업을 벤처확인요건으로 추가하고, 기존 신기술에 의한 벤처확인요건을 폐지하는 등 시장 친화적인 방향으로 제도를 개선하였다. 아울러, 새롭게 벤처확인기관으로 지정된 기술보증기금으로 하여금 벤처확인 공시시스템인 벤처인(www.venturein.or.kr)을 구축하여 운영토록 하고 있다.

처음 벤처기업으로 확인을 받기 위해서는 '벤처기업육성에 관한 특별조치법' 제2조의2 "벤처기업의 요건"을 충족해야 하는데, 벤처확인 신청은 벤처인(www.venturein.or.kr)을 통해 온라인으로만 가능하며, 오프라인으로는 신청이 불가능하다.

한편, 벤처기업의 유형과 확인기관은 다음과 같은데, 자세한 내용은 벤처인(www.venturein.or.kr)에 상세하게 설명되어 있다.

① 유형1 : 벤처투자기업(확인기관 : 한국벤처캐피탈협회)

② 유형2 : 연구개발기업(확인기관 : 기술보증기금, 중소기업진흥공단)

③ 유형3 : 기술평가보증기업(확인기관 : 기술보증기금)

④ 유형4 : 기술평가대출기업(확인기관 : 중소기업진흥공단)

⑤ 유형5 : 예비벤처기업(확인기관 : 기술보증기금, 중소기업진흥공단)

2. 이노비즈 인증

이노비즈는 Innovation(혁신)과 Business(기업)의 합성어로 기술우위를 바탕으로 경쟁력을 확보한 기술혁신형 중소기업을 말한다. 이노비즈 인증은 회사설립일이 3년 이상된 업체가 가능하며, 자세한 내용은 이노비즈 인증(www.innobiz.net)에서 확인할 수 있다.

한편, 이노비즈의 신청 및 인증 절차는 다음과 같다.

① 이노비즈 인증(www.innobiz.net)에 접속

② 기업등록 및 재무제표 입력

③ 온라인 자가진단

④ 신청 및 접수완료

⑤ 기술보증기금의 현장평가

⑥ 이노비즈 선정

☞ 벤처기업 확인과 이노비즈 인증은 기업 자체에서 진행할 수도 있지만, 컨설팅 업체에 의뢰하여 진행하는 것도 좋다. 아울러, ISO 9000/14000에 대한 인증도 동시에 진행할 수 있다. 기업이 고객들의 신뢰를 받으면서 시장에서 지속적으로 성장하기 위해서는 기업의 건실성, 성장성 등을 확인시켜 줄 수 있는 벤처기업 확인, 이노비즈 인증, ISO 인증 등이 필요하다고 할 수 있다.

48. 창업기업의 ISO 및 HACCP 인증

신생 창업기업이 성장함에 따라 받아야 할 인증 중에 ISO 9000/14000 인증 및 HACCP 인증이 있다. 이러한 인증이 필요 없다고 생각되는 창업기업도 있을 수 있으나, 창업기업이 벤처기업 확인, 이노비즈 인증을 받거나 정부의 각종 정책자금 등에 선정되기 위해서도 창업자는 ISO 9000/14000 인증 및 HACCP 인증을 받는 것이 필요하다.

1. ISO 9000

GATT(General Agreement on Tariffs and Trade)에서 국가 간의 기술적 장벽 해소를 위해 마련한 ISO 9000 시리즈는 공급자의 품질시스템을 제3자(인증기관)가 평가하여 품질보증 능력을 인증해 주는 제도이다. ISO 9000은 품질보증을 위한 20가지 필수요건을 제시하고 있으며, 그 요건을 만족하는 전제하에 각 기업에 유효한 품질시스템의 구축과 실천 여부를 심사한다. ISO 9000은 기업의 품질시스템 구축을 위한 가장 효과적인 방법으로서, 각 기업은 이를 실질적으로 활용하는 것이 중요하다.

2. ISO 14000

국제표준화기구인 ISO의 환경경영위원회(TC 207)에서 개발한 ISO 14000 시리즈 규격 중 하나로서 조직의 환경경영시스템을 실행, 유지, 개선, 보증하고자 할 때 적용 가능한 규격이며 조직에서 발생하는 환경영향을 저감시키기 위해 조직이 갖추어야 할 시스템의 기본조건을 요구하며 환경방침, 목표를 정하여 이를 달성하기 위한 활동을 실시하고 실시상황에 대한 감시, 검토하는 일련의 과정으로 구성되어 있다.

3. HACCP 인증

HACCP란 "Hazard Analysis Critical Control Point"의 머리글자로서, 일명 "해썹"이라 부르며 식품의약품안전청에서는 이를 "식품위해요소중점관리기준"으로 번역하고 있다. HACCP은 위해분석(HA)과 중요관리점(CCP)으로 구성되어 있는데, HA는 위해가능성이 있는 요소를 찾아 분석, 평가하는 것이며, CCP는 해당 위해요소를 방지, 제거하고 안전성을 확보하기 위하여 중점적으로 다루어야 할 관리점을 말한다. 종합적으로, HACCP이란 식품의 원재료 생산에서부터 제조, 가공, 보존, 유통단계를 거쳐 최종 소비자가 섭취하기 전까지의 각 단계에서 발생할 우려가 있는 위해요소를 규명하고, 이를 중점적으로 관리하기 위한 중요관리점을 결정하여 자주적이며 체계적이고 효율적인 관리로 식품의 안전성(safety)을 확보하기 위한 과학적인 위생관리체계라 할 수 있다. 또한 HACCP는 2002년 7월부터 시행하고 있는 제조물 책임법(PL법)에 대비하여 식품의 안전대책을 마련할 수 있는 효과적인 시스템이다.

☞ ISO 9000/14000 인증 및 HACCP 인증을 받으려면 전문적인 컨설팅을 받아야 하는데, 다음(Daum)과 네이버(Naver)에서 검색하면 전문업체를 쉽게 찾을 수 있다. 다만, 창업자가 거주하고 있는 지역의 컨설팅 업체를 선택하는 것이 편리할 것이다.

49. 지적재산권의 종류 및 출원방법

지적재산권은 지적소유권(intellectual property)이라고도 하며, 발명, 상표, 디자인(의장) 등의 산업재산권과 문학 · 음악 · 미술 작품 등에 관한 저작권을 총칭하는 말이다. 일반적으로 산업재산권은 특허청(www.kipo.go.kr)의 심사를 거쳐 등록을 해야만 보호되고, 저작권(copyright)은 출판과 동시에 보호된다. 지적재산권은 변리사(patent attorney)의 도움을 받아 특허청에 출원하면 되는데, 지적재산권은 아래 〈표 4〉와 같이 분류할 수 있다. 또한 특허정보검색서비스(www.kipris.or.kr)에서는 기존에 등록된 지적재산권들을 검색할 수 있다.

〈표 4〉 지적재산권의 종류

산업재산권	저작권 및 저작인접권	신지적재산권
• 특허 • 실용신안 • 디자인(의장) • 상표	• 시, 소설, 음악, 미술, 영화 등 창작물 및 복사본 • 저작자의 권리(무단 복사를 금지할 수 있는 권리) • 저작인접권 : 실연가의 권리, 음반 제작자의 권리, 방송사업자의 권리	• 컴퓨터프로그램 • 데이터베이스 • 생명공학 • 식물기술 • 인공지능 • 색채상표 • 소리상표 • 캐릭터

자료 : 킹로드 특허법률사무소(www.kingroadpatent.com).

1. 특 허

특허권(patent right)이란 발명을 독점적으로 이용할 수 있는 권리를 말하는데, 특허권은 다음과 같은 요건을 갖추어야 한다 : ① 발명일 것, ② 산업상 이용할 수 있을 것, ③ 새로울 것, ④ 진보적일 것.

2. 실용신안

실용신안권(utility model)은 물품의 형상, 구조, 조합으로 이루어지는 고안에 깃들여 있는 기술적 사상을 보호하는 권리를 말한다. 즉, 실용신안권은 발명, 고안된 것을 개량하여 보다 편리하고 유용하게 쓸 수 있도록 물품의 형상, 구조 또는 조합에 관한 고안을 하였을 경우에 해당되며, 방법 및 물질 등은 대상이 안 된다

3. 디자인(의장)

디자인은 물품의 외관, 형상, 모양, 색채 또는 이들이 결합되어 있는 디자인을 보호하는 권리를 말한다. 가령 전동타자기의 기술적 구성 및 원리와는 관계없이 전동타자기의 외관 형태를 의장으로서 보호받게 되면, 동일한 기능을 갖는 전동타자기라고 할지라도 외관이 네모난 것, 둥근 것 혹은 세모난 것 등은 각각 디자인권을 취득할 수 있다.

4. 상 표

상표권(trademark)은 특정 영업을 하는 사람이 자기의 상품을 다른 사람의 상품과 구분하기 위하여 상품에 붙이는 기호, 문자, 도형 등을 보호하는 권리이다. 따라서, 먼저 등록되어 있는 다른 사람의 상표와 같거나 유사하면 등록을 받을 수 없다.

50. 창업기업의 홍보를 위한 이메일 및 문자 발송

요즈음은 이메일과 휴대폰 문자를 통해 홍보하는 경우가 많은데, 수백개 혹은 수 천개 이상의 이메일과 문자를 발송하기 위해서는 포스트맨(www.postman.co.kr) 등과 같은 전문사이트를 활용하는 것이 편리하다.

[그림 9] 포스트맨의 초기화면

① 포트스맨에서는 대량 이메일 발송, 대량 SMS/MMS 발송, 대량 팩스 발송, 주소록 관리, 발송결과 확인, 프리미엄 서비스 등의 기능을 제공하고 있다.

② 먼저, 엑셀(Excel)을 이용하여 이름, 이메일 주소, 휴대폰 번호 등을 입력하여 파일로 저장한 후에 포스트맨의 [주소록]에 등록하면 되는데, 주소록 등록방법에 대해서는 [동영상 보기]를 클릭하면 자세하게 설명되어 있다.

③ [메시지발송]에서 [이메일 DB링크발송]을 선택하면 주소록에 저장되어 있는 이메일주소로 이메일을 발송할 수 있는데, 이메일 주소 한 개에 1원을 지불하면 된다.

④ [메시지발송]에서 [SMS/MMS DB링크발송]을 선택하면 주소록에 저장되어 있는 휴대폰번호로 문자를 발송할 수 있는데, 휴대폰 번호 1개에 18~20원을 지불하면 된다.

⑤ [발송결과]에서 [메일발송리포트] 혹은 [SMS/MMS 발송리포트]에서 이메일 혹은 문자 발송의 결과를 확인할 수 있다. 아울러, 발송이 되지 못한 이메일 혹은 문자의 원인도 알 수 있다.

51. 카페(cafe) 및 블로그(blog)를 활용한 창업기업 홈페이지 운영

요즈음은 전통적인 형태의 홈페이지(혹은 웹사이트)보다는 각종 포털 사이트에서 무료로 제공되는 블로그(blog, web log의 준말)와 카페(cafe) 등을 웹사이트로 활용하는 기업 혹은 창업자들이 늘어나고 있는 실정이다. 또한 현재 홈페이지를 운영하고 있다고 할지라도 추가적으로 블로그와 카페를 개설하여 운영을 하게 되면 그만큼 홍보 및 마케팅의 효과가 커진다는 것이며, 아무리 많이 개설해도 돈이 들어가지 않는 장점까지 있다.

사실, 저자의 경우에도 블로그와 카페를 포함하여 40개 정도를 운영하고 있는데, 무료라는 장점 외에도 홍보효과가 매우 크다. 사실, 40개의 사이트를 관리하는 데 많은 시간이 필요할 것이라고 생각할 수도 있지만, 똑같은 글을 스크랩을 하거나 Ctrl + C를 이용하여 복사하고, Ctrl + V를 이용하여 붙이기를 하는 데 얼마의 시간이 걸리겠는가? 수십개의 사이트에서 창업기업에서 판매하는 제품들을 홍보할 수가 있는데, 홍보 효과가 얼마나 클 것인가를 생각해 보면 될 것이다.

1. 카페를 개설할 수 있는 추천 사이트

현재 다음(daum)과 네이버(naver)를 추천할 수 있는데, 카페를 개설하고 운영하는 기본적인 기능은 거의 비슷하다. 창업자의 입장에서 보면 적어도 다음과 네이버에서 동시에 개설하는 것이 좋으며, 아래와 같이 아이디를 동일하게 만드는 것이 가장 이상적이라고 할 수 있다.

① 다음 카페의 주소 : cafe.daum.net/아이디

② 네이버 카페의 주소 : cafe.naver.com/아이디

③ 홈페이지의 주소 : www.아이디.co.kr, www.아이디.kr, www.아이디.com

카페를 한 번도 만들어 본 적이 없다면, '카페(cafe)로 창업하기(집현재, 2012)' 혹은 '홍보와 광고전략(집현재, 2015)'를 참고하면 될 것이다.

2. 블로그를 개설할 수 있는 추천 사이트

블로그의 경우에는 다음(daum), 네이버(naver), 구글(google), 이글루스(egloos), 에이블뉴스, 고도(godo) 등에서 개설할 수 있는데, 카페를 만들 수 있으면, 블로그를 만드는 것은 너무 쉬운 일이다.

3. 도메인 포워딩(domain forwarding) 기능을 활용하면, 비교적 긴 카페 주소와 블로그 주소를 짧은 일차 도메인으로 연결하여 사용할 수가 있는데, 도메인 구입업체에 요청하면 된다. 예를 들어, cafe.daum.net/isoho2jobs와 같은 긴 주소를 www로 시작하는 주소로 간략하게 바꾸어 접속할 수 있도록 한다.

4. 카페 이름 혹은 블로그 제목을 동일하게 하여 여러 개를 만들어서 창업기업의 홈페이지로 운영하는 것은 홍보 효과를 높이는 데 많은 도움이 될 수 있다. 또한 기업에서 고객들에게 정보를 제공할 수 있는 다양한 사이트들을 HTML 명령어로 상호 연결(link)하여 홈페이지를 개발할 수도 있는데, '포토샵과 HTML의 활용(집현재, 2016)'을 참고하면 될 것이다.

52. 언론(신문, TV)을 활용하여 홍보하는 방법

언론홍보는 기업, 단체 또는 관공서 등의 조직체가 커뮤니케이션 활동을 통하여 스스로의 생각이나 계획, 활동, 업적 등을 널리 알리는 활동을 말하는데, 광고의 대가를 지불하지 않는다는 특징이 있다. 즉, 신문, 잡지, 라디오, TV뉴스 등에 기업의 제품이나 서비스 혹은 기업의 활동을 뉴스거리로 제공할 수가 있다.

사실, 창업기업의 경우에는 언론을 잘 활용하면 돈을 거의 투자하지 않고도 엄청난 홍보효과를 기대할 수 있는데, 대부분의 벤처 혹은 창업보육센터 입주기업들의 경우에는 홍보를 전담하는 직원도 없는 실정이다. 또한 언론을 통한 홍보의 중요성은 인식하고 있지만, 언론에 부탁을 해야 한다고 생각하거나 많은 돈 혹은 든든한 인맥이 있어야 가능하다는 생각을 하고 있다. 하지만, 많은 언론관계자들을 만나보면 기사거리가 될 만한 정보에 목말라 하고 있으며, 좋은 기사거리를 늘 원한다는 것을 알 수 있다.

필자가 1998년부터 창업분야에서 일한 경험을 토대로 언론을 활용한 홍보방법을 제시하면 다음과 같다. 사실, 일부 벤처기업들 중에는 언론에 기사 외의 다른 수단으로 접근하는 경우가 많은데 그것은 잘못된 것이며 평생 동안 함께 갈 좋은 친구를 사귄다는 마음으로 언론에 접근하는 것이 좋을 것이다.

① 언론에게는 좋은 기사를 준다는 생각을 가져야 한다. 일시적인 목적을 달성하기 위해 과장되거나 사실과 다른 자료를 언론에 보냈

을 때에는 장기적으로 창업기업의 신뢰에 큰 손실을 감수해야 함을 생각해야 한다.

② 회사에서 신제품 및 신기술을 개발했거나 새로운 경영성과가 있을 때에는 보도자료를 작성하여 언론에 메일로 발송하면 된다. 이런 것도 보도가 되겠나 하는 부정적인 생각보다는 기자의 입장에서 판단할 수 있도록 맡기면 되는 것이다.

③ 창업기업의 사회적 책임을 생각하고, 이윤추구 외 사회적 활동에 적극 참여한다. 요즈음 많은 벤처기업에서도 공익적 활동에 적극적으로 참여함으로써 자사의 인지도 혹은 신뢰성을 높이고 있는 실정이며, 그렇게 함으로써 자연스럽게 언론에 노출될 수 있을 것이다.

④ 인터넷언론을 효과적으로 활용하는 것은 매우 중요하다. 현재 국내에는 종이로 된 신문을 제작하는 언론과 인터넷에서만 존재하는 언론으로 구분할 수 있다. 인터넷언론은 상대적으로 보도될 가능성이 더 높으며, 효과 또한 종이신문을 제작하는 언론사에 비해 결코 떨어지지 않는다. 창업자들은 연합뉴스(www.yonhapnews.co.kr), 뉴스와이어(www.newswire.co.kr), 뉴시스(www.newsis.com), 프레시안(www.pressian.com) 등의 사이트에 접속하여 보도 자료의 배포에 따른 절차 및 비용 등을 확인한 후에 적극 활용하는 것이 필요할 것이다.

⑤ 특정 언론사의 기사가 다음(daum), 네이버(naver), 구글(google), 네이트(nate) 등의 포털 사이트에 등록되는가를 확인해야 한다. 이러한 주요 포털에 기사가 등록되는 언론사가 훨씬 더 홍보 효과가 있다는 것을 생각해야 한다.

⑥ 마지막으로 다양한 언론사들을 체계적으로 정리할 필요가 있는

데, 우선은 신문을 제작하는 언론사와 신문을 제작하지 않는 언론사로 구분해야 한다. 또한 언론사별로 차별적인 특징들을 파악한 후에 어느 언론사에 어떤 방법으로 홍보를 하는 것이 더 효과적인가를 조사하고 분석하는 것도 필요하다.

53. 일자리 정보제공 사이트의 창업

1. 창업아이템의 개요

취업에 대한 경쟁이 어느 때보다 치열한 최근의 상황을 보더라도 구인 및 구직 사이트를 이용하는 사람들은 날로 증가할 것으로 예상된다. 특히 대학을 졸업한 20대의 취업보다는 직장에서 퇴직한 중장년층 혹은 시니어계층의 재취업을 지원할 수 있는 사업은 장기적으로 볼 때에 상당히 유망한 창업아이템이라고 할 수 있다.

중장년층의 경우에는 직장에서의 풍부한 경험과 노하우를 바탕으로 창업에 도전하는 경우도 많지만, 비록 월급이 많지 않더라도 안정적인 일자리에 관심을 갖는 경우가 더 많은 실정이다. 이에 따라 기존의 취업 사이트와는 조금 차별되는 일자리 정보제공 사이트의 창업에 관심을 갖고 준비하는 것이 필요할 것으로 판단된다.

2. 창업성공사례 및 관련 사이트

갬콤(www.gemcom.co.kr)은 작은 웹사이트에서 출발하여 지금은 대구경북지역의 대표적인 구인구직사이트로 성장을 하였다. 개미인력개발(www.gaemi19.com)에서는 남성, 여성, 일용직 인력을 알선하는 창업을 지원하고 있다. 서울특별시 고령자취업알선센터(www.noinjob.or.kr), 대전광역시고령자취업알선센터(www.djsjc.or.kr) 등과 같이 고령자들의 구인구직을 지원하는 웹사이트들이 있는데, 이러한 사이트들의 운영방식과 수익모델들을 벤치마킹하는 것이 필요하다.

3. 창업 준비사항

① 현재 운영 중인 다양한 취업사이트들을 조사하고 분석해야 한다. 취업사이트별로 주요 타겟 시장(target market)이 무엇인지도 조사하고, 어떤 정보들을 어떻게 제공하고 있는가도 분석해야 한다. 즉, 경쟁관계가 될 수 있는 기존 취업사이트들에 대한 심층적 분석을 통해서 기존 취업사이트들의 장점과 단점을 파악하는 것이 선행되어야 할 것이다.

② 창업을 하고 싶은 일자리 정보제공 사이트는 어떤 방식으로 개발하고 어떻게 운영할 것인가를 결정해야 한다. 예를 들어, 단순히 홈페이지 방식으로 운영할 것인가 혹은 옥션, G마켓 등과 같은 경매 사이트들과 같이 누구나 일자리 정보들을 등록할 수 있도록 할 것인가를 고려해야 한다. 또한 스마트폰에서 사용할 수 있도록 앱(app)으로 개발할 것인지 혹은 기존 웹사이트처럼 개발할 것인지도 생각해야 할 것이다.

③ 일자리 정보 외에 부가적으로 어떤 정보들을 제공할 것인가를 결정해야 한다. 투잡스(two jobs) 혹은 창업정보, 자금 및 재테크 정보, 교류모임 정보, 생활 및 건강정보 등 창업자들이 관심을 가질 수 있는 다양한 정보들을 제공하는 것이 접속자의 수를 증가시키는 데 도움이 될 수 있다.

④ 일자리 정보들을 어디에서 어떻게 수집할 것인가를 준비해야 한다. 중장년층에 대한 일자리 정보들은 분명 20~30대의 취업정보들과는 차별되어야 할 것이며, 자료원 또한 그다지 다양하지 못할 것이다.

⑤ 소정의 회비를 납부한 회원들에게 일자리 정보를 어떻게 전송할 것인지를 준비해야 한다. 메일(mail) 및 문자 발송, 카카오톡

(KakaoTalk), 네이버 밴드(band) 등을 활용하여 일자리 정보를 전송할 수도 있고, 다음(Daum) 및 네이버(Naver)의 카페(cafe)를 활용할 수도 있을 것이다. 즉, 홈페이지에서 누구나 무료로 이용할 수 있는 일자리 정보와 소정의 회비를 납부한 회원들이 이용할 수 있는 일자리 정보를 구분시키는 것에 대해서도 결정을 해야 할 것이다.

4. 핵심 성공요소

① 특정 산업의 구인구직사이트 창업과 같이 특화시키고 전문화시키는 창업도 생각할 수 있다. 예를 들어, 뷰티킹(www.beautyking.kr)은 최신 미용분야의 구인구직 정보를 제공하는 사이트로 운영하고 있다. 1~2명의 인력으로 창업을 하는 경우에는 대형 구인구직 사이트와의 경쟁은 불리하기 때문에 한두 가지의 분야로 특화시키는 것이 중요할 것이다.

② 포털보다 전문직에 대한 구인구직 사이트가 많이 검색될 정도로 온라인 구인구직 서비스 시장이 세분화 및 전문화되어가고 있는 추세인데, 직종별, 업종별, 급여수준별, 지역별 등으로 전문화 및 세분화된 구인구직사이트의 개설을 고려하는 것도 필요하다.

③ 구인구직사이트는 유료 혹은 무료로 운영될 수 있는데, 어떤 기능을 유료화하고 어떤 기능을 무료로 운영할 것인가에 대해서는 기존 사이트들을 벤치마킹하는 것이 필요하다.

④ 구직자들을 위한 자격증 과정 및 실무 교육과정을 직접 운영하거나 관련 회사들과 제휴하여 운영하는 것도 고려할 수 있다.

54. 인쇄편의점 및 판촉물 창업

무점포 재택창업으로 시작할 수 있는 인쇄편의점 및 판촉물 창업은 소자본으로 창업이 가능하다는 장점뿐만 아니라 인맥형성이 잘 되어 있는 사람이면 상당한 매출을 올릴 수 있는 창업아이템이라고 할 수 있다. 다만, 컴퓨터와 인터넷 관련 실무지식을 갖추고 있어야 하는데, 카페(cafe), 블로그(blog), 페이스북(facebook) 등을 활용하여 홍보 및 광고를 진행할 수 있어야 한다.

1. 창업아이템의 개요

인쇄편의점 창업은 컴퓨터 1대만 있으면 코렐드로우(CorelDRAW)를 사용하여 명함, 전단지, 카탈로그, 청첩장 등 다양한 인쇄물을 제작해 주는 무점포 재택창업이다. 또한 고객들을 방문할 때에 노트북을 갖고 가서 현장에서 각종 인쇄물을 제작하거나 수정하는 것도 가능하다. 코렐드로우(CorelDRAW)는 다음(Daum) 혹은 네이버(Naver)에서 동영상 강좌를 제공하는 사이트들을 찾아서 배울 수 있으며, 인쇄물을 제작해 줄 수 있는 인쇄소를 사전에 찾아서 사전에 협의해 두는 것이 필요하다.

한편, 판촉물은 판매 촉진을 위해 무료로 제공하는 물품을 말하는데, 넓은 범위에서의 판촉물은 기업판촉물은 물론 각종 모임, 동호회, 홍보용 일반 답례품에서부터 돌잔치 및 회갑잔치 답례품 등을 포함하고 있다. 이러한 판촉물은 인쇄편의점 창업자가 함께 시작할 수 있는 최상의 아이템인데, 2가지의 수익모델(business model)을 갖고 창업을 시작하는 방식이라고 할 수 있다.

2. 성공사례 및 관련 사이트

인쇄편의점 창업의 성공사례로서 광고편의점(cafe.daum.net/CK222)을 창업한 김근홍 대표가 있는데, 작은 점포에서 인쇄편의점 및 판촉물 창업을 함께 진행하고 있다. 또한, 조아기프트(www.joagift.co.kr), 번개애드(www.bungaead.com) 및 기프트섬(www.giftsum.com)에서도 명함, 스티커, 전단지, 봉투, 카탈로그, 빌지/영수증, 청첩장, 초대장 등의 인쇄물 창업자를 위한 무점포 창업을 지원하고 있다.

한편, 판촉물 창업을 지원하는 전문 사이트로는 피알기프트(www.prgift.com), 조아기프트(www.joagift.co.kr), 판촉클럽(www.87club.com), 글로벌기프트(www.87world.co.kr), 행사날(www.hangsanal.com), 기프트섬(www.giftsum.com), 기프트파워(www.giftpower.kr), 판촉물코리아(www.pka.co.kr) 등이 있는데, 일반적으로 판촉물을 판매하는 인터넷쇼핑몰의 경우에는 개발비에 대한 부담은 없고 월 사용료로 5~10만원만 지불하면 누구나 운영을 할 수가 있다.

위에서 살펴본 바와 같이, 인쇄편의점 및 판촉물 창업은 처음에는 오프라인(off-line) 점포창업의 형태로 출발하였으나 지금은 온라인(on-line) 창업의 형태로 점차 발전하고 있다. 이로 인하여 인쇄편의점 및 판촉물 창업은 무점포 재택창업이 가능한 실정이다.

3. 성공요소 및 준비사항

인쇄편의점 및 판촉물 창업의 핵심 성공요소 및 준비사항은 조금 차이가 있기 때문에 별도로 설명하는 것이 필요한데, 인쇄편의점 창업의 핵심 성공요소 및 준비사항은 다음과 같다. 첫째, 우선 집 근처의 점포들을 방문하여 명함을 전달하고 홍보를 하면서 인맥을 형성하는 것이 필요한데, 인쇄물은 일정기간이 지나면 재주문이 발생한다는 장점이 있다.

둘째, 노트북에 각종 인쇄물을 제작할 수 있는 소프트웨어인 코렐드로우(CorelDRAW)를 설치하여 최종 인쇄물의 형태를 고객에게 직접 보여주면서 설명을 하고, 필요하면 즉석에서 수정해 주는 것이 좋다.

셋째, 인쇄편의점은 판촉물 판매와 함께 진행하는 것이 좋다. 신규창업을 할 때에 인쇄물을 주문하는 경우가 많기 때문에 고객을 방문할 때에는 판촉물에 대한 샘플 혹은 자료들을 노트북에 저장하여 갖고 가는 것이 필요하다.

또한, 판촉물 창업의 핵심 성공요소 및 준비사항은 다음과 같다. 첫째, 판촉물 시장은 경쟁이 워낙 치열한 실정이며, 판촉물에 대한 고객들의 반응은 많이 시들해졌다는 것이다. 이에 따라 고객들이 항상 갖고 다니면서 사용하거나 오래 간직할 수 있는 제품의 개발 및 판매가 중요한데, 선물용품 및 판촉물 전시회에 참석하여 살펴보는 것도 도움이 된다. 예를 들어, 부산 벡스코(www.bexco.co.kr)에서는 매년 부산 국제 선물용품 및 판촉물 전시회를 개최하고 있다.

둘째, 판촉물 창업은 독립형 창업보다는 투잡스(two jobs) 형태로 진행하는 것이 좋은데, 수익성과 성장성에 있어서 다른 창업아이템에 비하여 늦다는 단점이 있다. 이에 따라 인쇄편의점과 함께 창업을 하는 것이 좋은데, 조아기프트(주)에서는 월 10만원의 비용으로 판촉물 및 인쇄물 온라인 쇼핑몰을 지원하고 있다.

셋째, 다양한 모임에 가입하여 활동하는 것은 판촉물의 영업에 많은 도움이 될 수 있으며, 기업, 기관 및 단체 등에 우편물을 발송하여 홍보하는 것도 필요하다.

한편, 인쇄편의점 및 판촉물 창업을 무점포 재택창업의 형태로 시작할 때에 공통적으로 준비해야 하는 사항들은 다음과 같다. 첫째,

SNS(Social Networking Service)의 활용이 급속하게 확산되고 있는 실정을 감안하면, 페이스북(facebook) 등을 이용하여 고객들과 인맥을 형성하는 것이 필요하다. 페이스북의 개인 계정을 갖고 있는 경우에는 여러 개의 페이지를 만들 수 있는데, 페이스북 페이지(facebook page)는 회사, 브랜드 및 단체가 자신들의 소식을 공유하고 사람들과 연결할 수 있는 공간이라고 할 수 있다. 개인 프로필과 마찬가지로 페이지도 소식을 게시하거나 이벤트를 열거나 앱을 추가하는 등 다양한 활동을 통해 자유롭게 활용할 수 있다. 또한 페이스북 페이지(facebook page)는 개인 프로필과 비슷하지만 비즈니스, 브랜드, 단체를 위한 고유한 도구를 제공하고 있다.

둘째, 전자상거래 사이트를 활용하여 홍보를 하고 제품을 판매하려는 경우에는 옥션(www.auction.co.kr)의 스토어(store), G마켓(www.gmarket.co.kr)의 미니샵(minishop) 등에 입점하는 것을 생각할 수 있다.

셋째, 다음(Daum) 혹은 네이버(Naver)에서 누구나 무료로 개설하여 운영할 수 있는 카페(cafe)를 개설하여 상품을 홍보하고 판매하는 것도 생각해야 한다. 카페(cafe)에서 상품등록게시판 혹은 이니P2P(www.inip2p.com)를 활용하여 기존의 인터넷쇼핑몰과 같이 상품판매가 가능한 전자상거래 사이트의 개발도 카페 내에서 가능한데, 카페에 가입된 회원이 많은 경우에는 기존 전자상거래 사이트 못지않게 상당한 매출을 올리는 것이 가능하다.

넷째, 블로그를 개설하여 홍보하는 것도 매출을 올리는 데 많은 도움이 되는데, 블로그는 다음(Daum), 네이버(Naver), 구글(Google), 이글루스(Ggloos), 고도(Godo), 에이블뉴스(www.ablenews.co.kr) 등에서 개설할 수 있다. 사실, 카페를 만들 수 있으면 블로그를 만드는 것은 너무 쉬운 일이다.

55. 이베이(eBay)를 활용한 무점포 및 재택창업

퇴직 후에 무엇을 할까를 고민하면서 필자가 생각한 것이 바로 이베이(eBay) 창업인데, 컴퓨터 1대만 있으면 사무실도 필요 없이 집에서 창업을 할 수가 있는 장점이 있기 때문이다. 또한 창업자금도 거의 필요가 없으면서, 창업실패로 인한 리스크(risk)가 거의 없다는 측면에서 예비창업자들도 한 번쯤 생각해볼 만한 창업아이템이다.

1. 이베이 창업의 개요

이베이(www.ebay.com)는 세계 최고의 전자상거래 사이트 중의 하나이며, 현재 39개국에 진출하여 약 3억 명이 이용하고 있다. 또한 이베이는 옥션과 G마켓을 인수한 회사이기도 하며, 옥션과 G마켓에서 상품 구매 및 판매를 해본 경험이 있으면 누구나 이베이(eBay)에서 상품판매를 어렵지 않게 시작할 수 있다.

이베이(eBay)에서 상품을 판매하려면 먼저 회원가입을 해야 하는데, 이를 위해서는 가입자 명의의 신용카드(VISA 혹은 MASTER)를 등록하고 인증을 받아야 한다. 또한 영어로 상품설명을 등록해야 하며, 고객의 문의사항에 대해서도 역시 영어로 답변을 해야 한다. 이로 인해 초보창업자들의 경우에는 영어에 대한 두려움과 거부감을 갖고 있는 경우가 많은데, 사실 중학생 수준의 영어실력이면 충분하다.

또한, 뉴비즈니스연구소(cafe.daum.net/isoho2jobs)의 [이베이♤아마존♤알리바바♤쇼핑몰♤옥션♤G마켓] 게시판에는 외국고객이 이메일로 문의를 해 올 때에 어떻게 답변을 하면 되는가에 대한 영어 문장들이 "영어를 못해도 이베이 판매가 가능하다?"의 글에 정리되어 있다. 또한 구글 번역(translate.google.co.kr)을 활용하면 한글을 영어로 자동 번역해 주기 때문에 영어를 잘 몰라도 이베이에서의 상품등록 및 판매가 어렵지 않다.

2. 창업사례 및 관련 사이트의 방문

이베이(eBay)에서 상품 판매를 하고 싶은 예비창업자들은 먼저 이베이에서 상품을 판매하고 있는 창업자들이 운영하고 있는 스토어(store)를 방문하여 살펴보는 것이 필요한데, 스토어(store)를 찾는 방법은 아래와 같다.

① 이베이(www.ebay.com)에서 [search] 버튼 옆에 있는 advanced를 클릭한다.

② Advanced search에서 Find Stores를 클릭한다.

③ Enter Store name or keywords에서 스토어 이름을 입력하고 [search]를 클릭한다.

④ 스토어(store) 이름을 잘 모르는 경우에는 다음과 같은 방법으로 찾으면 된다. 이베이(eBay)에서 관심 있는 상품의 키워드를 검색한 후에 특정 상품명을 클릭하게 되면 나타나는 상품 페이지에서 Visit store 옆에 있는 대문 모양의 스토어 아이콘(Store Icon)을 클릭하면, 판매자의 스토어(store)를 방문할 수 있다. 이를 통하여 판매자들이 어떤 상품들을 판매하고 있는가를 살펴볼 수 있으며, 신규 창업자가 향후 판매하려고 하는 상품을 결정하는 데 필요한 정보들을 얻을 수 있다.

요약하면, 이베이를 방문하여 많은 창업자들이 어떤 종류의 상품들을 판매하고 있는가에 대해 검색한 후에 살펴보면서 성공한 창업자들을 벤치마킹(benchmarking)을 하는 것은 매우 중요하다.

3. 핵심 성공요소 및 준비사항

① 이베이(eBay) 창업은 국내 오픈마켓(open market) 창업과 비교해 보면, 상품설명을 영어로 한다는 점 외에 특별히 다른 점이 없다. 따라서 국내 오픈마켓 창업의 핵심 성공요소 및 준비사항을 그대로 따라하면 된다.

② 창업자의 개인 상점이라고 할 수 있는 스토어(store)를 운영하면서 동시에 외국어로 제작된 인터넷쇼핑몰 및 커뮤니티 사이트의 운영을 고려할 수 있다. 아울러, 페이스북(www.facebook.com), 트위터(twitter.com) 등과 같은 소셜 네트워트 사이트들을 활용하여 홍보할 수도 있다.

③ 신용카드가 있어야 이베이(eBay) 사이트의 회원가입 및 상품판매가 가능하며, 신용카드 1개에 이베이 아이디 1개를 만들 수 있다. 일반적으로 이베이 창업자들은 여러 개의 아이디를 갖고 상품판매를 하고 있는 실정인데, 이것은 이베이에서의 회원정지 및 판매중지에 대처하기 위한 방법 중의 하나이다.

④ 국내 최초로 이베이(eBay) 서적인 '이베이에서 10억 벌기'를 집필한 조유신의 카페(cafe.daum.net/eabysellerschool) 및 '이베이 창업 & 운영 가이드'를 집필한 권영설의 카페(cafe.naver.com/sellebay)에 가입하여 활동하는 것도 이베이 창업으로 성공하는 데 많은 도움이 될 것이다. 이 외에도 다음(Daum)과 네이버(Naver)의 카페(cafe)에서 찾아보면, 이베이 창업자들을 위한 교류모임 및 교육 등에 대한 정보들을 수집할 수 있다.

⑤ 이베이(eBay) 창업은 두 가지의 관점에서 생각할 수 있는데, 첫 번째는 창업자가 상품을 도매가격으로 구매한 후에 이베이에 상품을 등록하여 직접 판매하는 방법이다. 두 번째는 지역 기업들이 생산한 제품을 전 세계 고객들을 대상으로 판매를 대행하는 창업도 가능하다. 판매대행의 경우에는 첫 번째 방법에 비하여 수익은 적지만, 무일푼으로 창업이 가능하다는 장점 외에도 다양한 기업들과의 교류와 협력을 통해 새로운 수익사업을 전개할 수 있다는 장점이 있다.

4. 이베이 창업의 기본적인 절차

위에서 이베이 창업자가 알아야 하는 기본적인 사항들에 대해 설명을 하였는데, 이베이 창업을 하겠다고 결심을 했다면 아래의 순서대로 진행하면 된다.

① 이베이 창업책을 구입하여 공부를 한 후에 이베이에 회원가입을 한다.

② 한 달 정도는 하루에 상품 2~3개를 직접 등록해 보면서, 이베이 사이트의 맨 아래에 있는 [Site Map]도 클릭하여 살펴보는 것이 필요하다. [Site Map]에는 구매자 혹은 판매자가 알아야 하고 또한 활용해야 하는 이베이의 여러 기능 혹은 메뉴들이 정리되어 있다.

③ 상품 판매에 대한 경험이 쌓였다고 판단이 되면, 창업자의 개인 상점이라고 할 수 있는 스토어(store)를 개설하는 것이 좋은데, 한 달에 $19.95를 납부해야 하는 Basic Store를 구입하면 충분하다.

④ 스토어(store)의 운영 시점에서는 이베이에서의 광고상품 및 매출을 올릴 수 있는 전략 등에 대해서도 공부를 해야 하는데, 이러한 것들을 이베이 창업자들의 교류모임에서 배우는 것이 더 효과적

이다.

⑤ 이베이에서 장기적으로 상품을 판매하기 위해서는 창업자가 거주하고 있는 지역의 제조기업 및 도매상에 대한 정보를 관리해야 하는데, 안정적으로 제품을 공급받을 수 있도록 계약을 체결하는 것도 고려할 수 있다.

56. 온라인교육 창업

1. 창업아이템의 개요

컴퓨터와 인터넷을 활용한 온라인교육(online education)은 그 분야가 매우 다양하며, 온라인을 활용한 교육방법 또한 매우 다양하게 진행이 되고 있다. 다만, 온라인교육 창업을 준비하고 있는 중장년층 창업자들은 특정 분야에서 전문적인 지식을 보유하고 있다면 얼마든지 창업이 가능하다. 한편, 온라인교육은 다른 제품의 판매를 위한 수단으로도 활용될 수 있는데, 예를 들어 천연비누를 만드는 재료를 판매하기 위하여 비누를 만드는 방법에 대한 온라인교육을 진행할 수 있다. 인터넷쇼핑몰 혹은 오픈마켓(open market)에서도 온라인교육과 더불어 상품의 판매를 동시에 진행할 수 있을 것이다.

2. 온라인교육의 방법 및 성공사례

창업자들이 온라인교육 창업을 할 수 있는 방법을 살펴보면 다음과 같이 4가지로 세분할 수 있다.

① 국내 최초로 이베이(eBay)책을 집필한 조유신씨의 경우에는 인터넷 채팅(chatting) 기능을 활용하여 이베이(eBay)에 대한 강의를 진행하기도 하였다. 또한 이러한 온라인교육은 동영상(UCC)으로 제작하여 진행할 수도 있는데, 제작된 동영상(UCC)을 카페(cafe)에 등록한 후에 교육비를 납부한 사람들만 동영상(UCC)을 볼 수 있도록 '읽기' 권한을 설정할 수 있다.

② 웹캠(Web Cam)을 사용하면, 전국적으로 많은 창업자들에게 실시간 화상강의가 가능하다는 장점이 있다. 예를 들어, 대성 스카이프(skype.daesung.com)에서 스카이프를 다운받아 설치한 후에 웹캠(Web Cam)만 설치하면 영상통화가 가능하며, 이것을 활용하여 전국적인 화상강의로 활용할 수 있다는 것이다.

③ 오캠(oCam)과 USB마이크를 활용하면 컴퓨터 모니터에서 실행되는 모든 콘텐츠와 강사의 목소리를 동영상으로 제작할 수 있는데, 유료가 가능한 다양한 동영상 강좌를 개발할 수도 있다. 실제로 저자가 오캠(oCam)과 USB마이크를 활용하여 2개의 동영상 강좌를 진행해 보았는데, 5분 정도만 배우면 누구나 자신의 전문지식을 활용하여 동영상 강좌를 제작할 수 있는 장점이 있다.

④ 다양한 IT교육을 인터넷환경에서 진행하고 수강료를 받는 온라인교육 창업도 가능한데, 컴퓨터관련 자격증(정보처리 기능사·기사·산업기사, 워드프로세서, 컴퓨터활용능력평가, 컴퓨터그래픽스운용기능사, ITQ자격증, MOS, PC정비사 등) 및 IT기술(CG, C, C++, ASP, PHP, 데이터베이스 등)로 구분하여 창업할 수도 있다. 또한 취업을 할 때에 컴퓨터 관련 자격증의 취득은 매우 중요하며, 직장인 및 예비창업자들도 컴퓨터와 인터넷 교육에 관심이 많은 실정이다. 이에 따라 컴퓨터 온라인교육 창업은 꾸준히 성장할 것으로 전망되는 분야이다. 예를 들어, IB컴퓨터교육닷컴(www.ib96.com)에서는 컴퓨터관련 자격증과 IT기술 분야에서 400여 강좌를 제작하여 다양한 방식의 창업을 지원하고 있다. 에듀펜(www.edupen.com), 씨스꿀(www.cscul.com) 등에서도 다양한 컴퓨터 교육을 진행하고 있으며, 신규 창업자들은 이러한 사이트들을 벤치마킹하는 것이 필요하다.

3. 온라인교육 창업의 고려사항

온라인교육 창업을 계획하고 준비할 때에 고려해야 할 사항은 다음과 같다.

① 어떤 분야의 온라인교육을 개발하여 창업할 것인가를 결정해야 하는데, 이것은 목표고객(target market)에 따라 달라지게 될 것이다. 예를 들어, 초·중·고등학생이 주요 목표고객인지, 대학생이 주요 고객인지 혹은 직장인 및 주부들이 주요 고객인지에 따라 온라인교육의 분야는 분명 달라지게 될 것이다. 만약에 목표고객이 대학생 혹은 직장인이라면 휴넷(www.hunet.co.kr)을 벤치마킹하는 것도 도움이 될 것이다.

② 해당 고객들이 선호하는 온라인 교육방법을 선택하는 것이 필요하다. 동영상(UCC) 강좌와 웹캠(Web Cam) 강좌는 장점과 단점이 있으며, 고객들의 특성을 고려하여 한 가지를 선택하거나 동시에 진행할 수도 있다. 또한 요즈음은 스마트폰을 활용하여 동영상 강좌를 수강할 수 있도록 개발하는 것도 좋을 것이다.

③ 온라인교육을 위한 콘텐츠는 텍스트(text), 이미지(image), 멀티미디어(multimedia) 형태로 제작할 수 있는데, 온라인교육의 목적에 따라 하나를 선택 혹은 혼합하여 제작할 수 있을 것이다. 이것도 목표고객 및 과목에 따라 차이가 있을 것이다.

④ 어떻게 홍보할 것인가를 계획해야 하는데, 온라인과 오프라인에서 홍보가 가능할 것이다. 특히 다음(Daum)과 네이버(Naver)에서 카페(cafe)를 개설하여 커뮤니티를 구축하고 필요에 따라 홈페이지를 운영하는 것도 필요하다. 또한 페이스북(facebook), 구글플러스(Google plus) 등과 같은 SNS를 활용하여 홍보하는 것도 효과가 있을 것이다.

⑤ 초보 창업자들이 동영상 강좌를 제작할 수 있는 간단한 방법은 삼각대 위에 캠코더(camcorder)를 올려놓고 리모컨으로 캠코더를 조작하면서 동영상(UCC) 강좌를 제작하는 것인데, 용량이 클 때에는 다음 팟인코더(Daum PotEncoder)를 사용하여 용량을 줄이면 된다.

4. 온라인교육 창업의 준비

온라인교육은 그것이 어떤 분야이든 컴퓨터와 인터넷을 활용한 창업이기 때문에 창업자 자신이 먼저 컴퓨터와 인터넷을 효과적으로 활용할 수 있어야 할 것이다.

① 다음(Daum)과 네이버(Naver)에서 카페(cafe)를 개설하여 운영해 보는 것이 필요한데, 특정 분야에 관심이 있는 커뮤니티의 운영에 대한 경험과 노하우를 쌓는 것이 필요하다. 즉, 카페(cafe)에서 어떤 메뉴를 사용하는 것이 필요한가도 배워야 하며, 포토샵을 활용하여 카페(cafe)를 꾸미는 것도 알아야 한다. 또한 카페(cafe)에 회원을 많이 가입시키기 위해 어떻게 해야 하는지도 공부해야 한다.

② 온라인교육 사이트를 직접 만들어서 운영하려면, HTML과 포토샵에 대한 전문적인 지식도 있어야 하며, 동영상(UCC)의 제작에 필요한 실무지식도 필요하다. 창업자들이 동영상을 가장 쉽게 제작할 수 있는 프로그램으로는 무비메이커(Windows Movie Maker)가 있는데, 3시간 정도만 배우면 동영상 제작을 어려움 없이 할 수 있다.

③ 페이스북(facebook), 구글플러스(Google plus), 트위터(twitter) 등과 같은 다양한 SNS를 실제로 운영해 보는 것이 필요한데, 요즈음 많은 사람들은 스마트폰을 이용하여 SNS를 활용하고 있는 실정이다. 따라서, SNS에서 많은 사람들과 교류하면서 창업자의 온라인교육사이트를 자연스럽게 홍보하는 것도 가능할 것이다.

57. 숍인숍(Shop in Shop) 창업

1. 창업아이템의 개요

요즈음처럼 경기전망이 불투명할 경우에는 많은 자금을 투자하여 창업을 하는 것은 절대 금물인데, 그 대안으로 생각할 수 있는 창업아이템이 바로 숍인숍(shop in shop) 혹은 더부살이 창업이라고 할 수 있다. 즉, 다른 사람의 점포 혹은 전자상거래 사이트를 활용하여 창업을 하는 것을 말한다. 또한 숍인숍 창업에서는 수익이 발생하는 경우 점포주에게 일정 비율을 주거나 일정 금액을 월세의 형식으로 지불할 수도 있다.

한편, 숍인숍 창업은 점포 내 혹은 점포 밖의 공간을 사용하게 되는데, 점포 밖의 공간을 사용할 경우에는 제품의 관리 및 보안에 신경을 써야 한다. 일반적으로 숍인숍 창업의 장점은 다음과 같다.

① 별도의 점포가 필요 없다.

② 창업비용이 상대적으로 저렴하다.

③ 창업실패로 인한 위험(risk)이 상대적으로 낮다.

④ 투잡스(two jobs) 창업으로 적합한 분야이다.

⑤ 본격적인 독립형 창업의 전단계로서 경험과 노하우를 쌓을 수 있다.

⑥ 오프라인(off-line) 점포뿐만 아니라 온라인(on-line) 점포들도 함께 활용하여 상품을 판매할 수 있어서 최소의 창업자금으로 최대의 효과를 볼 수 있다.

2. 창업성공사례 및 관련 사이트

숍인숍 창업으로 적합한 창업아이템들은 다음과 같은데, 점포의 크기와 성격에 따라 다양한 상품을 입점하여 판매할 수 있다. 그렇기 때문에 굳이 아래의 아이템에 한정하지 말고, 먼저 기존 점포에서 판매하고 있는 상품의 성격부터 파악하는 것이 필요하다.

① 자판기(커피 자판기, 물방울 연출 자판기, 디지털사진 인화 자판기 등)

② 비디오(DVD) 대여점

③ 동전 오락기

④ 스티커 사진기

⑤ 미용실 내의 네일아트 창업

⑥ 화장품 전문 매장 내에서의 피부관리샵 창업

⑦ 국내외의 도매상가에서 구입한 상품

⑧ 인터넷 도매사이트(B2B)에서 구입한 상품

⑨ 직접 제조한 상품

⑩ 기타 전문적인 지식이 없어도 판매가 가능한 상품

한편, 크런치오븐(www.crunchoven.co.kr)은 대표적으로 숍인숍 창업을 지원하고 있는 카페 프랜차이즈이며, 보통 4평 이내의 작은 규모의 매장으로 4~5천만원대의 창업비용으로 소자본창업이 가능하다는 장점이 있다. 또한 피자클럽에서도 백화점, 대형마트, 기업형 슈퍼마켓(SSM) 등 중대형 소매점 안에 숍인숍 형태로 점포망을 계속하여 구축하고 있다.

3. 숍인숍 창업의 준비 및 고려사항

창업자들이 숍인숍 창업을 할 때에 고려해야 할 점은 다음과 같다.

① 숍인숍 창업이 가능한 아이템들에 대해 조사를 해야 하는데, 국내

및 해외 도매시장들을 직접 방문하는 것이 필요하다. 국내 도매시장으로는 동대문 시장, 남대문 시장 및 화곡동 도매시장이 있으며, 해외 도매시장으로는 중국의 이우시장, 일본의 오사카 도매시장 등이 있다. 현재 다음(Daum) 및 네이버(Naver)의 창업관련 카페(cafe)들을 검색해 보면 국내 및 해외 도매시장에 대한 탐방 행사를 진행하고 있는 카페들을 찾을 수 있으며, 이러한 카페들의 도매시장 탐방 행사에 참석하는 것은 숍인숍 창업이 가능한 창업 아이템을 발굴하는 데 많은 도움이 될 수 있다.

② 신규창업자의 경우에는 숍인숍 혹은 더부살이 형태로 경험을 쌓은 후에 독립점포로 발전시키는 것이 좋다. 처음부터 무리하게 독립점포로 창업을 하는 경우에 예상치 못한 문제들이 발생하는 경우에 대응력이 떨어질 수 있다는 것이다. 처음에는 창업자가 거주하고 있는 지역의 점포를 선정하여 숍인숍 창업을 진행하는 것이 필요하며, 경험과 노하우가 쌓이면서 독립형 창업 혹은 프랜차이즈 창업으로 발전시킬 수 있을 것이다.

③ 자판기의 경우에는 유행에 민감하면서 수명이 짧을 수 있다는 것을 생각해야 한다. 그렇기 때문에 자판기를 구입하기보다는 임대하여 숍인숍 창업을 진행하는 것도 고려할 수 있다. 요즈음은 커피 자판기의 임대사업이 각광을 받고 있는데, 임대받은 커피 자판기를 외식업소 등에 재임대하여 숍인숍 창업을 하는 것도 가능하다.

④ 하나의 매장보다는 여러 매장에서 숍인숍(shop in shop) 창업을 진행하는 것을 고려할 수 있으며, 이러한 경우에는 상품의 공급에 차질이 없도록 해야 한다. 또한 상품이 판매되고 있는 매장들의 매출 및 고객반응도 정기적으로 점검해야 한다.

⑤ 기존 점포에서 판매하고 있는 상품과 굳이 연계가 되지 않더라도

점포 내로 고객을 많이 유입시킬 수 있는 상품을 개발하는 것이 중요한데, 고객 방문을 증가시켜서 결국 매출 상승으로 이어지기 때문이다. 예를 들어, 휴대폰 매장의 여유 공간을 활용하여 커피 전문점 창업을 하는 것은 윈-윈(WIN-WIN)이 될 수 있다. 마찬가지로 여성의류 전문점 내에 피부관리 혹은 네일아트 전문점을 창업하는 것도 좋을 것이다.

⑥ 전자상거래 사이트를 활용하여 숍인숍 창업을 하는 경우에는 옥션(www.auction.co.kr)의 스토어(store), G마켓(www.gmarket.co.kr)의 미니샵(minishop), 이베이(www.ebay.com)의 스토어(store) 및 인지도가 높은 인터넷쇼핑몰 등에 입점하는 것을 생각할 수 있다. 예를 들어, 인지도가 높은 인터넷쇼핑몰들의 경우에는 랭키닷컴(www.rankey.com)에서 순위정보를 검색하여 쉽게 찾을 수 있다.

4. 숍인숍 창업의 핵심 성공요소

숍인숍 창업으로 성공하기 위해 가장 중요한 5가지는 ① 대중성이 있는 창업아이템의 선정, ② 오프라인(off-line) 및 온라인(on-line) 점포의 조사 및 입점 계약, ③ 지속적인 신상품의 발굴, ④ 홍보 및 광고의 진행, ⑤ 고객관리 및 차별화된 서비스라고 할 수 있다. 여기에서 대중성이 있는 창업아이템이라는 것은 누구나 필요하면서, 누구나 구매를 하고, 또한 누구나 사용하는 제품이라고 할 수 있다.

58. 실내 환경개선 및 청소용역업 창업

특별한 기술이 부족하거나 준비된 창업자금이 많지 않은 경우에는 실내 환경개선 및 청소용역업 창업을 고려할 수 있는데, 건강하고 체력이 뒷받침될 수 있는 창업자들이 도전할 만한 아이템이다. 건강에 관심이 많으면서 청결한 실내 환경을 유지하고 싶은 고객들에게 그 효과를 적극적으로 홍보하는 것이 중요하며, 이를 위해서는 온라인(on-line)과 오프라인(off-line)에서 다양한 매체를 활용하여 홍보와 광고를 진행하는 것이 필요하다.

1. 창업아이템의 개요

먼저, 실내 환경개선 창업은 실내 공간에 존재하는 화학적 오염물질과 생물학적 유해물질을 첨단장비를 기반으로 하는 과학적 시공공정을 통하여 청정공간으로 만들고, 환경 원인의 질병을 예방해 주도록 도와주는 창업아이템이다. 실내 환경개선 창업은 웰빙(well-being)에 대한 관심의 증가에 따라 지속적으로 성장할 것으로 예상되는 창업아이템이다.

이러한 실내 환경개선 혹은 관리 사업은 확실한 소비시장이 있으므로 수익 안정성이 높다는 게 장점이다. 정부가 병원이나 호텔 등 다중시설과 보육시설, 초중고교는 물론이고 사무실까지 실내 공기 질의 개선을 의무화함에 따라 안정적인 수요를 확보할 수 있게 됐다.

한편, 청소용역업은 주로 주택 및 아파트를 대상으로 실내를 깨끗하게 청소해 주는 창업아이템이며, 특별한 기술의 필요 없이 누구나 시작할 수 있다는 장점이 있다. 다만, 아직은 청소를 돈을 주고 대행한다는 것에 대한 관심이 부족하며, 아울러 청소 서비스에 대한 신뢰도 부족한 실정이다. 하지만, 소득수준이 높아지고 고령자들이 늘어나면서 청소 용역업에 대한 수요 또한 점차 증가될 것으로 전망된다.

사실, 실내 환경개선 창업과 청소용역업 창업은 분리하여 진행하기 보다는 함께 진행하면서 홍보하는 것이 고객의 확보 및 매출 증대를 위해 도움이 될 것이다. 다만, 청소용역업의 경우에는 청소 대상을 조금 더 세분하는 것이 필요한데, 주부들이 혼자서는 청소할 수 없는 대상들을 선정하는 것이 중요하다. 예를 들어, 가정에 있는 냉장고, 에어컨, 세탁기, 외벽 및 유리 제품, 침대 등으로 세분하여 홍보를 하는 것이 필요하다.

2. 창업성공사례 및 관련 사이트

실내 환경개선 창업을 도와주는 회사는 반딧불이(www.ezco.co.kr), 바이오미스트(www.biomist.co.kr), 그린닥터(www.dk1004.kr), 닥스리빙클럽(www.daksliving.com) 등이 있는데, 침대, 소파, 카펫 등에 기생하고 있는 알레르기 유발인자인 집먼지 진드기(house dust mite) 제거는 물론 개미, 바퀴 등 생활해충 박멸서비스, 오존을 통한 새집 · 헌집증후군, 냄새제거서비스, 그리고 피톤치드 등의 아로마 케어까지 다양한 환경관리 서비스를 제공하고 있다.

또한, 하이트랩(www.hitrap.net)은 화장실, 하수구, 세면대의 악취를 제거할 수 있는 다양한 제품을 사용하여 현장에서 직접 시공을 하는 창업을 지원하고 있으며, 현대크린세상(www.hd-clean.co.kr)에서는 새집증후군 제거를 위한 청소, 피톤치드(phytoncide) 시공, 광촉매시공 등에 대한 창업을 지원하고 있다.

한편, 그린닥터(www.dk1004.kr)에서는 각종 알레르기 질환, 실내환경 오염원, 새·헌집 증후군을 방제하는 실내환경 관리와 더불어 침대청소, 세탁기청소, 에어컨청소, 비데청소, 주방후드청소, 냉장고청소, 싱크대/하수구 악취차단 등의 청소도 동시에 해 주는 토털 홈케어 창업을 지원하고 있다. 애니크린(anycleancare.co.kr)은 청소 및 소독분야의 창업을 지원하는 생활토탈케어 전문기업이며, 아토제로(atozero.co.kr), 굿모닝(www.bedgood.co.kr), 그린홈(www.greenh.kr)도 다양한 분야의 청소를 대행해 주는 창업을 지원하고 있다.

쿨케어(www.coolcare.co.kr)와 하늘정원(skyno1.co.kr)에서는 세탁기청소, 드림세탁기청소, 침대&소파청소, 비데청소, 에어컨청소, 렌지후드청소, 냉장고청소를 해 주는 창업을 지원하고 있으며, 현대크린세상(www.hd-clean.co.kr)에서는 입주청소, 이사청소, 거주청소 등에 대한 창업을 지원하고 있다. 매경씨앤비(www.adamstone.co.kr), 청우환경(onnaraclean.com), 씨앤에스라이프(www.cnslife.com)에서도 청소를 해 주는 창업자들을 지원하고 있다. 침대청소박사(www.cleanit.co.kr)는 침대 매트리스, 이불, 베개, 천 소파, 카펫 등의 청소를 출장방문 서비스하는 창업아이템이다.

따라서, 실내 환경개선 창업과 청소용역업 창업을 준비하기 위해서는 위에서 언급한 다양한 사례들을 벤치마킹하여 독립형 창업을 하거나 가맹점 창업을 할 수도 있다. 또한 일정 기간 가맹점 창업을 한 후에 독립형 창업으로 전환하는 것도 성공률을 높일 수 있는 좋은 전략이 될 수 있다.

3. 핵심 성공요소 및 준비사항

실내 환경개선 창업과 청소용역업 창업의 성공요소 및 준비사항들은 각각 살펴보는 것이 필요하다. 먼저, 실내 환경개선 창업은 다음과 같은 준비가 필요하다.

① 화학적 오염물질과 생물학적 유해물질에 대해 상세하게 알고 있어야 하며, 고객이 쉽게 이해할 수 있도록 설명할 수 있어야 한다.

② 실내 환경개선은 대부분의 사람들에게는 관심이 부족한 분야인데, 어떻게 관심을 가지도록 할 것인가에 대해 많은 노력과 홍보가 필요하다. 이를 통하여 신규 고객을 창출할 수 있을 것이다.

③ 창업자가 독립적으로 웹사이트를 개설하여 실내 환경개선 전후의 상황에 대해 자세하게 정보를 제공하는 것이 필요하다. 또한 실내 환경개선에 도움이 되는 제품의 판매도 동시에 고려할 수 있다.

④ 노약자, 어린이, 장애인, 임산부 등을 대상으로 하는 차별적인 마케팅이 중요할 것이다.

한편, 청소용역업 창업은 다음과 같은 사항들에 대해 준비하는 것이 필요할 것이다.

① 청소용역업 창업은 앞에서 설명한 실내 환경개선 창업과 연계시켜 함께 진행할 수도 있다. 다만, 비용에 대한 부담을 느끼는 고객들을 위해 집 전체에 대한 청소보다는 부분 청소를 제안할 수도 있을 것이다.

② 토털서비스보다는 몇 가지로 특화하여 수익모델을 개발하는 것이 필요하며, 다른 창업분야와 연계하여 진행하는 것이 효율적이다. 예를 들어, 이사를 도와주는 업체와 연계하여 진행하면 고객을 확보하는 데 도움이 될 수 있다.

③ 싱글 가구 혹은 고령자 가구를 대상으로 홍보를 하거나 맞벌이 부부를 대상으로 집중적인 마케팅을 하는 것도 효과적이다.

59. 손재주를 활용한 소자본 창업아이템(1)

직장에서 퇴직한 창업자들이 집에서 시작할 수 있는 창업아이템 중의 하나가 바로 자신의 손재주를 활용하여 상품을 제작하고 판매하는 것이라고 할 수 있다. 창업자금이 별로 없어도 시작할 수 있으며, 여가 시간을 활용할 수 있다는 점에서 창업자들이 도전해볼 만한 6개의 창업아이템을 두 번으로 나누어서 제시하고자 한다.

1. POP, 폼아트 및 초크아트 창업

(1) 창업아이템의 개요

먼저, 피오피(Point of Purchase), 폼아트(Form Art), 초크아트(Chalk Art)는 주로 여성들이 관심을 갖고 있는 창업아이템인데, 먼저 POP란 우리가 흔히 알고 있는 '예쁜 손 글씨'라고 할 수 있다. 점포에서 매장 홍보로 가장 선호하는 마케팅 방법이며, 시각적 차별성이 필요한 광고물 제작에 많이 사용되고 있다. 폼아트(Form Art)는 스티로폼(styrofoam)에 다양한 색을 입혀 만드는 것으로 소형에서 대형까지 다양하게 활용도가 높기 때문에 찾는 곳이 많다. 집을 장식할 수 있는 팻말에서부터 시계, 달력뿐만 아니라 벽면 전체를 폼아트를 이용해 꾸밀 수 있어 아이디어만 있으면 어디든 적용이 가능하다.

한편, 초크아트(Chalk Art)는 톨페인팅(Tole Painting, 가구나 실생활에 필요한 소품에 그림을 그리는 공예)이라고도 불리며, 유럽과 미국에서는 오래 전부터 일반화된 공예의 한 기법이다. 새로운 것을 만들어 내는 작업은 아니지만 리폼이 유행하면서 초크아트는 새로운 창업아이템으로 급부상하고 있다. 이러한 POP, 폼아트 및 초크아트 분야는 재택창업이 가능하며, 남성도 충분히 창업이 가능한 분야라고 할 수 있다.

(2) 창업성공사례 및 관련 사이트

글나래(cafe.daum.net/popchalk)를 창업한 송해영 대표가 대표적인 성공사례라고 할 수 있으며, 관련 단체로는 국제POP아트협회(cafe.daum.net/popaaa), 한국POP예술협회(cafe.daum.net/glmaruart) 등이 있다.

(3) 핵심 성공요소 및 준비사항

첫째, 지역 상인들과의 인맥형성에 많은 시간을 갖는 것이 필요하며, 출퇴근 때에 열심히 홍보를 하는 것이 필요하다. 홍보를 하는 가장 쉬운 방법은 POP, 폼아트 및 초크아트가 무엇인지를 보여주는 이미지들이 포함된 작은 명함을 제작하여 점포를 방문하여 배포하는 것이라고 할 수 있다. 둘째, 자격증 취득과정의 교육프로그램을 직접 개발하여 강의할 수 있는데, 단체를 설립하게 되면 민간자격증을 발급할 수도 있다. 셋째, 지역 초등, 중등 및 고등학교의 방과 후 수업에 참여할 수 있도록 노력한다. 아울러 지역 복지관, 실업계 고등학교에서 자격증 과정 혹은 창업과정을 운영할 수도 있다.

2. 손자수 및 핸드메이드 창업

(1) 창업아이템의 개요

구제의류 리폼, 각종 수공예 제품, 수제쿠키, 수제다이어리 등 수작업(handmade)을 통해 만들어진 제품을 판매하는 창업 분야를 말한다. 예를 들어, 구제의류 리폼업은 장애인, 모자가정 등이 도전해볼 만한 분야이며, 의류 악세사리, 신발, 모자 등 관련 아이템을 함께 판매하는 것이 좋을 것이다. 이러한 핸드메이드 창업의 경우에는 독특한 아이디어로 하나뿐인 작품을 만드는 것이 중요하며, 제품의 판매와 더불어 제품의 제작에 대한 강좌 개설을 통해 추가적인 수입이 가능하다.

(2) 창업성공사례 및 관련 사이트

전통자수와 특허를 받은 자수법으로 다른 나라와 차별화된 세계 최고의 손자수 기술을 보유하고 있는 이용주 대표가 운영하고 있는 혼자수(blog.naver.com/koartrea)가 대표적인 성공사례이다. 맘스마레(www.mamsmare.com)에서는 유기농 수제쿠키를 생산하여 판매하고 있다. 또한, 핸드메이드(handmade) 분야의 창업을 준비하는 예비창업자들은 한국수공예협회(www.handicraft.co.kr), 고려닥종이공예협회(www.dackjongie.co.kr), 한국생활수공예협회(www.koreaca.or.kr), 한국수공예문화협회(www.koreahca.or.kr) 등에서 필요한 전문분야의 교육을 받고, 민간자격증도 취득할 수 있다.

(3) 핵심 성공요소 및 준비사항

손자수 및 핸드메이드 분야의 창업을 위해서는 아래의 사항들을 생각해야 한다. 첫째, 고객이 돈을 주고 구매할 수 있도록 잘 만들 수 있어야 한다. 둘째, 취미와 창업은 다르며, 창업을 위해서는 최고의 전문가에게 경험과 노하우를 배워야 한다. 셋째, 자신만의 독창성을 확보할 수 있어야 하며, 이를 위해서는 벤치마킹을 자주 하는 것이 중요하다. 넷째, 상품을 만들어서 판매하기보다는 오히려 교육수입이 더 좋을 수도 있다.

3. 퀼트 공예

(1) 창업아이템의 개요

퀼트는 속을 채운 자루, 매트리스, 쿠션, 침대보 등을 뜻하며, 퀼트의 구성은 퀼트 탑(quilt top), 뒷판(backing) 그리고 그 사이의 솜(batting)으로 이루어지며 여러 조각 천을 이어 붙이는 피싱(piecing=patch work), 천 위에 도안을 그려 천을 대고 꿰매 붙인 아플리케 등으로 퀼트 탑을 만든 뒤 그것을 누비는 작업(quiltting)을 뜻한다.

또한 퀼트는 헌 헝겊조각과 색색의 실, 그리고 창의력만 있으면 누구나 할 수 있는 '바느질 예술'이며, 다양한 생활 소품(인형, 쿠션, 베개, 침대커버, 커튼, 벽걸이, 옷, 가방)들을 만들 수 있다. 또한 우리의 전통 문양이나 색채를 살린 퀼트 등은 예술창작으로까지 인정받고 있다.

(2) 창업성공사례 및 관련 사이트

사단법인 한국퀼트공예협회(www.kqca.kr), 한국국제퀼트협회(www.kiqa.co.kr), 사단법인 풀잎문화센터연합회(www.pulib.com), 사단법인 한국생활공예협회(cafe.naver.com/quiltmaeul), 한국종합예술교육협회(cafe.naver.com/koreaartspace) 등의 단체에서 퀼트교육 및 창업에 대한 도움을 받을 수 있다.

(3) 핵심 성공요소 및 준비사항

첫째, 퀼트 공예분야의 창업은 제품 및 재료 판매 수익, 교육 수익으로 구분하여 생각할 수 있으며 병행하는 것이 좋다. 둘째, 아직도 퀼트 공예는 상품을 만드는 데 투입되는 시간과 비용에 비하여 제품의 가격은 높다는 인식이 있는데, 퀼트 공예에 종사하는 사람들이 만든 상품들을 점포 혹은 인터넷쇼핑몰에서 공동 판매하는 것을 추진하는 것이 좋다. 셋째, 주부들이 여가 선용 차원을 넘어 천을 이어 붙이고 바느질을 하는 과정에서 정신적인 치유 효과까지 기대할 수 있으며, 공예의 수준을 넘어 아트(art)의 수준으로 발전시키려는 노력이 필요하다.

60. 손재주를 활용한 소자본 창업아이템(2)

창업자들이 집에서 시작할 수 있는 창업아이템 중의 하나가 바로 자신의 손재주를 활용하여 상품을 제작하고 판매하는 것이라고 할 수 있다. 창업자금이 별로 없어도 시작할 수 있으며, 여가 시간을 활용할 수 있다는 점에서 창업자들이 도전해볼 만한 창업아이템이라고 할 수 있는데, 앞서 설명한 것 외에 3개의 창업아이템을 추가적으로 소개하고자 한다.

1. 천연비누, 아로마 양초 및 슈가크래프트 창업

(1) 창업아이템의 개요

천연비누와 아로마 양초를 직접 만들어서 판매하는 창업아이템이며, 인터넷으로 판매하는 경우에는 점포가 필요가 없다. 무엇인가 만드는 것을 좋아하는 창업자들에게 추천할 수 있는 창업아이템인데, 손재주뿐만 아니라 판매될 수 있는 상품으로 만들고자 하는 노력과 감각이 필요하다. 또한 슈가크래프트(sugar craft)는 슈가파우더를 주재료로 이용하여 반죽을 만들어서 색을 넣어 만드는 설탕 공예의 한 부분이며, 슈가크래프트를 이용하여 슈가케익 등을 만들게 된다.

(2) 창업성공사례 및 관련 사이트

미시우먼(www.missywoman.com)에서는 천연비누와 아로마 양초를 직접 만들 수 있는 다양한 재료를 판매하고 있으며, 천연비누 만들기 교육도 진행하고 있다. 한국수공예평생교육학원(www.sweetorange.co.kr)

에서는 천연비누 및 천연화장품 만들기 교육, 슈가크래프트 자격증 과정을 운영하고 있다.

(3) 핵심 성공요소 및 준비사항

첫째, 민간자격증을 취득하는 것은 고객에게 신뢰를 주는 데 도움이 되는데, 사단법인 평생교육진흥연구회(www.kyoyuk.org)에서 다양한 민간자격증을 취득할 수 있다. 둘째, 고객의 특성을 파악하여 제품을 판매하는 것이 중요하다. 비교적 고가이기 때문에 제품의 구매 이유를 생각하여 적절한 제품을 권하는 것이 판매량을 높일 수 있다. 셋째, 천연비누와 아로마 양초를 판촉물로 홍보하여 판매하는 것도 필요한데, 이 경우에는 카페(cafe)를 만들어서 운영하는 것이 좋다. 넷째, 천연비누와 아로마 양초를 직접 만들어 보는 교육을 진행하는 것이 필요한데, 교육을 통하여 신규 창업자들을 배출할 수도 있다.

2. 압화공예품 제작 창업

(1) 창업아이템의 개요

먼저 압화(押花, pressed flower)는 꽃이나 식물 일부를 말린 후 평면회화로 재탄생시키는 예술작품으로, 생화가 액자 위에서 피어난 듯한 생생한 아름다움이 특징이다. 또한 압화 혹은 압화공예는 수공예의 한 분야로서 꽃을 활용하여 다양한 공예품을 제작하여 판매하는 창업아이템이며, 세상에서 하나뿐인 작품을 만들 수 있다는 장점이 있다.

(2) 창업성공사례 및 관련 사이트

한국압화공예(www.pressflower.org)를 창업한 신혜숙 대표가 대표적인 성공사례이며, 이 외에도 그린팜(www.thegreenfarm.co.kr), 김유희압화갤러리(www.yuhee.co.kr), 예랑(www.frang.co.kr) 등에서는 압화로 만든 다양한 공예품을 판매하고 있으며, 예비창업자들이 직접 방문하여 벤치마킹을 하는 것이 필요하다.

(3) 핵심 성공요소 및 준비사항

첫째, 제품을 만드는 시간과 비용에 비하여 많은 고객들은 창업자가 원하는 만큼의 가격을 지불하지 않으려는 경향이 있다. 따라서 제품의 독창성 및 가치를 높이려는 노력이 필요하다. 둘째, 제품의 판매와 더불어 고객들이 원하는 제품을 직접 만들어 볼 수 있도록 재료를 판매하는 것도 필요하다. 이를 위해서는 제품을 만드는 방법에 대한 동영상(UCC)의 제작이 필요하다. 셋째, 다양한 교육프로그램의 개설과 더불어 민간자격증의 발급을 고려해 볼 수 있으며, 압화공예를 장애인이나 고령자들을 위한 치료과정으로 활용할 수도 있을 것이다.

3. 비즈공예 창업

(1) 창업아이템의 개요

먼저 비즈(beads)란 장신구나 실내 장식 등에 쓰이는 구멍이 뚫린 작은 구슬이나 이와 비슷한 크기의 물체이다. 형태는 구 또는 원통 모양인 것이 많지만 그 밖에도 꽃이나 별 모양을 한 비즈도 있다. 재료로는 유리, 플라스틱, 돌, 보석, 조개, 진주, 뼈 등이 쓰이고 있다. 장식품이나 수공예품, 장난감으로 팔리고 있으며, 옷이나 가방 등에 꿰어 붙이는 장식이나 입체적인 액세서리를 만들 수 있다.

(2) 창업성공사례 및 관련 사이트

박명순씨가 운영하는 공예 세상(cafe.daum.net/handscreft)이 성공사례이며, 카페에서 비즈공예 창업에 필요한 많은 정보를 얻을 수 있다. 또한 사단법인 풀잎문화센터연합회(www.pulib.com), 역곡한국문화센터(www.happyah.org) 등에서는 비즈공예분야의 창업교육을 진행하고 있다.

(3) 핵심 성공요소 및 준비사항

첫째, 손자수 및 핸드메이드 창업에서 언급한 핵심 성공요소 및 준비사항을 참조하면 된다. 모두 수공예라는 공통점이 있기 때문이다. 둘째, 최근 비즈공예 분야의 창업자들이 줄어들고 있는 상황이며, 수익성 또한 좋지 않는 상황이기 때문에 새로운 수익모델을 추가하여 창업을 하는 것이 좋다. 예를 들어, 천연비누, 기념품 및 판촉물 등과 같은 상품을 추가로 개발하는 것이 필요하다. 셋째, 박명순씨와 같이 카페(cafe)를 개설하여 교류하는 것이 필요하며, 회원들의 작품을 공동으로 판매할 수 있는 인터넷쇼핑몰 혹은 옥션, G마켓 등 오픈마켓 내의 스토어(store)의 개설도 고려할 수 있다. 넷째, 비즈공예, 손자수 및 핸드메이드 등의 창업에서 매출을 올리기 위해서는 개인별로 판로를 개척하기보다는 여러 명 혹은 단체가 공동으로 판매를 위해 노력하는 것이 중요할 것이다.

61. 창업사이트의 성과 향상을 위한 키워드 광고

창업기업에서 운영하는 웹사이트, 인터넷쇼핑몰, 카페와 블로그 등을 많은 사람들에게 홍보하거나 접속하도록 하기 위한 가장 효과적인 방법이 바로 키워드 광고라고 할 수 있다. 예를 들어, 네이버(Naver)에서 네티즌들이 '나이키'라는 키워드로 검색을 했을 때에 창업자가 운영하고 있는 나이키 신발을 판매하는 인터넷쇼핑몰이 네이버의 상단에 검색되도록 해야 고객들이 많이 접속을 하게 되며, 상품 구매를 하게 될 것이다.

키워드 광고는 특정 키워드, 즉 검색어의 검색결과에 관련 있는 업체 광고를 게재하는 100% 타겟팅된 맞춤광고 서비스이다. 키워드 광고는 해당 키워드를 검색하는 고객에게만 사이트를 홍보할 수 있어 보다 잠재 구매력이 높은 고객을 자신의 사이트로 이끌어준다. 이러한 키워드 광고는 크게 두 가지 방식으로 설명할 수 있는데, 이와 관련하여 국내 주요 포털사이트에서의 키워드 광고가 자주 변경된다는 것도 알고 있어야 한다.

1. CPC(cost-per-click) 방식 광고

검색이 일어난 후에 노출되는 횟수에 상관없이 고객이 사이트를 클릭했을 때에 비용이 지불되는 방식을 말한다. 즉, 광고주가 원하는 금액만큼 일정 금액을 먼저 예치시킨 다음에 키워드 검색의 결과에 사이트를 노출시키고, 링크되어 있는 사이트를 클릭했을 때에 클릭당 비용을 차감시켜 나가는 방식을 말한다. 오버추어, 구글의 스폰서 링크와 네이버에서 진행하는 클릭초이스(파워링크, 비즈사이트) 등이 CPC 방식의 대표적인 사례들이다.

(1) 오버추어(www.overture.co.kr) 광고

다음(Daum), 네이트(Nate) 등의 포털에서 검색결과 최상단에 노출되는 입찰방식의 광고로서 최상단 노출로 사이트의 신뢰도, 인지도를 높여주며 다수의 방문자를 기대할 수 있다. 이 광고의 장점은 다양한 검색어를 활용함으로써 다양한 고객들을 사이트로 유인시킬 수 있다.

(2) 스폰서 링크

특정 검색어의 검색결과 첫 페이지에 '사이트 제목-사이트 설명' 형식으로 제공되는 광고로 최상단에 위치하며, 검색어별로 최대 5위까지 광고영역을 제공한다. 스폰서 링크는 오버추어(www.overture.co.kr)를 통해 서비스 신청을 하면 된다.

(3) 클릭초이스

통합검색의 결과 첫 페이지에 위치한 비즈사이트 영역에 노출되는 저렴한 키워드샵 상품으로 광고주가 직접 기술한 다양하고 정확한 홍보내용이 최대 3줄까지 반영된다. 게재되는 광고의 수는 키워드에 따라 5개 또는 10개까지 지정되어 있으며, 대표적인 국내 포털광고로는 '네이버-파워링크, 비즈사이트', '다음-프리미엄 링크' 등이 있다.

① 파워링크 : 특정 검색어 검색결과 첫 페이지에 '사이트 제목-사이트 설명' 형식으로 제공되는 광고로 검색결과 상단에 위치하며, 검색어별로 최대 10위까지 광고영역을 제공한다.

② 비즈사이트 : 특정 검색어 검색결과 첫 페이지에 사이트의 부가정보와 함께 보여 주는 광고로 파워링크 아래에 위치하며, 검색어별로 최대 5위까지 광고영역을 제공한다.

2. CPM(cost-per-mile) 방식 광고

일정기간 동안에 진행되는 광고에 대해 고정금액을 정액제로 지정한 후에 노출과 클릭에 상관없이 그 금액만큼만 진행되는 광고 방식을 말한다. 이 광고의 장점은 일정기간 동안 그 금액만 지급하면 그 고정 자리를 유지하므로 특별한 관리가 필요 없다는 점이다. 국내 포털사이트에서 진행되는 광고로는 다음-스페셜 링크가 있다.

[그림 10] 다음 광고

[그림 11] 네이버 광고

한편, 웹사이트 혹은 카페(cafe)의 홍보를 위한 키워드 광고는 다음(Daum)의 첫 화면 맨 아래에 있는 광고안내(☎1566-2100, [그림 10] 참조), 네이버(Naver)의 첫 화면 맨 아래에 있는 광고(☎1588-5896, [그림 11] 참조), 네이트(Nate)의 첫 화면 맨 아래에 있는 키워드 광고문의(☎1599-3401)에서 자세하게 알 수 있다. 사실, 키워드 광고를 처음 시작하려고 하는 경우에는 어떤 키워드 광고를 해야 할지를 잘 모르는데, 그러한 경우에는 전화로 상담을 받는 것이 필요하다. 또한 주요 포털에서 진행하고 있는 키워드 광고정책은 가끔 변경되는 경우가 발생하기 때문에 정기적으로 다음(Daum)의 광고안내, 네이버(Naver)의 광고, 그리고 네이트(Nate)의 키워드 광고문의에 접속하여 광고정책에 어떤 변화가 있는지를 살펴보는 것이 필요하다.

또한 다음(Daum)과 네이트(Nate)가 2011년 6월부터 키워드 광고분야에서 제휴를 하였다(아이뉴스24, 2011.04.14). 이에 따라 창업자의 사이트 주소를 알려주고, 어떤 키워드를 선정하는 것이 좋은지, 한 달에 얼마 정도의 광고비를 책정하는 것이 바람직한지 그리고 제휴 포털 간의 키워드 광고 진행방법 등에 대한 상담을 받는 것이 좋다. 아울러, 정기적으로 키워드 광고 사이트 내의 광고효과 보고서를 살펴봐야 한다. 즉, 개별 키워드별로 노출횟수, 클릭횟수, 클릭률, 평균클릭비용, 총비용을 살펴보면서 특정 키워드 광고를 새롭게 계획해야 할지 혹은 중단해야 할지를 판단해야 한다.

하지만, 아직도 일부 창업자들의 경우에는 그냥 광고대행사에 맡겨서 진행을 하는데, 그렇게 하는 경우에 키워드 광고를 효과적으로 진행하는 방법을 배우기가 어렵다는 문제가 있다. 따라서 처음에는 월 5~10만원부터 시작하고 키워드 광고에 대한 전문지식을 배워가면서 점차 광고비를 늘려가는 것이 좋을 것이다.

한편, 네이버(Naver)에서는 검색광고(searchad.naver.com)의 교육센터에서 온라인 교육 및 오프라인 교육에 대한 자세한 정보들을 제공하고 있으며, 다음(Daum)에서는 검색광고(adnetworks.biz.daum.net)의 교육정보센터에서 온라인 교육 및 오프라인 교육에 대한 정보를 제공하고 있다. 이에 따라 창업자들은 네이버(Naver) 및 다음(Daum)에서 제공하고 있는 정보들을 자세하게 살펴보는 것이 효과적인 키워드 광고의 진행을 위해서 도움이 될 것이다.

☞ 키워드 광고는 창업사이트의 성격이나 추구하는 목표에 따라 달라지는데, 경쟁관계에 있거나 유사한 사이트가 키워드 광고를 어떻게 하고 있는가를 살펴보는 것도 도움이 된다.

☞ 네이버(Naver)에는 지식쇼핑(shopping.naver.com)이라는 독특한 광고상품이 있는데, [입점안내]에서 자세한 내용을 소개하고 있다. 다음(Daum)에는 쇼핑하우(shopping.daum.net)를 운영하고 있는데, 네이버(Naver)의 지식쇼핑과 유사한 방식으로 운영하고 있다. 한편, 네이버 지식쇼핑의 입점과 비용은 아래의 두 가지로 구분할 수 있다.

① CPC (Cost Per Click) 과금 : 네이버 지식쇼핑은 상품구매 의사가 있는 이용자가 브라우징 또는 검색을 통해서 해당 상품을 확인하고, 상품을 클릭하여 입점사의 쇼핑몰로 넘어갈 때마다 일정 금액(클릭당 단가)이 부과된다. 이러한 과금체계를 CPC 과금이라고 하며, CPC 과금은 상품이 등록된 카테고리별로 나누어 차등 적용된다.

② CPS Package 입점 : CPS Package 입점시 매월 고정비와 지식쇼핑을 통한 매출액의 일정 %를 판매수수료로 부과한다. 입점을 하기 위해서는 쇼핑몰을 오픈한 지 6개월 이상되고, 성인용품이나 네이버에서 취급하지 않는 상품을 제외하면 입점이 가능하다.

62. 고객 서비스를 향상시키기 위해 확인해야 할 사항

창업을 하게 되면 제일 먼저 생각해야 할 것이 바로 나의 고객이 누구인가 하는 것이라고 할 수 있다. 즉, '누가 내 고객이 될 것인가?'를 정확하게 이해를 해야 고객에 대해 만족할 만한 서비스를 제공할 수 있다.

아울러, 고객서비스의 시작은 역지사지(易地思之)의 생각에서 시작되어야 한다. 즉, 고객과 나의 처지를 바꾸어서 생각해야 한다는 것이다. 특히 단골고객일수록 그만큼 더 서비스에 신경을 써야 할 것이다. 이것은 창업아이템을 도출할 때에도 마찬가지로 적용이 될 수 있으며, 다음과 같은 5가지 질문을 통해 고객 서비스가 확실히 개선될 수 있을 것이다.

① 고객이 불편하게 생각하는 것이 무엇일까? 예를 들어, 점포에 가지 않아도 고객들이 온라인에서 상품을 보고 구매할 수 있도록 하는 것 혹은 고객의 집까지 직접 배달을 해 주는 것은 바로 고객이 불편하게 생각하는 것을 해결해 주는 서비스라고 할 수 있다.

② 고객을 좀 더 만족시키기 위해 필요한 것은 무엇일까? 택배를 보내고 나면 배달확인 문자를 보내 주는 것은 고객을 좀 더 만족시키기 위한 서비스의 일환이라고 할 수 있다.

③ 어떻게 하면 서비스의 가치(value)를 높일 수 있을까? 모든 고객들에게 공통적으로 제공되는 서비스가 아니라 특별히 나에게만 무료 혹은 할인된 가격에 제공된다고 느끼게 되어야 서비스의 가치

를 높일 수 있다는 것이다.

④ 경쟁기업과 차별되는 서비스는 무엇일까? 와바(www.wabar.co.kr)에서는 명함을 붙인 유리병을 한쪽 벽면에 진열해 두고 다 마신 병맥주의 병뚜껑을 채우도록 하는 차별되는 서비스를 제공하고 있는데, 병뚜껑을 다 채우면 명예의 전당에 오를 수 있는 자격이 주어지고 1년 동안 원하는 안주를 무엇이든 무료로 먹을 수 있도록 해 고객의 재방문을 유도하는 데 효과를 발휘하고 있다.

⑤ 내 점포만이 특별히 제공할 수 있는 서비스는 무엇일까? 아웃백스테이크하우스(www.outback.co.kr)에서는 손님이 계산을 할 때에 계산서에 명언을 하나 써주기도 하고, 말만 잘 하면 집에 올 때에 무료로 몇 개의 빵도 제공해 주는 서비스를 제공하고 있다.

또한 고객이 무엇 때문에 다른 경쟁점포에 가지 않고 내 점포로 올 것인가를 생각해 보면, 고객 서비스 향상을 위한 중요한 정보를 얻을 수 있다. 점포 위치가 이용하기에 편리해서 올 수도 있고, 다른 점포에는 없는 상품을 판매하기 때문에 방문할 수도 있을 것이다. 이러한 점포방문의 동기에 대해 분석을 해 볼 필요가 있는 것이며, 지역 내 고객 대비 지역 외의 고객에 대한 분석도 필요할 것으로 판단된다.

☞ 고객에 대한 서비스를 향상시킬 수 있는 가장 좋은 방법은 바로 창업자 중심적 사고가 아니라 '고객 중심적 사고(Customer-Oriented Thinking)'에서 출발한다는 것을 잊어서는 안 된다. 그렇기 때문에 창업자는 위에서 제시한 5가지의 질문들을 활용하여 어떻게 하면 고객 서비스를 향상시킬 것인가에 대해 고민하고, 계획하고, 또한 실행해야 할 것이다.

63. 매출 향상을 위한 타겟 마케팅과 마케팅 전략

창업을 준비하면서 생각해야 할 점은 바로 누구를 대상으로 어떤 제품을 어떻게 판매할 것인가라고 할 수 있다. 이것을 한 단어로 표현하면 바로 타겟 마케팅(target marketing)이라고 할 수 있다. 즉, 타겟 마케팅은 하나 혹은 그 이상의 세분화된 시장을 선정한 후에 각 세분시장에 맞는 포지셔닝 전략(positioning strategy)과 마케팅 믹스 전략을 수행하는 마케팅 활동을 말한다. 이러한 타겟 마케팅을 제대로 이해하기 위해서는 ① 시장세분화, ② 포지셔닝, ③ 마케팅 믹스전략에 대한 이해가 선행되어야 한다.

첫째, 타겟 마케팅을 하기 위해서는 하나의 큰 시장을 여러 개의 작은 시장으로 세분화하는 작업이 이루어져야 하는데, 이것을 시장 세분화(market segmentation)라고 한다.

둘째, 포지셔닝이라는 용어는 브랜드 이미지와 같은 의미를 지칭하는 것으로 사용되어 왔는데, 포지셔닝이라고 하는 용어가 브랜드 이미지와 다른 점은 전자가 '경쟁 상대'를 의식하고 있다는 점이다. 또한 포지셔닝이란 경쟁상태 내에서의 위치 부여, 소비자의 욕구, 제품 특성 등 세 가지 요소를 통합적으로 고찰함으로써 성립된 개념이며, 포지셔닝 전략은 경쟁사가 소구할 수 없는 독특한 포인트를 어필함과 동시에 그것이 바로 소비자의 욕구와 합치하는 것이고, 그것이 제품의 특성이라는 포인트를 발견하는 것이다.

예를 들어 초콜릿바를 '야근시 출출할 때 먹는 스낵'으로 포지셔닝한 것은 다른 초콜릿바가 어린이층에 타깃을 맞추어 맛을 강조하고 있는데 비해 훨씬 톡특하고 동시에 타깃의 욕구에도 부응한 좋은 예인 것이다. 즉, 포지셔닝이란 한마디로 정의한다면, 적소(適所 : niche＝이미지 지도에 있어서의 최적 장소)의 발견이라 하겠다.

초콜릿바를 판매하는 시장을 어린이, 직장인 등으로 세분한 후에 각 고객에게 적합한 포지셔닝 전략(positioning strategy)을 수행하는 것이 제품의 판매를 위해 중요하다는 것인데, 여러 시장에서 동일한 포지셔닝 전략으로 진행할 때에 비해 그 효과는 큰 차이가 있다,

셋째, 마케팅 믹스전략은 마케팅의 4P인 제품(Product), 가격(Price), 유통(Place), 판매촉진(Promotion)의 4가지 측면에서 그 전략방안을 적절하게 배합하여 수행하는 것이라고 할 수 있다. 즉, 목표시장에 효과적으로 도달하고 창업기업의 성과를 달성하기 위하여 관리하여야 할 통제 가능한 요소들을 통일적이며 합리적으로 배합하여 최적 결합을 결정하는 마케팅 활동이라고 할 수 있다.

한편, 전체 시장을 몇 개의 세분시장으로의 세분화에 따른 마케팅 전략은 다음과 같이 세 가지로 나눌 수 있으며, 판매하는 제품의 특성에 따라 달라질 수 있다.

① 비차별적 마케팅전략(undifferentiated marketing strategy) : 소비자의 공통된 욕구를 하나로 간주하여 이에 부응하는 상품을 취급하는 전략이다.
② 차별적 마케팅전략(differentiated marketing strategy) : 소비자 욕구의 다양화에 발맞춰 소비자 시장을 공통적인 속성을 갖는 세분시장으로 세분화하고, 각 세분시장 계층에 대응하는 마케팅 활동을 전개하는 합리적이고 소비자 지향적인 마케팅 전략이다.

③ 집중적 마케팅전략(concentrated marketing strategy) : 하나 혹은 몇 개의 세분시장에서 다른 점포보다 시장점유율을 높이려고 시도하는 전략이다.

☞ 컴퓨터와 인터넷 시대에 창업자들이 잘못 생각하는 것 중의 하나가 바로 전국 혹은 전 세계의 고객들을 대상으로 상품과 서비스를 판매할 수 있을 것이라고 생각할 수 있다는 것인데, 자금력, 인력 등에서 부족한 창업초기단계에서는 타겟마케팅(target marketing)으로 승부를 해야 한다.

64. 벤치마킹의 개념과 절차

누구나 창업에 성공하고 싶어 하지만, 실제로 성공보다는 실패하는 사람들이 훨씬 더 많다는 것도 사실이다. 사실, 창업을 하기 전에는 기술과 어느 정도의 자금만 있으면 대박을 터트릴 수 있다고 생각하지만, 막상 창업을 하면서 느끼는 것은 모든 것이 예상대로 되지 않는다. 그리고 계획했던 것보다 자금이 더 많이 소요되거나, 개발기간이 더 길어지거나, 시장개척이 제대로 되지 않는 등 차질이 생기는 경우가 한 두 번이 아니라는 것이다.

이러한 차질 혹은 실패를 줄일 수 있는 방법으로 경영학에서 오랜 기간 동안 도입된 것이 바로 벤치마킹(benchmarking)이다. 일반적으로 벤치마킹이란 어느 특정분야에서 우수한 상대를 표적 삼아 자기 기업과의 성과 차이를 비교하고 이를 극복하기 위해 그들의 뛰어난 운영 프로세스 등을 배우면서 부단히 자기혁신을 추구하는 기법이다. 즉, 창업자 자신보다 훨씬 더 뛰어난 상대에게서 배울 것을 찾아서 배우는 것이다.

벤치마킹은 기본적으로 측정 프로세스이나 이러한 측정 프로세스는 결과적으로 상대방의 성과를 비교하는 데만 그치는 것이 아니라, 상대방의 우수한 성과가 어떻게 도출되었는가 하는 방법론적인 노하우까지도 비교대상으로 삼는다. 즉, 벤치마킹 활동의 결과물로는 상대적인 성과의 비교뿐만이 아니라 우수한 성과를 가져오게 된 동인(enabler)도 분석하여 제시되어야 한다.

한편, 창업자의 입장에서 성공한 창업자에 대한 벤치마킹 기법은 대체로 다음과 같은 순서에 의해 진행할 수 있다.

① 적용분야의 선정 : 창업분야, 아이템, 홍보와 광고, 판로개척 등 적용분야를 선정한다.

② 상대의 결정 : 적용분야에서 매우 성공적인 창업자를 선정한다.

③ 정보수집 : 적용분야를 어떻게 수행하고 있는지에 대한 정보를 구체적으로 수집한다.

④ 성과 차이의 확인 및 분석 : 창업자와 성공한 창업자 간에 어떤 차이가 있는가에 대해 구체적으로 비교하고 분석한다.

⑤ 혁신계획의 수립 : 차이를 좁힐 수 있는 혁신계획을 수립하고 점검한다.

⑥ 실행 및 평가 : 혁신계획을 실행하면서 정기적으로 성과를 평가한다.

이러한 벤치마킹 기법은 바로 창업분야에서 매우 효과적으로 활용될 수 있는데, 매우 성공적으로 창업을 한 사람 혹은 창업기업을 조사하여 현재 내가 수행하고 있는 일들과의 차이를 비교함으로써 결과적으로 매우 성공적인 창업자 혹은 기업을 따라가려고 하는 노력이라고 할 수 있다. 즉, 벤치마킹을 통해 성공적인 창업자들이 어떤 측면에서 나와 차이가 있는가를 발견할 수 있으며, 그 차이를 줄이기 위해 어떻게 해야 하는지를 알 수 있다.

☞ 벤치마킹의 핵심은 단순히 모방하고 베끼기가 아니라는 것을 생각해야 한다. 벤치마킹의 결과에 혁신적 차별화가 부가된다면 그것이 바로 창업기업의 경쟁력이라는 것을 생각해야 한다. 초보창업자들에게 벤치마킹은 시행착오를 줄이면서 성공창업이 가능한 기법이다.

65. SNS를 활용한 상품판매

SNS는 홍보와 광고뿐만 아니라 상품판매의 목적으로도 충분히 활용할 수 있는데, SNS 사이트에서 직접 상품판매를 할 수도 있고, SNS를 다른 전자상거래 사이트들과 연계시켜 상품을 판매할 수도 있다.

1. 직접 상품판매가 가능한 SNS

SNS에서 직접 상품을 판매할 수 있는 방법은 아래와 같다.

① 페이스북(www.facebook.com)에서는 판매/구매 그룹을 만들거나 샵 섹션(Shop Section)을 활용하여 상품을 판매할 수 있다.

② 다음(Daum) 및 네이버(Naver) 카페에서는 상품판매게시판을 추가하여 상품판매를 할 수 있는데, 무통장 입금, 실시간 계좌이체, 신용카드 결제가 가능하도록 개발되어 있다.

③ 윅스(wix)에는 온라인 쇼핑몰을 직접 개설하여 상품을 판매할 수 있으며, "eBay eCommerce" 앱을 추가하여 이베이(eBay)에 등록되어 있는 본인의 상품들을 윅스(wix)에서 판매할 수 있다.

④ 스토어팜(storefarm)은 네이버(Naver)가 쇼핑몰과 블로그의 장점을 결합하여 개발한 새로운 쇼핑몰 구축 솔루션이며, 스토어팜 판매자센터(sell.storefarm.naver.com)에서 무료로 개설할 수 있다.

2. 연계 방식에 의한 간접 상품판매가 가능한 SNS

SNS에서 독립적으로 상품을 판매할 수는 없지만, 다양한 외부 사이트를 연계시켜 상품을 판매할 수 있는 방법들은 아래와 같다.

① 블로그(blog)에서 INIP2P와 연계한 상품판매 : INIP2P(www.inip2p.com)는 국내 최초로 개발된 개인간 안전거래 중계 모듈이다. 즉, INIP2P 서비스는 카페와 블로그 등의 개인 웹사이트에서 상품을 판매할 때에 사용할 수 있는 솔루션이며, 신용카드, 계좌이체, 무통장입금의 3가지 지불수단을 활용할 수 있다. 이에 따라 HTML 명령어를 사용할 수 있는 블로그에 상품을 등록한 후에 상품대금은 INIP2P와 연계시켜 결제할 수 있다.

② 유튜브(Youtube)에서 전자상거래 사이트와 연계한 상품판매 : 유튜브에 판매하고자 하는 상품에 대한 홍보 동영상(UCC)을 등록한 후에 코멘트(Comments) 부분에 해당 상품을 판매하는 전자상거래 사이트의 주소를 등록하면 된다. 전자상거래 사이트는 인터넷쇼핑몰뿐만 아니라 옥션의 스토어(store), G마켓의 미니샵(minishop) 등을 활용할 수 있다.

3. SNS를 바라보는 사고의 전환

위의 "27. 창업의 관점에서 생각할 수 있는 SNS의 종류"에서도 언급하였지만, SNS의 정의 및 종류(협의 및 광의의 관점)에는 다양한 관점이 존재한다. 따라서 SNS를 활용한 상품판매도 획일적인 사고에서 벗어나 다양한 방법으로 생각하는 것이 필요하며, 이를 위해서는 다양한 웹사이트들을 SNS 사이트들과 연계시켜 상품을 판매하는 사고의 전환이 필요하다.

66. 경쟁기업에 대한 정보의 수집 및 관리를 위한 7가지 방법

창업시장에는 창업자 외에도 많은 경쟁기업들이 있기 때문에, 평소에 경쟁기업에 대한 정보의 수집 및 관리는 실패하지 않는 창업을 위해서 매우 중요하다고 할 수 있다. 즉, 현재 경쟁자 외에도 잠재적 경쟁자들의 동향에 대해서 조사를 하고 효과적으로 대응할 수 있는 전략계획을 수립하고 진행하는 것은 성공하는 창업을 위해 매우 중요하다. 일반적으로 경쟁기업에 대한 정보를 수집하는 것이 창업정보를 수집하는 것과 특별한 차이가 없다고 생각할 수도 있지만, 경쟁정보의 수집 및 관리의 측면에서 다음의 7가지를 진행할 수 있다.

첫째, 경쟁기업에 대한 언론보도 자료를 검색함으로써 신기술의 개발, 판로개척, 사업방향에 있어서의 주요 변화 등에 대한 정보를 수집할 수가 있다. 사실, 매출이 지속적으로 성장하고 있는 기업의 경우에는 언론에 자주 보도되는데, 언론보도 자료의 조사를 통해 경쟁기업들의 최근 동향 및 미래 사업방향을 파악할 수 있다.

둘째, 경쟁기업의 홈페이지를 방문하는 것이 필요하다. 예를 들어, 인터넷쇼핑몰 창업자라고 하면 경쟁기업의 쇼핑몰에서 어떤 상품이 새롭게 등록이 되었는지, 판매가격은 어떻게 조정이 되었는지, 그리고 어떤 이벤트 활동 혹은 고객서비스를 제공하고 있는지를 쉽게 조사할 수가 있을 것이다.

셋째, 경쟁기업의 제품을 구매하는 소비자들의 의견에 대해서도 조사할 수 있는데, 자사와 비교하여 경쟁점포에 대해 소비지가 어떤 생각을 갖고 있는지를 파악할 수 있다. 이러한 조사를 통해서 경쟁기업의 경쟁력 혹은 특징 등에 대한 정보를 수집할 수 있으며, 자사 제품의 판매를 높일 수 있는 차별적인 마케팅 전략을 수립할 수 있다.

넷째, 경쟁기업의 점포 혹은 가맹점들을 직접 방문함으로써 판매 상품의 변화, 신제품의 개발 혹은 도입, 고객의 점포방문 현황 등을 조사할 수가 있다. 특히 판매되고 있는 상품의 변화 및 차별적인 영업전략에 대해 파악한 후에 대응전략을 수립할 수 있다.

다섯째, 경쟁기업의 제품을 구입해 봄으로써 자사의 제품과 직접 비교해 볼 수 있으며, 경쟁력을 강화시킬 수 있는 전략적 방안도 수립할 수 있다. 또한 제품 자체의 차이뿐만 아니라 제품판매 전략의 차별성에 대해서도 조사할 수 있을 것이다.

여섯째, 경쟁기업에서 상품을 판매하기 위해서 어떻게 홍보하고 광고하고 있는가를 온라인(on-line)과 오프라인(off-line)으로 세분하여 조사하고 분석하는 것이 필요하다. 특히 경쟁적인 상황에 있는 선도적인 기업 혹은 탁월한 실적을 올리고 있는 기업에 대해서 조사함으로써 경쟁력을 확보할 수 있는 벤치마킹의 기회를 갖게 될 것이다.

일곱째, 경쟁기업에 대한 정보의 수집 및 관리와 관련하여 추가적으로 진행할 수 있는 것이 바로 SWOT 분석이다. SWOT는 Strength(강점), Weakness(약점), Opportunities(기회), Threats(위협)의 합성어인데, SWOT분석이란 SWOT를 이용하여 창업기업의 문제를 심층적으로 분석하고 해결방안을 마련하는 것이다. 예를 들어, 경쟁기업과 비교하여 창업자의 내부환경을 Strength(강점)과 Weakness(약점)로 세분하여 분석하고, 외부환경을 Opportunities(기회)와 Threats(위협)로 구분하여 분석할 수 있다. 이러한 SWOT 분석의 결과로 경쟁기업에 비하여 상대적 경쟁력을 확보할 수 있는 방안들을 계획할 수 있을 것이며, SWOT 분석은 정기적으로 진행하는 것이 필요할 것이다.

위에서 제시한 방법들을 활용하여 경쟁기업에 대한 정보를 수집하거나 관리하기 위해서는 먼저 경쟁정보의 중요성을 인식하고 외부 전문가들로 하여금 내부 직원들에 대해 경쟁정보의 관리의 중요성에 대해 교육·훈련시키는 것이 우선 필요할 것이다. 또한 경쟁기업을 지속적으로 관찰함으로써 단순히 경쟁사와의 비교가 아니라 조직적이고 전문적으로 경쟁정보의 데이터베이스(database)를 구축하고 전사적으로 관리하는 것이 필요할 것이다.

요약하면, 창업시장에서 경쟁자는 항상 존재하며 또한 지속적으로 등장하게 되는데, 중요한 것은 경쟁기업 혹은 경쟁점포에 대한 다양한 정보를 지속적으로 수집하고 관리해야 한다는 것이다. 이를 통해서 경쟁적 우위를 확보할 수 있는 다양한 전략적 계획을 수립하고 추진함으로써 창업기업의 지속적인 생존을 보장받을 수 있을 것이다.

67. 고객 만족도에 대한 설문 조사 및 활용

창업을 하면 고객의 만족도에 대해 관심을 가져야 하는데, 고객이 무엇을 원하는지에 대해 폭넓게 이해하기 위해서는 설문, 면담 및 관찰조사 등이 필요하다. 또한 이렇게 얻어진 자료는 통계처리를 함으로써 깊이 있는 분석이 가능하고, 시간에 따른 변화추세도 관찰할 수 있다. 예를 들어, 창업기업이 자사의 제품과 서비스를 이용하는 고객에 대한 통계자료는 다음과 같은 정보를 분석할 수 있는 목적으로 만들 수 있다.

① 고객이 얼마나 만족하는가?

② 고객의 불만 혹은 요구사항이 무엇인가?.

③ 경쟁기업과 비교한 고객의 태도 혹은 선호도는 어떠한가?

④ 고객의 만족도를 높이기 위해서 무엇이 더 개선되어야 하는가?

⑤ 향후 재방문, 추천 혹은 재구매 의사가 있는가?

고객들에 대한 이러한 조사들은 단순히 손가락으로 세어서 그 결과를 확인할 수도 있지만, 제대로 분석되기 위해서는 엑셀(Excel)의 피벗테이블 만들기 기능을 이용하면 충분히 가능할 것이다. 하지만, 장기적인 관점에서의 추세분석 등을 위해서는 SPSS(Statistical Package for the Social Sciences) 패키지를 이용하는 것이 필요할 것이다. SPSS 패키지를 이용하여 고객들에 대한 분석을 실시하는 절차는 다음과 같다.

① 설문지를 만든다. 설문지는 아무리 많아도 10문항 이내로 만들되 복수 응답이 가능하도록 하는 것도 필요하다.

② 설문조사를 실시한다. 설문조사는 가능하면 많은 고객이 참여할 수 있도록 하되, 인구통계학적 특성(성별, 연령, 학력 등)에 따라 골고루 참여할 수 있도록 한다.

③ 엑셀로 코딩을 한다. 통계적 분석을 실시하기 전에 개별 고객들이 응답한 내용들을 엑셀 파일로 만들어야 한다. 한 사람의 응답지에 대해 한 줄로 코딩을 하면 된다.

④ 엑셀의 피벗 테이블 만들기 혹은 SPSS로 분석을 하는데, 빈도분석, 평균값 산출, 인구통계학적 특성(성별, 연령, 학력 등)에 따른 비교 분석이 필요할 것이다.

⑤ 결과를 해석하며, 보고서를 만든다. 설문결과를 보고서로 만들어서 창업기업이 고객의 만족도를 높이고 경쟁력을 강화하는 데 활용할 수 있다.

창업관련 통계는 정기적으로 계속 만들어야 하며, 몇 년간의 결과를 계속 비교해 가면서 고객들의 만족도가 향상될 수 있도록 노력해야 할 것이다. 사실, 외식업을 하면서도 고객의 만족도 혹은 반응에 대해 거의 조사를 하지 않는다면 고객지향적(customer-oriented) 경영이 아니라 창업자 중심의 경영을 하고 있다고 해도 과언이 아닐 것이다.

결론적으로, 창업자가 판매하고 있는 제품과 서비스를 이용하는 고객들을 대상으로 간단한 설문지를 만든 후에 정기적으로 조사를 하고 그 결과를 분석하는 것은 고객의 만족도 및 불만족도를 알아보기 위해 매우 중요하다. 또한 조사결과를 활용하여 향후 어떤 사항들이 개선되어야 하는지도 알 수 있으며, 경쟁기업과 비교하여 경쟁적 우위에 설 수 있는 실행계획을 수립하기 위해서도 유용하게 활용될 수 있다.

☞ 사실, 엑셀이나 SPSS를 몰라도 고객 만족도에 대한 조사는 충분히 가능하며, 중요한 것은 창업기업에서 고객들의 만족도 혹은 불만족도에 대해 지속적으로 조사하고 그 결과를 바탕으로 고객만족도를 향상시킬 수 있도록 꾸준히 노력하는 것이다.

68. 창업기업의 경영성과 관리를 위한 방법

창업기업의 경영자(CEO)가 해야 하는 가장 중요한 업무 중의 하나는 바로 매월 혹은 정기적으로 매출, 매출원가, 경비, 이익을 관리하는 일이라고 할 수 있다. 이를 위해서는 아래 〈표 5〉과 같이 만들어서 수작업으로 관리할 수도 있으며, 엑셀(Excel)과 같은 소프트웨어를 활용하여 관리할 수 있을 것이다.

〈표 5〉 창업기업의 매출, 매출원가, 경비 및 이익의 관리

<table>
<tr><th colspan="3">항 목</th><th>창업
3개월 후</th><th>창업
6개월 후</th><th>창업
9개월 후</th><th>창업
1년 후</th></tr>
<tr><td colspan="3">매출 ①</td><td></td><td></td><td></td><td></td></tr>
<tr><td colspan="3">매출원가 ②</td><td></td><td></td><td></td><td></td></tr>
<tr><td rowspan="11">경비</td><td rowspan="5">점포유지비</td><td>임대료</td><td></td><td></td><td></td><td></td></tr>
<tr><td>관리비</td><td></td><td></td><td></td><td></td></tr>
<tr><td>수도광열비</td><td></td><td></td><td></td><td></td></tr>
<tr><td>통신비</td><td></td><td></td><td></td><td></td></tr>
<tr><td>수선유지비</td><td></td><td></td><td></td><td></td></tr>
<tr><td rowspan="3">인건비</td><td>급여 및 수당</td><td></td><td></td><td></td><td></td></tr>
<tr><td>상여금</td><td></td><td></td><td></td><td></td></tr>
<tr><td>복리후생비</td><td></td><td></td><td></td><td></td></tr>
<tr><td rowspan="3">영업비용</td><td>교제비</td><td></td><td></td><td></td><td></td></tr>
<tr><td>교통비</td><td></td><td></td><td></td><td></td></tr>
<tr><td>운송비 외</td><td></td><td></td><td></td><td></td></tr>
</table>

경비	금융비용	차입금 이자				
		리스, 렌탈료				
	용품대	소모품, 사무용품				
	기타 비용	보험료				
		광고선전비				
		잡비				
	경비 합계 ③					
이익 ①－②－③						

① 매출의 경우에는 주력 상품 혹은 메뉴별로 세분화를 시킬 수 있다. 이를 통해 월별 혹은 계절별로 어떤 상품이 잘 팔리는지 혹은 어떤 상품의 매출이 부진한지를 정확하게 파악할 수 있다.

② 매출원가는 상품을 도매시장에서 구입했을 경우에는 구매원가라고도 할 수 있는데, 구매원가에는 상품의 구매원가뿐만 아니라 상품을 구매하기 위해 소요된 경비도 포함시켜야 한다.

③ 경비의 경우에는 창업의 업종 혹은 아이템에 따라 상당한 차이가 있을 수 있으며, 세금(부가가치세, 소득세 등)도 고려하여 작성할 수 있다.

④ 엑셀(Excel)과 같은 소프트웨어를 활용하여 관리하는 경우에는 항목별로 그래프(graph)를 그려서 추세의 변화도 살펴볼 수 있을 것이다. 그렇게 되면, 거시적인 관점에서 매출, 매출원가, 경비, 이익의 관리가 가능하다.

69. 창업자의 경영능력 향상을 위한 5가지 방법

창업으로 인한 성패에 영향을 미치는 요소는 매우 많지만 가장 중요한 것은 바로 창업자 자신이라고 할 수 있다. 창업하고자 하는 분야에서 필요한 창업이론과 실무지식을 갖추는 것 외에 필요한 것이 있다면 바로 창업자(CEO)로서의 경영능력 향상이라고 할 수 있다. 이를 위해서는 아래와 같은 5가지 분야에서의 노력이 필요할 것이다.

1. 정보수집 및 분석

창업기업의 경영과 관련된 정보를 수집하고 분석하기 위해서는 창업을 지원하는 정부 및 민간사이트에 접속하는 것이 필요하며, 회원가입을 하면 중요한 내용들을 메일로 받을 수 있다. 아울러, 관련 분야의 신문 및 전문지를 구독하는 것 외에 인터넷사이트를 자주 접속하는 것도 좋은 방법이 되는데, 하루에 1~2시간은 새로운 창업 관련 정보를 접하는 데 보내는 것이 좋다.

2. 데이터베이스의 구축

창업자가 보유하고 있는 각종 자료들을 데이터베이스(database)로 구축하여 활용하는 것이 필요하다. 기업관련 자료, 창업동향 자료, 명함 및 연락처 등을 데이터베이스로 구축해야 하는데, 명함의 경우에는 엑셀로 관리하면 매우 편리하다. 엑셀파일로 메일에 보관해 두면 언제든지 필요한 사람의 연락처를 찾을 수 있을 것이다. 창업자는 자신만의 방법으로 중요한 정보들을 데이터베이스화하도록 노력해야 한다.

3. 교육훈련에 참여

창업기업에서의 교육훈련을 보면 주로 직원에 대한 교육을 강조하는 경향이 있는데, 최고경영자로서의 창업자가 많은 교육을 받아야 한다. 창업환경은 신속하게 변하고 있으며, 기술의 라이프 사이클도 매우 짧다. 따라서 창업자는 경영자로서의 능력을 향상시킬 수 있는 다양한 교육훈련 프로그램에 적극 참여해야 한다. 새로운 기술, 새로운 경영혁신 방법 등을 적극 수용하는 자세가 필요할 것이다.

4. 교류 및 벤치마킹

창업자들의 교류모임에 적극 참여하고, 더 낳은 성과를 올리고 있는 기업에 대한 벤치마킹을 통해 창업기업의 기술향상과 더불어 매출증대에도 크게 기여할 수 있다. 그렇게 하기 위해서는 기관 및 단체의 모임에 적극 참여하면서 교류하고 또한 배워야 한다.

5. 언론 및 관공서의 인맥형성

창업기업이 성장하기 위해서는 언론과 관공서의 도움도 많이 필요하며, 평소에 창업관련 업무를 담당하는 기자들과 인맥을 형성해 두는 것도 좋다. 아울러, 창업분야의 업무를 담당하는 공무원들과의 인맥을 통해서도 많은 정보를 접할 수 있다.

70. 창업자가 알아야 하는 국내 및 해외 도매시장

창업자가 직접 상품을 제조하지 않는다면, 결국 도매시장에서 저렴한 가격에 상품을 구매한 후에 창업자의 마진을 더 해서 온라인(on-line) 및 오프라인(off-line)에서 판매를 하게 된다. 아울러 많은 예비창업자들이 유망한 아이템을 찾지 못해서 고민을 하고 있는데, 그것은 국내 및 해외 도매시장을 전혀 방문하지 않는다는 말로도 그 원인을 설명할 수 있다.

아래는 국내의 주요 도매시장, 해외의 주요 도매시장, 그리고 온라인 도매시장을 정리한 것인데, 이러한 도매시장에 대한 구체적인 자료들은 뉴비즈니스연구소(cafe.daum.net/isoho2jobs)에서 확인할 수 있다.

또한 뉴비즈니스연구소(cafe.daum.net/isoho2jobs)의 [도매시장◇자료◇양식] 게시판에는 국내 및 해외 도매시장에 대한 정보들을 무료로 제공하고 있으며, 도매시장을 탐방하기 전에 게시판에 있는 정보들을 살펴보면 좋다. 특히 일본 오사카 도매시장에 대해서는 80여개의 동영상으로 제작되어 있어, 일본 보따리무역에 관심 있는 창업자들에게 많은 도움이 될 것이다.

1. 국내 도매시장

① 동대문 도매시장 : 청계천 주변으로 의류, 신발, 가방, 관련 제품 등을 판매하는 약 30여개의 대형상가로 구성되어 있는 도매시장이다.

② 남대문 도매시장 : 액세서리, 외국수입상품 등을 판매하는 상가들이 밀집되어 있는 곳이며, 서울역에서 걸어서 5분 정도가 소요된다.

③ 화곡동 도매시장 : 서울의 지하철 5호선에 있는 까치산역에서 2분 정도만 걸으면 되는데, 중국상품만 취급하는 도매상가가 260개 정도 밀집되어 있다.

④ 부산 국제시장 및 깡통시장 : 부산역에서 지하철로 세 정거장 거리에 있는 자갈치역에서 내려면 되는데, 일본상품을 판매하는 상가들이 많다.

2. 해외 도매시장

① 일본 오사카 도매시장 : 부산에서 배로 가는데, 5박 6일의 일정으로 60만원 정도가 소요되며, 뉴비즈니스연구소(cafe.daum.net/isoho2jobs)에서는 매월 탐방행사를 진행하고 있다.

② 중국 이우시장 : 이우라이토(www.yiwuraito.com), 에스엠프라자(www.smplaza.co.kr) 등에서 이우시장, 광저우시장에 대한 탐방행사를 진행하고 있다.

3. 온라인 도매시장

① 도매꾹(www.naggama.co.kr)

② 베스트켓(www.bestket.com)

③ 다음(daum), 네이버(naver) 등과 같은 포털에서 도매, 덤핑 등을 검색하면 된다.

71. 중국 및 일본 보따리무역의 준비 사항

최근 창업시장의 동향을 살펴보면, 중국과 일본에서 상품을 구매한 후에 국내시장에서 판매하려는 보따리무역에 대한 관심이 높다고 할 수 있다. 물론 이베이(www.ebay.com)에 상품을 등록하여 전 세계 고객들을 대상으로 판매를 하고 있는 창업자들도 있지만, 이베이는 옥션과 G마켓 등과 같은 국내 오픈마켓에 비해 상품등록이 불편하면서 사소한 일에도 아이디를 정지시키는 등 상품을 판매하기에 상당히 까다롭다.

한편, 중국 및 일본 보따리무역에 관심 있는 예비창업자들이 준비해야 할 사항 및 성공전략을 제시하면 다음과 같다.

① 사업자등록을 해야 한다. 보따리무역도 사업자등록을 해야 하고 부산항구에서 통관을 할 때에 관세(tariff)도 납부해야 한다.

② 외국어(중국어, 일어)를 조금은 알아야 하는데 전혀 모르면 전자사전을 갖고 다니면 된다. 일본의 경우에도 일어를 전혀 몰라도 상품을 구입하는 데 아무런 문제가 없다.

③ 도매상에 출입할 수 있는 멤버십 카드를 발급받아 세일 행사, 할인정보를 항상 관리해야 하는데, 멤버십 카드는 사업자등록이 있어야 발급이 된다.

④ 본인이 관심 있는 상품을 판매하는 매장의 위치와 특성을 파악한다.

⑤ 상품구매와 관련된 각종 경비를 최대한 절감하도록 해야 하는데, 경비가 구매원가에 포함된다는 것을 잊지 말아야 한다.

⑥ 여러 명의 상인들이 상호 협력하면 좋은데, 세일정보도 교환하고

때로는 공동구매를 통해 구매원가를 낮출 수 있다.

⑦ 교통(버스, 지하철) 및 민박 등에 대해 파악해야 하는데, 일본의 경우에는 한국과 교통흐름이 반대라는 것도 생각해야 한다. 예를 들어, 일본 오사카 지역의 지도에 특정 품목을 판매하는 도매상의 위치와 교통이용에 대해 자세하게 메모를 해 두면 좋다.

⑧ 관심품목에 대해 국내시장의 상황에 대해 사전에 조사하는 것이 중요한데, 인터넷쇼핑몰, 오프라인 점포, 백화점 등의 판매 및 가격동향에 대한 시장조사가 선행되어야 한다.

⑨ 중국 및 일본의 브랜드에 대해 공부를 해야 하는데, 국내 소비자들은 어떤 브랜드를 더 선호하는지에 대해 파악을 해야 한다.

⑩ 어디에서 그리고 어떻게 판매할 것인가를 생각해야 하는데, 이것은 어떤 상품을 구매할 것인가 하는 것과도 직결되는 매우 중요한 문제이다.

⑪ 다음과 네이버에서 일본 보따리무역 카페들을 검색한 후에 정기모임에 참석하여 교류를 하는 것이 매우 중요한데, 특히 성공한 창업자들과의 인맥형성은 창업과정 상에 발생할 수 있는 리스크 및 문제들을 예방하는 데에도 많은 도움이 될 수 있다.

⑫ 서울에 있는 동대문 및 남대문 시장, 부산에 있는 국제시장 및 깡통시장에 있는 일본 상품을 판매하고 있는 점포들을 자주 답사하는 것은 창업아이템의 선정을 위해서도 매우 중요하며, 아울러 상인들로부터 도매가격으로 상품을 공급받을 수도 있다.

사실, 많은 예비창업자들은 중국 혹은 일본에 가보지도 않고 무엇을 해야 할지를 모르겠다고 항변한다. 국내의 남대문 시장, 국제시장, 깡통시장에만 가도 해외 상품을 판매하는 매장들이 매우 많으며, 중국과 일본의 아이템에 대한 기본적인 정보들은 충분히 수집할 수 있다.

72. 외식창업에서의 10가지 판매촉진 도구

판매촉진(sales promotion)이란 상품 수요를 증가시키기 위해서 수행하는 모든 활동이라고 할 수 있는데(네이버 백과사전, 100.naver.com), 대체적으로 상품 혹은 서비스에 대한 소비자의 구매 욕구를 자극하기 위한 단기적인 유인 내지는 자극책이라고 할 수 있다. 이러한 판매촉진을 위해 많이 이용하는 방법으로는 추첨, 경품권, 한정시간 할인 등이 있다.

하지만, 상품의 판매촉진 방법들은 창업분야 혹은 창업아이템에 따라 차별적으로 진행될 수 있다. 예를 들어, 외식창업분야에서는 아래와 같은 10가지의 판매촉진도구(sales promotion techniques)들을 차별적으로 활용할 수 있을 것이다(송교수의 맛집경영이야기, blog.naver.com/weely9570).

① 시식 샘플링(sampling) : 메뉴를 고객들에게 알리는 가장 확실한 방법으로 소비자들에게 시식을 제공하는 판촉도구이다.

② 쿠폰(coupon) : 표시된 금액만큼 구매시점에 인하된 가격으로 구매할 수 있음을 보장하는 일종의 증서를 말한다.

③ 리베이트(rebates) 및 리펀드(refund) : 리베이트는 소비자가 레스토랑을 방문했다는 증빙서류를 보내면 일정 기간 후에 구매가격의 일정액을 돌려주는 형태의 판촉이며, 리펀드는 주로 제조업자가 행하는 판촉으로 제품 구매가격의 일부를 구매시점에 소비자에게 현금으로 돌려주는 방식이다.

④ 프리미엄(premiums) : 자사메뉴를 구매한 고객에게 제공하는 추가

적인 인센티브로서 무료로 혹은 매우 저렴한 가격으로 특정 메뉴를 선물, 사은품으로 제공하는 판촉도구이다.

⑤ 광고용 판촉물의 제공 : 외식기업명이나 업소상표명이 들어간 선물을 소비자에게 제공하는 판매촉진 방법으로 주로 사용되는 물품으로는 펜, 수건, 컵 등이 있다.

⑥ 구매시점(point-of-purchase : POP) 촉진 : 외식소비자가 메뉴를 선택하는 시점에 맞추어 수행하는 촉진방법으로서 특정 메뉴에 대한 구매시점 광고, 메뉴의 특별전시나 포스팅(posting) 등을 말한다.

⑦ 콘테스트(contest), 추첨(sweepstake) 및 이벤트(event) : 콘테스트(경연)는 자신의 노력, 기지, 지식을 동원하여 어떤 문제를 해결하여야 보상이 주어지는 것이며, 추첨은 순전히 운에 의해 보상이 결정된다. 최근에는 다양한 이벤트들도 많이 개최되고 있는데, 이벤트는 판매촉진보다 상위 수준의 활동으로 보는 경향도 있다.

⑧ 보너스 팩(bonus packs) : 보너스 팩은 보다 큰 용기에 메뉴제품을 담거나 덤으로 더 많은 수를 패키지 속에 포함시킴으로써 더 많은 양의 제품을 정상가격으로 제공하는 것이다.

⑨ 가격할인(price-off deals) : 가격할인은 소매가격을 일시적으로 인하시키는 형태의 촉진으로서, 일반적으로 메뉴에 할인율이 표시된다.

⑩ 콘티뉴이티(continuity) : 흔히 말하는 마일리지를 말하며, 단골고객 보상이라고도 한다. 계속 구매하는 고객에게 혜택을 주는 제도이며, 자사의 메뉴를 지속적으로 구매하는 충성도가 높은 고객에게 보상을 해 준다는 성격이 강하다. 커피점이나 레스토랑에서 마일리지 제도를 도입하여 인기를 끌고 있는데, 이것이 바로 콘티뉴이티의 일종이다.

73. 점포창업에서의 성공요소

점포를 활용하여 창업을 할 때에 중요한 세 가지는 바로 점포, 판매원, 상품이라고 할 수 있는데, 창업의 육하원칙이서 생각해 보면 점포는 어디서(where)에 해당이 된다. 또한 판매원은 어떻게(how)에 해당하며, 상품은 무엇을(what)에 해당하는 개념이다.

1. 점 포

① 고객을 내점하도록 하는 일이 점포 개발의 최우선적인 일이며, 점포 입구에서부터 점포가 어떤 상품과 서비스를 판매하는지 쉽게 알 수 있도록 하는 것이 필요하다.

② 점포는 들어가 보고 싶은 욕망을 부추기는 것이 중요한데, 요즈음은 상호에서부터 무엇인가 독특하게 하거나 고객의 호기심을 자극시키는 것이 필요하다.

③ 상품의 이미지 콘셉트(concept)에 맞는 매장을 구성하고, 보기 쉽고 선택하기 쉽고 사기 쉬운 매장을 만들어야 한다.

④ 위에서 제시한 3가지 외에 간과해서는 안 될 것이 점포의 위치 즉 점포의 입지라고 할 수 있다. 점포의 입지를 선정하기 위해서는 상권분석이 체계적으로 실시되어야 한다.

2. 판매원

① 판매 이외에도 고객의 목소리에 귀를 기울이는 역할이 중요하다.

② 기분이 좋은 쇼핑을 할 수 있도록 배려해야 하며, 고객이 다시 방

문하도록 하는 것이 중요하다.

③ 단순히 상품을 판매하는 것이 아니라 가치(value)를 주도록 노력해야 하며, 환불, 교환, A/S 등 고객의 사소한 요청에도 기쁜 마음으로 응대해야 한다.

④ 판매원은 직원이 될 수도 있고 창업자 자신이 될 수도 있는데, 중요한 것은 판매원으로서 교육과 훈련을 통해서 얼마나 준비가 되었는가를 확인해야 한다.

3. 상 품

① 점포가 바라는 콘셉트(concept)가 상품에 도입되어 고객에게 전달되고, 고객이 만족감을 형성할 때 상품으로서의 가치를 발휘할 수 있다.

② 점포가 위치한 지역의 상권을 고려한 상품의 구색이 필요하다.

③ 프랜차이즈 형태로 운영되는 점포라고 하더라도 점포의 위치에 따라 많이 팔리는 상품이 다르다는 것인데, 지역 주민들의 소득수준, 성별 및 연령별 분포 등을 고려한 상품의 준비와 진열이 필요하다.

④ 좋은 상품을 개발하기 위해서는 국내 및 해외 도매시장에 대한 탐방은 물론 온라인 도매시장에 대한 검색 및 조사가 필수적이라고 할 수 있다.

☞ 점포창업의 네 번째 성공요소는 서비스(service)인데, 경쟁점포와 비교해서 차별화된 서비스의 제공을 통한 고객 만족을 향상시키면서 신규 고객을 발굴하는 데 많은 노력을 해야 한다.

74. 점포창업에서의 상권분석

점포를 임대하여 창업하는 경우에 가장 중요한 것은 점포의 임대차 계약 전에 반드시 상권분석을 진행하는 것이다. 그런데 아직도 대부분의 창업자들은 주변의 부동산 중개소에 의뢰하여 점포를 선정하고 있는데, 철저한 상권분석이 없는 점포의 선정은 창업실패로 이어질 가능성이 매우 높다는 것을 인식해야 한다.

1. 상권 및 상권분석의 개념

먼저 상권(commercial sphere 혹은 trading area)이란 창업을 함에 있어서 고객이 존재하는 지역적이고, 시간적이고, 공간적인 범위를 말하는데, 쉽게 말하면 실질적으로 구매력을 갖고 있는 고객이 분포되어 있는 지역과 유입되는 유효수요가 존재하는 시간적인 범위라고 할 수 있다. 또한 상권분석(analysis of business district)은 확정된 상권 내의 주민의 속성이 점포가 정한 목표시장의 조건과 합치되는가의 여부를 분석하고 평가하는 것을 말한다.

2. 상권의 종류

상권을 점포를 중심으로 한 거리에 따라 생각하면 크게 다음과 같이 세 가지로 분류할 수 있다. 먼저, 1차 상권은 점포고객의 50~80%를 포함하는 지역으로서, 점포에서 가장 가까우며 고객 밀도가 가장 높다. 점포를 중심으로 500m 이내의 거리로서 걸어서는 5분 이내의 거리를 말한다. 대형 음식점의 경우에는 반경 1km를 1차 상권으로 볼 수 있다.

2차 상권은 점포고객의 15~25%를 포함하는 지역으로, 1차 상권의 외부에 위치하며 고객들은 다소 분산되어 있다. 점포를 중심으로 500~1,000m 이내의 거리로서 걸어서는 5~15분 사이의 거리를 말한다. 또한 3차 상권은 1차, 2차 상권을 제외한 나머지 지역을 말하는데, 점포 고객들은 매우 분산되어 있는 것이 특징이다. 일반적으로 상권분석은 1차 및 2차 상권을 대상으로 진행하면 된다.

3. 상권조사의 주요 항목

점포 계약 전에 진행해야 하는 상권분석은 아래 6가지의 항목을 중심으로 조사를 해야 하며, 이러한 조사를 바탕으로 하여 점포 계약을 할 것인지를 결정해야 한다. 또한 가능하면 한 곳보다는 적어도 2~3곳의 장소를 대상으로 상권조사를 진행한 후에 점포의 위치를 선정하는 것이 최적의 방법이 될 수 있다.

① 통계자료 조사 : 인구수, 세대수, 가족구성원의 수, 주거형태(단독주택, 아파트 등)

② 상권형태 및 규모파악 : 주간상권, 야간상권, 고정상권, 유동상권

③ 통행인구 조사 : 성별, 연령별, 시간대별, 요일별 통행객의 수를 관찰하고, 통행객과 통행성격 및 통행객의 수준을 파악

④ 통행차량 조사 : 통행차량의 수와 어느 시간대에 많이 지나가는지 파악

⑤ 경쟁점포 조사 : 예상되는 경쟁점포와 이용객의 수·계층, 제품의 가격대, 매장구성 장단점을 파악

⑥ 상권의 향후 전망 : 주변 상권의 확대 또는 축소 가능성을 파악하고 대형 접객시설의 개발정보를 수집, 그리고 주변 건물의 신축 또는 철거계획 등을 조사

4. 소상공인 상권정보시스템의 활용

앞에서 언급하였듯이 점포의 입지를 선정하기 위해 반드시 필요한 과정 중에서 가장 중요한 것이 상권을 분석하는 일이며, 상권분석을 통해 얻어지는 결과물에 대한 선택이 점포의 입지선정이다. 이러한 상권분석을 조금 더 효율적으로 진행하기 위해서는 소상공인시장진흥공단에서 운영하고 있는 소상공인 상권정보시스템(sg.kmdc.or.kr)을 먼저 활용한 후에 위에서 제시한 상권조사의 6가지 항목에 대한 조사 및 분석을 추가적으로 진행하는 것이 최적의 점포 입지를 선정하는 절차가 될 수 있다.

75. 점포창업에서의 입지선정

1. 입지선정의 중요성

일반적으로 입지(점포의 위치)라는 것은 점포가 위치한 곳이 창업을 하기에 얼마나 좋은 환경과 조건을 갖추고 있는가를 의미하는 위치적인 측면에서의 조건을 말하는 것인데, 계획하고 있는 사업의 특성과 규모에 따라 입지조건은 달라질 수 있다. 옛말에 '장사는 목이 중요하다'는 말도 있듯이, 입지선정은 특히 점포창업의 경우에 매우 중요하다. 일반적으로 입지에 의한 매출과 영업력에 의한 매출의 비율은 7:3 정도인데, 이것은 입지선정이 점포의 매출에 얼마나 중요한가를 잘 말해주고 있다.

2. 입지선정을 위해 조사해야 할 항목 10가지

점포를 이용하여 창업을 하는 경우에 창업아이템과 입지는 궁합이 맞아야 하는데, 입지를 선정함에 있어서 조사해야 할 내용들은 다음과 같다.

① 잠재력이 있는 소비자가 충분히 존재하고 있는가?
② 창업하고자 하는 업종에 적합한 소비자가 얼마나 존재하는가?
③ 예상되는 고객의 소비성향과 시간대별 유입 정도는 충분한가?
④ 관공서, 금융기관 등의 편의시설들이 충분히 존재하는가?
⑤ 버스, 지하철 등 대중교통이 편리한가?
⑥ 향후 주변 입지의 확대가능성은 있는가?

⑦ 주변 입지의 권리금은 만족할 만한 수준인가?
⑧ 현재 경쟁점포의 정도와 향후 출현가능성은 어느 정도인가?
⑨ 창업하고자 하는 분야와 유사한 업종의 상권이 형성되어 있는가?
⑩ 소비자를 유인할 수 있는 시설들이 존재하는가?

위에서 언급한 10가지의 사항들은 단기간 내에 조사할 수 있는 것은 아니지만 결국 창업자 스스로가 발로 뛰면서 철저하게 현장조사를 해야 한다. 이러한 것들을 조사함에 있어서 적당히 할 수는 없는 것이며, 제3자에게 맡겨서도 안 된다는 것이다.

☞ 창업자가 좋은 입지의 점포를 찾았다고 하더라도 창업자의 자금여력으로는 권리금, 보증금, 월세를 감당할 수가 없어서 다른 곳을 찾을 수밖에 없게 되는 경우가 발생한다. 그러한 경우에는 홍보와 광고를 통해서 입지여건에서의 불리함을 충분히 극복할 수 있을 것인가를 꼼꼼하게 분석하는 것이 필요하다.

☞ 온라인 창업자의 입장에서 점포의 입지를 생각해 보면, 결국 어디에서 판매할 것인가 하는 것이다. 즉, 독립적인 인터넷쇼핑몰을 개설하여 판매할 것인가, 대형 인터넷쇼핑몰에 입점하여 판매할 것인가, 국내 오픈마켓(옥션, G마켓, 11번가 등) 혹은 해외 오픈마켓(이베이 등)에 입점하여 판매할 것인가 등의 관점에서 생각할 수 있을 것이다.

76. SNS를 활용한 소셜커머스 창업

SNS를 활용한 소셜커머스 창업을 성공적으로 진행하기 위해서는 먼저 SNS의 개념 및 종류에 대한 이해가 필요하며, 다음으로 소셜커머스 창업에서 SNS의 효과적인 활용에 대한 실무지식도 필요하다. 컴퓨터와 인터넷 그리고 SNS를 평소에 활용하고 있는 창업자들에게는 창업실패로 인한 리스크(risk)가 별로 없는 유망한 창업아이템이라고 할 수 있다.

1. SNS의 개념 및 종류

SNS는 Social Network Service(소셜 네트워크 서비스)의 약어이며, 온라인에서 다양한 인맥구축을 위한 서비스라고 할 수 있다. 즉, 1인 미디어, 1인 커뮤니티, 정보 공유 등을 포괄하는 개념이며, 참가자가 서로에게 친구를 소개하여, 친구관계를 넓힐 것을 목적으로 개설된 커뮤니티형 웹사이트이다.

이러한 소셜 네트워크 서비스는 창업자의 점포 혹은 인터넷쇼핑몰 등을 홍보하는 데 매우 유용하게 활용될 수 있는데, 창업자가 가입한 소셜 네트워크 서비스뿐만 아니라 다른 사람들이 가입한 소셜 네트워크 서비스를 공동으로 활용하여 창업자가 원하는 다양한 목적의 홍보 서비스를 지원할 수 있다.

한편, SNS의 종류는 다음과 같은데, 이러한 사이트들에 가입하여 효과적인 활용방법을 습득한 후에 어떻게 사용하는 것이 홍보에 도움이 되는지를 습득하는 것이 필요하다. 예를 들어, 트위터(twitter)와 페이스북(facebook)만 해도 제공되는 기능에는 상당한 차이가 있기 때문에 홍보 목적에 따라 다양한 SNS가 차별적으로 활용될 수 있을 것이다.

① 트위터(www.twitter.com)

② 페이스북(www.facebook.com)

③ 미투데이(www.me2day.net)

④ 한국어트위터(www.twtkr.com)

⑤ 구글 플러스(plus.google.com)

2. 소셜커머스 창업의 이해

소셜커머스(social commerce)는 소셜 미디어와 온라인 미디어를 활용하는 전자상거래의 일종이다. 소셜커머스라는 용어는 야후에 의해 2005년에 처음 소개되었으며, 소셜커머스는 크게 소셜 링크형, 소셜 웹형, 공동구매형, 오프라인 연동형의 네 가지로 분류할 수 있다. 2008년에 그루폰(www.groupon.com)이 설립된 이후 전 세계적인 공동구매형 소셜커머스 붐이 일어났다.

현재 소셜커머스는 일종의 공동구매 형태의 인터넷쇼핑몰로 운영되는 것이 대부분인데, 입점 사업자의 경우에는 앞에서 설명한 SNS(소셜네트워크 서비스)를 활용한 입소문 및 홍보가 된다는 장점이 있는 반면에 과도한 할인으로 인해 손실을 자처할 수 있는 단점이 있다는 것을 생각해야 한다. 즉, 소셜커머스 창업을 성공적으로 진행하기 위해서는 다양한 SNS에 대해 이해하고 효과적으로 활용할 수 있는 방법을 알고 있는 것이 매우 중요한데, 다양한 SNS에 가입하여 적어도 6개월 이상 운영하면서 경험을 쌓는 것이 필요하다.

3. 소셜커머스 창업의 성공사례 및 관련 사이트

소셜커머스의 주요 사례를 보면 다음과 같다. 우선 이러한 사이트에 접속하여 소셜커머스가 실제로 어떻게 진행되는가를 살펴보면서 벤치마킹을 하는 것이 필요하다.

① 티켓몬스터(www.ticketmonster.co.kr)

② 위메이크프라이스(www.wemakeprice.com)

③ 쿠팡(www.coupang.com)

④ 그루폰 코리아(www.groupon.kr)

⑤ 다음 소셜 쇼핑(social.shopping.daum.net)

한편, 엔포(nfor.net), 원데이넷(www.onedaynet.co.kr), 해피CGI(www.cgimall.co.kr), 넷퓨(netfu.co.kr), 애니위즈(anywiz.co.kr), 랭크업(www.rankup.co.kr) 등에서는 소셜커머스 솔루션을 개발해 주고 있다. 따라서 창업자들은 위에서 언급한 주요 소셜커머스 사이트에 입점하여 상품을 판매할 수도 있고, 전문업체의 의뢰하여 소셜커머스 사이트를 독립적으로 개발하여 창업할 수도 있다.

4. 소셜커머스 창업의 성공요소 및 준비사항

소셜커머스 창업을 성공적으로 진행하기 위한 핵심 성공요소(critical success factor) 및 준비사항들은 다음과 같다.

① 트위터(twitter), 페이스북(facebook), 구글플러스(google+) 등의 소셜 네트워크 서비스(SNS)를 활용하여 입소문을 내거나 홍보를 해야 하는데, 그렇기 하기 위해서는 다양한 형태의 소셜 네트워크 서비스에 가입하여 활동하는 것이 필요하다. 또한 소셜커머스 사이트에 대한 홍보 및 키워드 광고도 체계적으로 진행해야 하는데, 인터넷쇼핑몰 사이트에 대한 키워드 광고방법을 벤치마킹하면 된다.

② 소셜커머스 사이트를 인터넷쇼핑몰 형태로 개발할 것인가 아니면

경매방식을 도입하여 개발할 것인가를 고려해야 한다. 다양한 사람들이 참여하는 소셜커머스에서는 단순히 상품을 확인하고 구매만 하는 것보다는 경매를 통한 재미있는 쇼핑이 되도록 하는 것도 필요할 것이다.

③ 위에서 언급한 주요 사례를 참고로 하되, 소셜커머스를 특정 분야 혹은 특정 고객으로 한정하여 특화시키고 차별화시키는 것도 고려할 수 있다. 예를 들어, 모든 네티즌들을 대상으로 소셜커머스를 하기보다는 연령, 직업, 소득 등의 기준에 의해 특정 고객만을 대상으로 하는 소셜커머스 창업을 할 수 있다.

한편, 소셜커머스 창업에서 SNS의 효과적인 활용을 위한 준비사항들은 다음과 같은데, 먼저 창업자의 SNS를 활성화시킨 후에 그것을 활용하여 기존 고객 및 잠재 고객들이 창업자의 소셜커머스 사이트를 방문하도록 하는 전략이 중요할 것이다.

① 목표시장(target market)과 일치하는 인맥이 많아야 한다. 예를 들어, 트위터에서는 팔로우의 수가 많아야 하며, 페이스북에서는 친구들이 많아야 한다. 특히 페이스북에서는 페이지(page)를 개설하여 활성화시키는 것이 매우 중요하다는 것을 생각해야 한다.

② 트윗(twit)을 하고 담벼락에 글을 등록하는 시간을 잘 정해야 한다. 목표고객이 소셜 네트워크 서비스의 웹사이트에 많이 접속하는 시간을 예상하여 글을 등록해야 홍보효과가 커지게 된다. 예를 들어, 주부, 직장인, 학생들이 이러한 웹사이트에 접속하는 시간대가 다르다는 것을 인식해야 한다.

③ 홍보 동영상(UCC)을 제작하여 먼저 유튜브(www.youtube.com)에 등록한 후에 트위터와 페이스북 등에도 동시에 등록하여 홍보할

수도 있다.

④ 다양한 소셜 네트워크 서비스(SNS)를 사용하고 있는 사람들이 상호 홍보를 해 주는 것이 좋은데, 다음(Daum) 혹은 네이버(Naver)에 카페(cafe)를 개설하여 서로 홍보를 해 줄 수 있는 사람들을 모집하는 것도 좋을 것이다. 또한, 장기적으로는 소셜 네트워크 서비스(SNS)를 활용한 홍보대행 및 모집지원 창업도 가능할 것이다.

77. 특허를 출원할 때에 유의해야 할 10가지

창업기업이 보유하고 있는 기술 혹은 아이디어를 특허청(www.kipo.go.kr)에 출원할 때에는 아래의 10가지를 유의하는 것이 필요하다.

① 제품 출시 및 논문 발표보다 특허출원이 우선이다. 특허제도는 발명을 공개하는 대가로 특허권을 부여하는 제도이므로 이미 일반에 알려진 발명에 대하여는 특허권을 부여하지 않는다. 그렇기 때문에 개발한 기술을 특허출원 전에 제품 출시 또는 논문 발표 등을 통하여 공개하게 되면 추후에는 특허를 받을 수 없으므로, 공개 이전에 특허출원을 먼저 하는 것이 중요하다.

② 의료행위 발명은 특허 대상이 아니다. 간에 대한 수술방법, 치료방법, 진단방법 등의 의료행위 발명은 산업상 이용가능성이 없는 것이어서 특허의 대상이 아니다. 즉, 의료행위 발명은 특허가 될 수 없지만 의료기기 발명은 특허가 가능하므로 의료기기 발명으로 특허출원을 하면 된다.

③ 특허출원 전에 선행기술 검색은 필수이다. 기술개발에 대한 중복투자 및 연구를 예방하고, 기술개발 동향 파악 및 기술개발 방향 설정을 위하여 연구개발단계 초기에 선행기술 검색은 필수라고 할 수 있다. 특허기술 정보를 검색할 수 있는 곳으로서 무료로 이용할 수 있는 KIPRIS 서비스(www.kipris.or.kr)를 적극 활용하는 것이 필요하며, 변리사의 도움을 받아서 검색해도 될 것이다.

④ 공동발명, 출원 전에 권리관계를 명확히 해야 한다. 특허를 받을

수 있는 권리는 원칙적으로 발명자에게 있으나, 이 권리는 타인에게 양도가 가능하다. 그렇기 때문에 발명을 공동으로 하여 특허를 받아야 하는 경우에는 공동으로 특허출원을 해야 한다.

⑤ 출원명세서를 충실하게 기재하라. 특허출원 명세서는 당업자(當業者, 사업을 직접 경영하는 사람)가 그 명세서에 기재된 내용을 보고 해당 발명을 용이하게 실시할 수 있을 정도로 충실하게 기재한다. 즉, 특허출원 후 당업자가 용이하게 실시할 수 있도록 명세서를 보정하는 것은 허용되지 않으므로, 특허출원 당시에 명세서를 정확하게 기재하는 것이 중요하다고 할 수 있다.

⑥ 우선심사제도를 적극 활용하라. 조기에 특허권을 확보할 필요가 있는 경우에는 우선심사제도를 적극 활용하면 된다. 특허출원의 심사순위는 심사청구 순위에 의하는 것이 원칙이나, 공익 및 발명의 적절한 보호가 필요한 경우 예외적으로 우선적으로 심사할 수 있다.

⑦ 외국에서 특허를 향유하려면 외국에도 출원하라. 특허권의 효력은 각 국가마다 독립적으로 존재하므로(속지주의), 한국에서 획득한 특허는 한국에서만 효력이 있다. 수출을 염두에 두고 설비투자를 하는 경우에는 수출하고자 하는 각 나라에서 독립적으로 특허권을 획득해야 한다.

⑧ 해외출원에도 기한이 있다. 국내에 출원을 하고 1년 이내에 해외출원을 해야만 국내 출원일을 인정받을 수 있고, 국내 출원일로부터 18개월이 지나면 국내출원이 공개되어 해외에 출원하더라도 특허를 받을 수 없는 등 해외출원에도 시간적 제한이 있으므로, 적기에 출원할 수 있도록 해야 한다.

⑨ 정부 지원정책을 적극 활용하라. 특허제도에 대해서 잘 모른다고,

돈이 없다고 특허를 포기하지 말고 좋은 아이디어가 있으면 정부 지원정책을 적극 활용해야 한다. 특허출원이 처음이라면 무료 특허교육 및 상담을 이용하는 것도 좋은 방법이다.

⑩ 특허 출원시 상표 출원도 함께 고려해야 한다. 강력한 브랜드는 소비자들에게 다양한 이미지를 떠올리게 하고 강렬하면서도 호의적인 느낌을 불러일으키는데, 성숙기에 들어선 소비용품 시장에서는 제품의 기능뿐만 아니라 타사 제품과 차별화된 느낌을 주는 브랜드가 제품의 경쟁력이므로 특허출원과 동시에 상표 출원도 함께 고려해야 한다.

78. 점포창업자가 매일 점검해야 할 5가지

점포 창업자가 아침에 출근한 후에 그리고 저녁에 퇴근하기 전에 매일 체크해야 하는 업무가 있는데, 〈표 6〉에 제시된 것과 같이 종업원 점검, 매장점검, 상품점검, 서비스점검, 그리고 최종점검의 5가지로 구분할 수 있다.

하지만, 아직도 많은 점포창업자들의 경우에는 아르바이트 직원에게 점포관리를 맡겨두는 경우가 있고, 창업자는 직원보다 늦게 출근하고 일찍 퇴근하는 경우도 있는데, 이것은 창업자로서 바람직하지 못한 태도라고 할 수 있다.

〈표 6〉 점포창업자의 일일 체크리스트

분 야	평가내용	평가결과
종업원 점검	• 출근시간 준수 여부 • 복장상태 • 잦은 이석 여부 • 친절한 마음가짐 • 고객응대자세 • 문제해결능력 • 고객에 대한 감사마음 • 서비스 정신	수, 우, 미, 양, 가
매장 점검	• 위생관리 • 위험요소 • 냉난방, 조명 작동 여부 • 주요비품, 소모품 정위치 여부	수, 우, 미, 양, 가

상품 점검	• 진열대 정리정돈 여부 • 파손상품 존재 여부 • 상품보충 여부 • 최신상품 구매 여부	수, 우, 미, 양, 가
서비스 점검	• 상냥한 인사 여부 • 교환과 환불 손님에 대한 친절성 • 장애인에 대한 서비스 만족 여부 • 서비스 교육시행 여부	수, 우, 미, 양, 가
최종 점검	• 상품판매 실적 • 전등, 냉난방기 소등 여부 • 매장 정리 · 정돈 여부 • 계산착오 발생 여부	수, 우, 미, 양, 가

자료 : 경기지방중소기업청

☞ 위에서 제시한 5가지 분야 외에 한 가지를 더 추가하면 바로 점포창업자 자신에 대한 점검이라고 할 수 있다. 어쩌면 매일 반복되는 일상이라고도 생각할 수 있지만, 출근을 해서 하루의 업무들을 계획하고, 퇴근하면서 당일 계획된 업무들이 정상적으로 수행되었는지를 점검해야 한다. 아주 간단한 방법 중의 하나는 바로 포스트잇(post-it)을 활용하여 그날 해야 하는 일을 메모를 하는 것이다. 즉, 창업자의 하루는 계획, 실행 그리고 점검(평가)의 순서로 진행되어야 할 것이다.

79. 페이스북(facebook)을 활용한 홍보방법

1. 페이스북에서의 홍보방법

소셜 네트워크 서비스(Social Network Service : SNS) 중에서 가장 많이 사용되고 있는 페이스북을 활용하여 창업자의 점포 혹은 인터넷쇼핑몰 등을 홍보하기 위한 몇 가지 방법을 소개하면 다음과 같다([그림 12] 참조).

[그림 12] 페이스북의 개인 프로필

① 노트(앱)를 설치하여 홍보를 하면 좋은데, 노트(앱)는 일종의 게시판과 같은 기능을 갖고 있어서 다양한 콘텐츠들을 등록할 수 있으며 글의 맨 아래에는 창업자의 카페 주소를 입력하는 것도 가능하다. [그림 12]에서 [더 보기]를 클릭하면, 노트(앱)이 설치되어 있는 것을 확인할 수 있다.

② [이벤트]에서 [이벤트 만들기]를 클릭하여 모임, 교육 및 행사에 대한 정보를 등록할 수 있다.

③ [사진]을 클릭한 후에 사진을 등록할 수 있고, [동영상 올리기]를 활용하여 홍보하고 싶은 내용에 대한 동영상(UCC)을 제작하여 등록할 수 있다.

④ [담벼락]은 일종의 [한 줄 메모장]과 같은 기능을 갖고 있는데, 수시로 홍보할 내용을 등록하면 된다. 다만, 홍보 콘텐츠를 너무 자주 등록하는 것은 오히려 역효과가 날 수 있다는 것을 생각해야 한다.

⑤ 페이스북의 경우에는 5천명까지만 연결할 수 있는데, 더 많은 사람들에게 홍보를 하기 위해서는 추가적으로 페이스북 아이디를 개설하거나 페이스북 페이지(facebook page)를 개설할 수도 있을 것이다.

2. 페이스북 페이지의 개설

페이스북의 개인 계정을 갖고 있는 경우에는 여러 개의 페이지를 만들 수 있는데, 페이스북 페이지(facebook page)는 회사, 브랜드 및 단체가 자신들의 소식을 공유하고 사람들과 연결할 수 있는 공간이라고 할 수 있다. 개인 프로필과 마찬가지로 페이지도 소식을 게시하거나 이벤트를 열거나 앱을 추가하는 등 다양한 활동을 통해 자유롭게 활용할 수 있는데, 페이스북 페이지는 아래와 같이 6가지 유형 중에서 하나를 선택하여 만들 수 있다.

① 매장 또는 장소

② 회사, 기관, 연구소

③ 브랜드 또는 제품

④ 예술가, 밴드, 공인

⑤ 엔터테인먼트

⑥ 비영리, 자선단체

[그림 12]는 페이스북에서 개설한 개인 프로필인데, 이것은 비상업용이며 개별 사용자를 나타낸다. 관심이 있지만 친구를 맺지 않은 사람의 공개 업데이트는 프로필을 팔로우하여 확인할 수 있도록 하고 있다. 하지만, 페이스북 페이지(facebook page)는 개인 프로필과 비슷하지만 비즈니스, 브랜드, 단체를 위한 고유한 도구를 제공하고 있다. 페이지는 개인 프로필을 가진 사람들에 의해 관리되며, 페이지의 "좋아요"를 클릭하면 뉴스피드에서 업데이트를 볼 수 있다. 즉, 페이스북에 등록하는 사용자는 각자 하나의 계정과 로그인 정보를 가지며, 계정마다 개인 프로필 1개가 포함되며 하나의 계정에서 여러 페이지를 만들고 관리할 수 있다. [그림 12]는 개인 프로필에서 2개의 페이스북 페이지를 만들었다는 것을 보여주고 있으며, [페이지 만들기] 메뉴도 확인할 수 있다.

① 맛따라 길따라

② 뉴비즈니스연구소

80. 창업 후 업종을 전환할 때의 고려사항

요즈음 경기 전망이 불투명하고 유행의 변화가 빠르다보니 현재의 업종에서 다른 업종으로 전환을 하려는 창업자들이 많은 실정이다. 아울러 장사가 안 된다는 이유 혹은 경쟁점포가 너무 많아졌다는 이유로 인해 업종전환을 서두르다 보면 오히려 악순환이 계속되는 결과를 맞이할 수도 있다. 그렇기 때문에 업종을 전환하려는 경우에는 다음의 5가지를 신중하게 생각해야 한다.

① 기존 시설을 어느 정도로 활용할 수 있는지를 확인한다. 특히 외식업의 경우에는 인테리어 비용이 가장 큰 부분을 차지하기 때문에, 업종 전환시에도 불필요한 투자를 최대한 줄이는 지혜가 요구된다.

② 자신의 경험과 노하우를 잘 살릴 수 있는 분야인가를 확인한다. 새로운 업종에 뛰어든다는 것은 새로운 모험이라고 할 수 있는데, 단순히 수익성만 쫓는 것은 매우 위험한 일이 되기 때문이다. 이것도 안 되고 저것도 안 되고 해서 자주 바꾸고 나면 또다시 안 되는 경우가 허다하다는 것을 생각하면 좋을 것이다.

③ 적어도 3개월 이상 철저하게 준비하는 것이 중요하다. 전국에서 개최되는 창업박람회 및 교육에 참가하는 것은 물론 중국, 일본 등 해외창업시장에 대한 자료수집도 해야 한다. 즉, 창업시장에 대한 현재와 미래 트렌드를 사전에 분석해야 하는데, 향후 경제동향에 대한 조사·분석 및 창업시장의 흐름도 정확하게 예측한 후

에 업종 전환을 준비해야 한다.

④ 일정기간은 기존 업종과 새로운 업종을 투잡스(two jobs)의 형태로 할 수 있는가를 확인한다. 기존 업종을 무작정 끝낸 후에 새로운 업종에 뛰어드는 것은 상당한 기간 수익이 전혀 없을 수도 있기 때문에 일정기간은 두 가지의 일을 함께 할 수 있도록 하는 것이 바람직할 것이다. 이것은 퇴직자들의 경우에도 마찬가지인데, 퇴직을 하기 적어도 1~2년부터 투잡스로 창업에 대한 경험을 쌓는 것이 중요하다.

⑤ 현재 하고 있는 업종에서의 문제점을 정확하게 진단한 후에 업종전환을 고려해야 한다. 업종전환의 이유가 매출부진이라고 할 때에 그것이 창업자 자신의 문제로 인한 것인지 아니면 다른 외적 문제가 있는가를 정확하게 진단하는 것이 필요하다. 창업자의 경영능력 등의 문제로 인한 것이라면 업종전환을 하더라도 마찬가지일 것이기 때문이다. 그러한 경우에는 기존의 모든 것을 정리하고 적어도 3~6개월 정도를 준비한 후에 원점에서 다시 시작하는 것이 좋다는 것이다.

☞ 지난 20년 동안 많은 예비창업자들을 만나 본 경험으로 볼 때에 아직도 다수의 창업자들은 성공창업을 위해 최선의 노력을 다 하지 않는다는 것을 알 수 있다. 즉, 조금만 매출이 떨어져도 그것에 대한 원인을 분석한 후에 대책을 마련하기보다는 참지 못하고 업종전환을 생각한다는 것이다. 이러한 경우에는 유명한 식당의 경우를 생각해 보면 된다. 유명한 식당들은 메뉴가 많지 않으면서 특별한 맛이 있고, 아울러 한 곳에서 오랜 기간 동안 장사를 하고 있다는 공통점이 있다.

81. 외식창업에서의 업종과 업태 그리고 외식창업의 분류

외식산업은 사람의 음식에 대한 기본적인 욕구(식욕)를 요리나 음료, 주류를 통해서 직접 충족시켜 주기 위한 인적서비스(주방의 요리사, 홀의 서빙 등)가 연출되고, 때로는 분위기가 있는 휴식공간(장소)까지 제공되어 생활에 새로운 활력을 얻게 해 주는 것이라고 할 수 있다. 즉, 외식산업은 다양한 식재료를 이용하여 요리를 제조하는 기능, 고객에게 직접 판매하는 소매업의 기능, 그리고 요리를 맛있게 즐겁게 먹을 수 있는 부가서비스 기능을 제공하는 융합산업이라고 할 수 있다.

1. 업종과 업태의 의미

외식업의 분류에 있어서 가장 혼동되고 있는 부분이 업종 및 업태의 구분인데, 먼저 업종(業種)이란 판매할 메뉴의 대분류상의 종류로 한식이냐, 일식이냐, 양식이냐, 중식이냐, 단란주점이냐, 유흥주점이냐 등으로 분류할 수 있듯이 영업이나 사업의 종류라고 할 수 있다. 또한 업태(業態)는 업종에 대한 소분류를 나타내는 것으로 취급하는 상품의 분류 및 가격, 질, 운영매뉴얼, 특정의 영업방법, 서비스를 제공하는 방법, 점포분위기 등에 따라 차별화를 한 것으로, 예를 들면 양식의 경우는 패밀리레스토랑, 스페셜레스토랑, 디너레스토랑 등으로 구분하는 것을 말하며 한식의 경우에는 우동·김밥 등의 분식점, 탕이나 찌게류, 돼지갈비 등의 일반음식점, 호텔 등과 같은 고급한정식 전문점 등으로 구분하는 것을 말한다.

2. 외식업의 분류

많은 외식업 분야의 예비창업자들은 특정 업종과 업태에 몰리는 현상이 있는데, 외식업의 분류를 제대로 이해하게 되면 창업자의 장점을 살리면서 경쟁업소와는 차별화를 시킬 수 있는 업종과 업태를 선택하는 데 도움이 된다. 외식업의 3가지 분류를 살펴보면 다음과 같다.

① 식품위생법상 식품접객업에 의한 분류 : 휴게음식점업, 일반음식점업, 단란주점업, 유흥주점업의 4가지로 분류한다. 먼저 휴게음식점업은 음식류를 조리·판매하는 영업으로서 음주행위가 허용되지 않는 영업을 말하며, 일반음식점업은 음식류를 조리·판매하는 영업으로서 식사와 함께 부수적으로 음주행위가 허용되는 영업을 말한다. 또한 단란주점업은 주류를 조리·판매하는 영업으로서 손님이 노래를 부르는 행위가 허용되는 영업이며, 유흥주점업은 주류를 조리·판매하는 영업으로서 유흥종사자를 두거나 유흥시설을 설치할 수 있고 손님이 노래를 부르거나 춤을 추는 행위가 허용되는 영업이다.

② 한국표준산업의 분류 : 일반음식점업(5521), 기타 음식점업(5522), 주점업(5523), 다과점(5524)의 4가지로 구분한다. 먼저 일반음식점업(5521)에는 한식점업, 중국 음식점업, 일본 음식점업, 서양 음식점업, 기관 구내 식당업, 기타 일반 음식점업이 있으며, 기타 음식점업(5522)에는 피자/햄버거/치킨전문점, 분식/김밥전문점, 이동음식점업, 그 외 기타 음식점업이 있다. 주점업(5523)에는 일반유흥 주점업, 무도유흥 주점업, 간이 주점업이 있으며, 다과점(5524)에는 제과점업, 찻집 등이 있다.

③ 기타 분류 : 외식산업을 한식/고기류, 치킨, 도시락/돈까스, 커피/음료, 패스트푸드, 족발/보쌈/순대, 제과/제빵, 일식/횟집, 우동/면류, 스파케티/피자, 전통음식, 아이스크림, 호프/주점, 레스토랑, 아시아/세계요리, 닭갈비/오리, 해산물/장어, 김밥/분식, 양식/중식의 19가지로 분류할 수도 있다.

82. 외식창업의 성공요소, 경영법칙 및 경영원칙

외식창업자가 생각하고, 명심해야 할 성공요소, 경영법칙 및 경영원칙은 아래와 같다.

1. 외식창업의 성공요소

일반적으로 외식창업에서 성공하기 위한 요소로 다음의 세 가지 요소를 꼽고 있는데, 영어의 첫 글자를 따서 QSC라고도 한다.

① 맛(quality)

② 서비스(service)

③ 청결(cleanliness)

하지만, 청결(cleanliness) 대신에 분위기와 콘셉트(concept)를 제시할 수도 있다. 즉, 식당의 외관이나 홀 내부가 음식을 먹기에 좋은 분위기를 유지하고 있는가 하는 분위기와 콘셉트(concept)가 중요하다. 사실 요즈음은 청결보다는 분위기와 콘셉트가 더 강조되고 있는 실정이다.

2. 외식업의 경영법칙

창업의 목적은 수익극대화이며, 이 때문에 매장을 운영할 때 가장 중요한 점이 인력수급과 고정비의 지출이라고 할 수 있다. 특히 외식업의 경영원칙에는 이른바 '3-5-2-12-8의 법칙'이 존재하는데, 30일 영업기준으로 매출액은 3(월세), 5(인건비), 2(경비), 12(원·부재료 구입비), 8(순수익)로 배분되는 것이 좋다는 의미이다. 즉 3일 매출의 합계로 월세를 충당해야 하며, 5일 매출로 직원과 아르바이트의 급여를 충당해야 한다는 것을 말한다.

또 2일 매출액이 수도·가스·전기 등 경비내역이며, 12일 매출의 합이 영업을 위한 원·부재료 구입금액을 넘어야 하며, 이를 충실히 이행했을 경우에는 8일 매출의 합이 이익금으로 남게 된다. 입지나 상권 및 아이템에 따라 위의 공식이 맞지 않을 수도 있으나, 위의 공식과 같이 매장 운영 시에 전체매출 대비 고정비, 변동비에 대한 지출항목과 규모를 정한 후 이를 맞추기 위한 운영전략은 반드시 필요하다고 할 수 있다.

3. 외식업의 경영원칙

한국 창업시장에서 외식업이 차지하는 비중이 60~70% 정도는 될 정도로 창업하면 외식업을 제일 먼저 떠올리는 창업자들이 많은 실정이다. 하지만, 외식업 창업자들이 생각해야 할 경영원칙은 다음의 세 가지로 요약할 수 있다. 첫째, 맛은 기본이라는 것이다. 기본이 되지 않으면 그 다음은 없다는 것을 생각해야 한다. 둘째, 홍보와 광고를 하지 않아도 손님이 스스로 찾아 올 수 있는 요소를 만들어야 한다는 것이다. 무엇 때문에 손님이 내가 운영하는 음식점으로 오도록 할 것인가에 대해 고민하고 연구해야 한다. 셋째, 경기상황에 따라 음식점의 경영에 어려움이 올 수 있다. 하지만, 그러한 상황을 미리 대비해서 대책을 마련해 둔다면 걱정할 필요가 없다는 것이다.

☞ 외식업의 성공요소, 경영법칙과 경영원칙은 단순하지만 실천하는 것은 결코 쉽지 않다.

83. 외식창업 메뉴의 종류 및 시사점

외식업 창업을 할 때에 가장 고민하게 되는 것은 메뉴의 개발이라고 할 수 있는데, 최근의 경향을 보면 시간대별로 계절별로 메뉴를 다양하게 개발하고 있다. 손님이 갈 때마다 똑 같은 메뉴판을 보게 된다면, 고객이 어떤 생각을 할까를 생각하면 될 것이다. 이러한 측면에서 외식업을 창업할 때에 고려해야 하는 메뉴의 종류를 살펴보면 다음과 같이 6가지로 생각할 수 있다.

① 간판메뉴 : 경쟁 외식업소와 차별화를 하여 고객에게 강하게 어필하는 수단으로 자기 점포만이 갖고 있는 대표 메뉴라고 할 수 있으며, 외식 점포의 얼굴이라고 할 수 있다.

② 판촉전략 메뉴 : 비용(cost)이 낮으며 조리를 간편하게 할 수 있고 주방의 능력과 객석 수를 고려해서 판촉전략(할인쿠폰, 전단지, DM 등)을 전개할 수 있는 메뉴인데, 일반적으로 저렴한 가격으로 인해 고객들을 자주 그리고 많이 방문하도록 하는 데 활용할 수 있다. 김밥전문점의 1,000원 김밥은 판촉전략 메뉴로 활용되고 있다고 할 수 있다.

③ 런치타임 메뉴 : 회전율을 높이고 고객의 부담을 덜어 주기 위해 점심시간에만 판매하는 한정메뉴이며, 가격대는 직장인들에게 부담스럽지 않아야 한다. 또한 조리시간이 짧아야 하는 것도 명심해야 하는데, 맥주전문점에서의 스파게티는 런치메뉴의 대표적인 예이다.

④ 티타임 메뉴 : 가볍게 마실 수 있는 간식음료로 여성고객이 많은 헬스클럽이나 스포츠시설 주변에 한정되어 판매되는 메뉴이다. 요즈음은 웰빙(well-being)과 건강을 고려한 간식음료가 인기가 있다.

⑤ 계절메뉴 : 계절의 미각을 자극시키기 위해 개발된 1~2가지 메뉴인데, 특히 여름과 겨울철에 인기가 있는 계절메뉴를 잘 개발하는 것이 중요하다,

⑥ 저녁메뉴 : 일과 후 가족이나 회사동료 또는 회식 등으로 이용할 수 있는 메뉴로 단품보다는 10~15% 정도 할인된 코스메뉴가 좋으며, 이때 전략적인 차원에서 음료나 디저트를 최대한 배려하여 후미를 장식해야 한다.

한편, 위에서 제시한 6가지의 메뉴들은 매출 향상, 고객 서비스, 판촉 전략 등의 측면에서 다양하게 활용될 수 있다.

① 많은 사람들이 외식을 하게 되는 특별한 날을 고려한 메뉴의 개발 및 판매가 필요하다. 예를 들어, 입학 및 졸업시즌, 복날(초복, 중복, 말복), 어린이날, 어버이날, 크리스마스 등에는 외식을 하는 사람들이 크게 증가하기 때문에 메뉴 개발을 미리 계획해야 한다.

② 경쟁을 하고 있는 외식업소와 차별될 수 있는 메뉴의 개발을 고려해야 한다.

③ 향후 프랜차이즈 본사 창업을 고려한 메뉴 개발을 준비하는 것이 필요하다. 독립형 창업으로 성공한 후에는 프랜차이즈 본사 창업 및 전국적인 가맹점 모집을 생각할 수 있는데, 이것은 외식창업을 준비하는 단계에서 계획하고 준비하는 것이 필요하다.

☞ 외식업소의 메뉴판은 여러 종류가 되어도 좋을 것이다. 한 가지의 메뉴판만

사용하는 것보다는 점심 혹은 저녁 때에 사용하는 메뉴판이 다른 것도 전략이 될 수 있다. 아울러, 봄, 여름, 가을, 겨울의 4계절을 고려하여 메뉴의 구성을 준비하는 것도 필요하다. 예를 들어, 요즈음은 레스토랑에서 와인의 판매량이 늘어나면서 별도의 와인 메뉴판을 비치해 두고 있는 실정이다.

84. 외식업 창업자의 인·허가 및 준수 사항

음식점 등과 같은 외식창업을 하기 위해서는 다양한 종류의 인가 혹은 허가 사항들이 있는데, 많은 예비창업자들의 경우에 소홀히 생각하는 경향이 많다. 외식업을 하기 위해 반드시 점검해야 하는 각종 인·허가에 대한 사항은 다음과 같다.

1. 식품접객영업자 준수사항과 시설기준

일반음식점, 휴게음식점 등을 경영하는 경영주는 식품위생법 및 관련 법규에서 규정하고 있는 식품접객영업자 준수사항을 지켜나가야 하는데, 자세한 내용은 로앤비(www.lawnb.com)에서 검색해 볼 수 있다.

2. 식품접객업(일반음식점 영업의 경우)의 영업허가(신고제)

식품접객업에 대한 영업신고(허가)를 받기 위해서는 법령에 규정하고 있는 업종별 시설기준에 적합한 시설을 갖추어야 한다. 또한 식품위생수준의 향상을 위하여 모든 식품접객 영업자 또는 종업원은 보건복지부 장관이 지정·고시한 위생교육전문기관에서 실시하는 교육을 영업개시 전 또는 후에 받아야 하는데, 이 위생교육을 한국음식업중앙회(www.ekra.or.kr)에서 위탁실시하고 있다.

3. 건강진단증(보건증)

식품위생법에서는 식품을 채취하거나 제조, 가공과 조리, 저장, 운반 또는 판매하는 데 직접 종사하는 자(영업자 및 종사자)를 건강진단 대상자로 하여 업종마다 차이는 있지만 휴게음식점이나 일반음식점인 경우는 1년에 1회씩 정기적인 건강진단을 받도록 하고 있다.

4. 식품접객영업 관련 행위 제한 법규

식품위생법, 풍속영업법, 미성년자보호법, 공중위생법, 근로기준법, 청소년보호법, 주류판매업(주세법) 등에 의해 행위제한을 받고 있다. 그렇기 때문에 이러한 법령을 숙지해 두는 것이 필요할 것이다.

5. 소방검열 및 가스설치

지하에 식당을 설치하거나 일정규모 이상의 식당에는 일정수의 소화기를 설치하여 화재 등의 사고에 대비하게 하고 있다. 이것은 소방기본법 시행령(2005. 10. 20 개정)에서 살펴볼 수 있다.

6. 신용카드 관련규정

일반적으로 공급대가(재화와 용역의 교환가치와 그에 따른 부가가치세액을 포함한 금액)가 연간 2,400만원 이상인 경우에는 의무적으로 신용카드 조회기를 가입·설치해야 한다. 그렇지 않은 경우에는 세무조사까지 받을 수 있다.

7. 간판허가

간판의 경우에는 허가 혹은 신고로 구분되어 있는데, 간판허가증을 교부 받지 않고 임의로 부착하는 경우에는 행정처분, 과태료, 간판 탈착 후 재부착 등의 피해를 입을 수 있다. 하지만, 최근 정부에서는 현재 허가를 받아야만 설치할 수 있는 소형 돌출간판을 신고 대상으로 바꾸도록 하였다.

8. 가설건축물 사용신청

아직도 많은 외식업소에서는 객석 위주로 인테리어를 진행하다 보니 주방이 협소하여 주방을 넓히려고 벽면에 가설건축물을 설치하는 경우가 많은데, 건물 임차시 이 가설건축물로 인해 영업신고가 반려되거나 허가증이 발급되지 않는 경우가 있으므로 주의를 요해야 한다. 그렇기 때문에 사전에 시장 · 군수 · 구청장에게 가설건축물축조신고서를 제출해야 한다.

☞ 현재 창업과 관련된 다양한 규정들은 허가제에서 신고제로 바뀌고 있는 것들이 많으며, 아울러 많은 것들이 매년 변경되고 있는 실정이다. 따라서 위에서 설명한 사항들도 창업을 준비하면서 세무서, 구청 민원실 혹은 창업전문가들에게 확인을 하는 것이 필요하다.

특히 다른 창업자가 운영하던 점포를 인수하는 경우에는 위의 사항들을 꼼꼼하게 확인해야 한다. 예를 들어, 의류전문점을 하던 점포를 인수하여 외식업 창업을 하려고 하는 경우에 시설 등의 문제로 인해 영업허가를 받지 못하는 경우가 생각보다는 많은 실정이다. 또한 필요한 시설을 추가적으로 설치해야 하는 이유로 인해 몇 백만원에서 몇 천만원까지 추가로 비용을 부담해야 하는 경우가 발생할 수도 있다.

85. 페이스북(facebook)을 활용한 상품판매

페이스북이 2015년 말부터 미국 등 글로벌 시장에서 '샵 섹션' 서비스를 시작하였으며, 한국에서는 2016년 8월에 샵 섹션 서비스에 대한 테스트를 시작했다(한국경제, 2016.9.12.). 또한 1인당 한 달에 평균 8시간 24분을 사용해 국내 스마트폰 앱(응용프로그램) 이용시간 점유율 1위를 달리고 있는 페이스북의 쇼핑시장 진출로 모바일 쇼핑업계의 경쟁은 더욱 치열해질 것으로 전망되고 있다. 한편, 페이스북에서 상품을 판매하는 방법은 다음과 같이 두 가지로 구분할 수 있다.

1. 페이스북의 판매/구매 그룹 만들기

[그림 13] 페이스북에서 [그룹 만들기] 선택하기

[그림 13]에서 보듯이, 페이스북의 개인 프로필에서 [그룹 만들기]를 클릭하고, [그림 14]와 같이 그룹 이름 입력, 사람 추가, 공개 범위 선택 후 [만들기]를 클릭한다. 또한 [그림 15]에서 [더 보기]를 클릭하여 [그룹 설정 관리]를 선택한 후에 [그림 16]에서와 같이 그룹 유형을 [판매/구매]로 지정하면 상품의 판매가 가능한 판매/구매 그룹이 된다.

[그림 14] 새 그룹 만들기

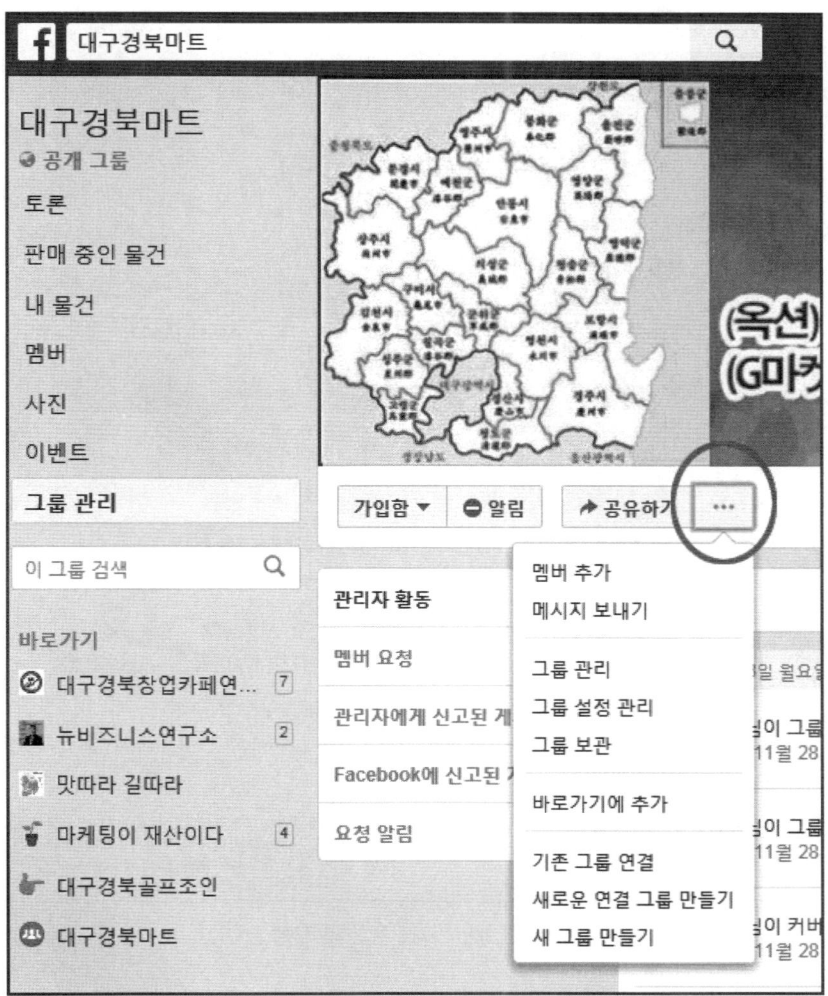
대구경북마트
대구경북마트
공개 그룹
토론
판매 중인 물건
내 물건
멤버
사진
이벤트
그룹 관리
이 그룹 검색
바로가기
대구경북창업카페연... 7
뉴비즈니스연구소 2
맛따라 길따라
마케팅이 재산이다 4
대구경북골프조인
대구경북마트
가입함
알림
공유하기
관리자 활동
멤버 요청
관리자에게 신고된 게
Facebook에 신고된 게
요청 알림
멤버 추가
메시지 보내기
그룹 관리
그룹 설정 관리
그룹 보관
바로가기에 추가
기존 그룹 연결
새로운 연결 그룹 만들기
새 그룹 만들기

[그림 15] 그룹 설정 관리

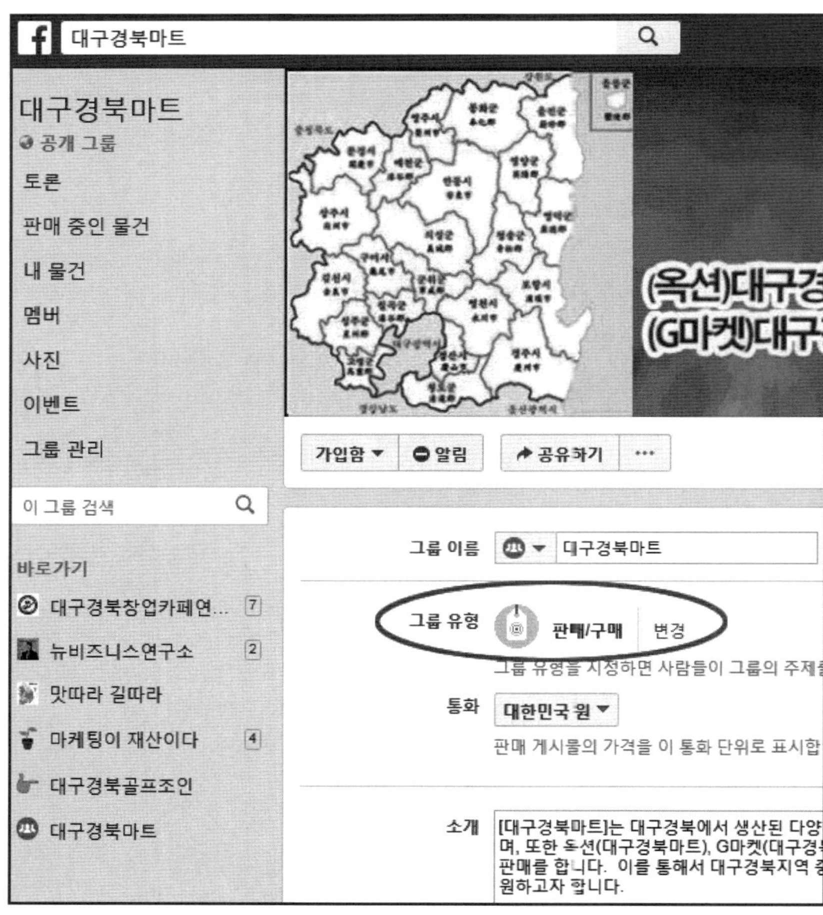

[그림 16] 그룹 유형의 지정

2. 페이스북 페이지에서 샵 섹션 설정하기

기업과 단체 등이 운영하는 '페이스북 페이지' 관리자가 만들 수 있는데, [그림 17]에서 보듯이, 페이지 측면 탭에 있는 '샵 섹션 추가' 버튼을 클릭하면 샵이 개설된다. 비용은 무료이다. 제품명과 가격, 상세

[그림 17] 페이스북 페이지에서 샵 만들기

설명을 사진 · 동영상과 함께 올리면 제품이 소비자에게 노출된다 (한국경제, 2016.9.12.).

3. 상품 등록 및 판매

위에서 설명한 두 가지의 방법으로 상품을 판매할 준비가 되었으며 상품을 등록하고 판매하면 된다. 현재 시점에서 페이스북에서는 신용카드, 계좌이체, 무통장입금, 휴대폰 결제 등 다양한 결제 시스템이 설치되어 있지 않지만 멀지 않은 시점에 설치될 것으로 전망되고 있다.

86. 무비 메이커를 활용한 동영상(UCC) 만들기

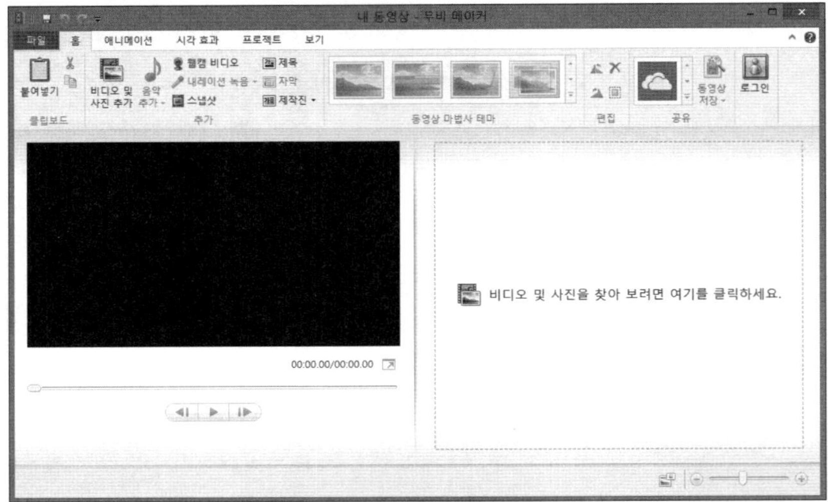

[그림 18] 무비 메이커(Movie Maker)

초보 창업자들이 판매하고 있는 상품들을 홍보하기 위해서 무비 메이커(Movie Maker)를 활용하여 동영상(UCC)을 만드는 절차는 다음과 같다([그림 18] 참조).

① [비디오 및 사진 추가]를 활용하여 비디오 및 사진을 추가한다.

② 사진은 [편집] – [재생시간]에서 재생시간을 조절한다.

③ 동영상에 [제목], [자막] 및 [제작진]을 넣는다.

④ 기타 다양한 기능을 사용하여 동영상의 완성도를 높인다.

⑤ [프로젝트 저장(S)]를 클릭하여 동영상 프로젝트 파일을 저장한다.

⑥ [동영상 저장]을 클릭한 후에 인터넷에 등록할 동영상을 컴퓨터용(C)으로 저장한다.

한편, 제작이 완료된 동영상(UCC)은 아래에서와 같이 다양한 사이트에 등록할 수 있는데, 많은 사람들이 접속하거나 검색하는 웹사이트에 등록하는 것이 좋다.

① 다음(www.daum.net) : tv팟(tvpot.daum.net), 카페(cafe), 블로그(blog)에 등록한다.
② 네이버(www.naver.com) : 카페(cafe), 블로그(blog) 등에 등록하면 된다.
③ 유튜브(www.youtube.com)
④ 판도라TV(www.pandora.tv)
⑤ SNS : 트위터(www.twitter.com), 페이스북(www.facebook.com) 등에 등록한다.
⑥ 기타 : 홍보를 위해 제작된 동영상을 등록할 수 있는 다양한 사이트에 등록한다.

☞ 팟인코더(Pot Encoder)를 사용하여 동영상 변환 및 용량 줄이기 : 스마트폰으로 촬영한 mp4 파일의 동영상을 avi 파일의 동영상으로 변환할 때에는 팟인코더(Pot Encoder)를 활용하면 되는데, 동영상의 용량도 크게 줄어드는 효과가 있다. 팟인코더(Pot Encoder)는 다음(Daum)에서 무료로 다운받을 수 있다.

87. 프랜차이즈 가맹점 창업단계에서 발생하는 비용

프랜차이즈 본사와 가맹점 간의 계약과 거래에는 비용이 발생하게 되는데, 브랜드 사용권과 노하우를 제공하는 대가로 인해 프랜차이즈 본사와 가맹점 간에는 다음과 같은 5가지의 비용이 발생하게 된다.

1. 가맹비

가맹비는 본사에 납부하면 돌려받지 못하는 돈이며, 업종에 따라서 조금씩 다르지만 500만원에서 1,000만원 수준이다. 프랜차이즈에 있어서 가맹비는 본사 프랜차이즈 시스템 확장과 운영을 위해서 필요한 재정을 확보하는 데 필수적인 비용이 된다.

2. 보증금

가맹점주가 본사에 납부하는 비용 중에 유일하게 돌려받을 수 있는 것이 보증금이다. 보증금을 외식업의 예를 들어 설명하면, 외식업의 경우 식재료를 공급하는 데 따른 외상공급이 발행하므로 이에 대한 보증금을 본사가 미리 받아 두는 것이다. 그러므로 그 보증금 규모는 대략 200~300만원 내외에서 결정되는 것이 보통이다. 판매업의 경우는 매장에서 판매되는 상품의 외상 공급에 대비한 보증금의 성격이므로, 그 보증금의 규모는 배송되는 상품량과 가격에 따라 차이가 있다.

3. 인테리어비

인테리어비는 프랜차이즈에 가맹할 때 어느 아이템이든 50% 전후를

차지하게 되는 가장 높은 비중의 비용이며, 인테리어비의 책정은 일반인이 구체적으로 분석해 낼 만큼 쉬운 일이 아니기 때문에 오해와 불신이 생기는 부분이기도 하다.

4. 초도 상품비

초도 상품 또는 초도 물품비라고 하는데, 말 그대로 처음 팔리는 상품의 비용이다. 의류 매장을 오픈하고 고객을 맞이하기 위해 쇼윈도와 진열대에 놓이게 되는 오픈 초기의 상품들을 말한다. 외식업의 경우는 주방설비를 위해 필요한 냉장고, 싱크대 등이 여기에 포함될 수도 있고, 인테리어 비용에 포함시키기도 하고, 주방설비 비용이라고 따로 명시하고 본사에서 받는 경우도 있다. 서비스업의 경우 청소 용역 프랜차이즈라면, 청소 도구, 장비, 유니폼 그리고 청소약품 등이 이에 해당한다.

5. 로열티

프랜차이즈 회사가 지속적으로 제공하는 각종 서비스와 혜택에 대해서 지불하는 비용이고, 브랜드 파워를 가진 프랜차이즈의 경우는 브랜드의 사용에 따른 비용이라고 할 수 있다. 월매출의 일정 비율을 적용하는데 1%에서 많게는 10%를 넘기는 경우도 있다.

88. 프랜차이즈 본사가 갖추어야 할 10가지 기능

한국의 창업시장은 프랜차이즈의 시대라고 할 만큼 프랜차이즈 본사 창업에 관심이 많은 실정이다. 즉, 프랜차이즈 본사를 설립한 후에 가맹점을 모집하면 많은 돈을 벌 수 있다는 것인데, 준비 없이 뛰어든 프랜차이즈 본사는 수많은 가맹점들을 도산시킬 수도 있다는 것도 생각해야 한다. 이러한 측면에서 프랜차이즈 본사가 갖추어야 할 기능을 제시하면 다음과 같이 10가지로 요약할 수 있다.

① 상품개발 : 고객에게 판매할 상품을 개발해야 하는데, 외식업의 경우에는 메뉴개발이라고 할 수 있다.

② 원자재개발 : 상품을 개발하는 데 필요한 원자재를 개발해야 하는데, 외식업의 경우에는 특정 메뉴의 개발에 필요한 원재료의 개발에 해당된다.

③ 사업장 기획 : 시범사업장(model shop)을 경영하면서 사업내용을 표준화시켜야 한다.

④ 서비스개발 : 경쟁업체와 차별되는 서비스를 개발하는 것이 필요하다.

⑤ 교육훈련 : 교육훈련을 통하여 가맹점주에게 지식과 기술을 전달해야 한다.

⑥ 경영지도 : 가맹점주에게 경영이념과 상품교육, 영업방법 등을 주기적으로 지도한다.

⑦ 판매촉진 : 다양한 광고 및 홍보활동을 통해 가맹점들의 판매를

촉진시켜야 한다.

⑧ 이익계획 : 가맹점주가 요구하는 사업의 이익을 추정손익계산서를 통해 충분히 전달해야 하는데, 투자대비 수익성이 적정하도록 계획을 수립하는 것이 중요하다.

⑨ 금융지원 : 예비점주의 투자규모가 부족할 때 본사가 일정 금액 혹은 물품지원을 통해 지원하거나 정부자금 지원을 알선하는 것도 필요하다.

⑩ 경영관리 : 장부기재에서 고객응대에 이르기까지 종합적인 경영기법을 표준화시켜서 관리해야 하는데, 본사차원에서의 경영정보시스템의 구축 및 운영이 필요하다.

위에서 언급한 프랜차이즈 본사의 기능 외에 중요한 것이 있다면 바로 새로운 메뉴의 개발 혹은 업종전환을 위한 지원시스템의 구축이라고 할 수 있다. 프랜차이즈 본사 창업을 시작할 때와는 달리 시간이 흐름에 따라 창업환경의 변화, 정부정책의 변화, 소비자 기호의 변화 등으로 기존에 개발된 프랜차이즈 시스템으로서는 더 이상 성장이 되지 않고 정체되는 경우가 매우 많다고 할 것이다. 이러한 경우에 새로운 메뉴(혹은 상품과 기술)의 개발뿐만 아니라 필요한 경우에 가맹점의 업종전환까지도 지원해 줄 수 있는 본사의 지원 시스템이 준비되어 있어야 할 것이다.

또한, 가맹점을 계약했다는 이유만으로 가맹점의 영업부실을 가맹점주의 능력부족으로만 돌리지 말고, 경영진단 등을 통해 새로운 업종으로 재창업을 할 수 있도록 지원해 주는 것이 필요하다. 현재 국내 많은 프랜차이즈 본사들이 끊임없이 소송에 시달리는 경우도 바로 계약 후 '나 몰라라'하는 본사의 태도 때문이라고 할 것이다.

☞ 독립창업은 창업자의 개인 능력에 의해 성패가 좌우되지만, 프랜차이즈의 경우에는 위에서 언급한 10가지 기능이 하나의 체계적인 시스템으로 구축되어야 프랜차이즈 본사 및 가맹점이 성공적으로 운영될 수 있다. 즉, 본사, 가맹점, 고객의 3가지 관점에서 유기적인 시스템의 구축 및 운영이 매우 중요하다.

89. 프랜차이즈 가맹점 계약단계에서의 확인사항

프랜차이즈 본사와 가맹점 계약을 하다는 것은 많은 자금을 투자해야 하며, 본사의 경영상황에 의해 뜻하지 않게 가맹점도 파산할 수 있다는 것을 의미한다. 그렇기 때문에 프랜차이즈 본사와 가맹점 계약을 할 때에는 몇 가지 사항을 반드시 확인해야 하는데, 크게 본사에 대한 사항과 계약에 대한 사항으로 구분할 수 있다.

1. 프랜차이즈 본사에 대해 확인해야 할 사항

① 회사의 명성 및 건전성은 어떠한가?

② 경영진의 사업 마인드와 가맹점의 경영 상태는 어떠한가?

③ 프랜차이즈의 역사와 가맹점의 수와 평균 실적(매출액 및 순수익)은 어떤가?

④ 경쟁업체들이 흉내 낼 수 없는 독창적인 시스템과 마케팅 전략을 갖춘 회사인가?

⑤ 다른 본사 혹은 가맹점과의 소송 및 분쟁의 사례는 없는가?

⑥ 본사에서 제공되는 노하우에 대해 가맹비나 로열티는 균형이 잡혀 있는가?

⑦ 본사의 견해와 자신의 의견에 있어서 크게 마찰을 불러일으킬 만한 것이 있는가?

⑧ 본사가 개발하여 제공하는 상품의 평판은 어떠한가?

⑨ 점포 및 프랜차이즈 전체의 이미지는 어떠한가?

2. 프랜차이즈 계약 시에 확인해야 할 사항

① 독점권 및 영업권에 대한 보호는 지켜지고 있는가?

② 계약기간 및 계약규정은 어떠한가?

③ 초기 자금소요, 경비 및 지원내역은 명확하게 제시되어 있는가?

④ 교육 및 홍보프로그램은 체계적으로 준비되어 있는가?

⑤ 가맹점포의 운영에 있어 어느 정도의 자율성이 허용되는가?

⑥ 자금 및 인적 지원의 내용과 수준은 적절한가?

만약에 이러한 확인과정을 거치지 않고, 무작정 가맹점 계약을 하게 되면 나중에 엄청나게 후회하는 결과를 가져올 수도 있다는 것을 명심해야 할 것이다. 즉, 일부 프랜차이즈의 본사에서는 프랜차이즈 시스템에 대한 이해와 개념도 없이 무작정 가맹점을 모집하고 있는 경우가 있다는 것을 알아야 한다.

또한 본사가 부실하거나 실패하는 경우에 가맹점에 대한 최소한의 도덕적 책임도 망각하고 본사의 이익만을 생각하는 경우가 너무도 많은 실정이다. 심지어 일부 프랜차이즈 본사에서는 예비창업자들에게 막대한 피해를 입힌 후에 몇 년간 사업을 중단하였다가 다른 브랜드로 다시 가맹점 모집에 나서는 경우도 있다. 그렇기 때문에 예비창업자는 가맹계약을 하려는 본사 대표자 및 주요 임원에 대한 이력을 검토해 볼 필요가 있다.

☞ 프랜차이즈 본사도 반드시 망할 수 있다는 생각을 갖고 있어야 한다. 실제로 5년을 버티지 못하고 시장에서 사라지는 프랜차이즈 본사들이 너무나 많다는 것을 생각하면, 가장 빠른 시간 내에 프랜차이즈 본사의 경험, 노하우 및 비법을 전수받아야 함을 잊지 말아야 한다. 즉, 비록 본사가 망하더라도 가맹점은 계속 생존할 수 있도록 준비해야 할 것이다.

90. 프랜차이즈 본사 창업의 진행단계

창업으로 돈을 빠르게 그리고 많이 벌려고 하면 아마도 프랜차이즈 본사 창업을 하는 것이 가장 좋다고 할 수 있다. 하지만, 독립형 창업과는 달리 프랜차이즈 본사 창업은 하나의 체계적인 시스템으로 구축되어야 하고, 시스템의 구성요소들이 유기적으로 결합되는 것이 중요하다고 할 수 있다. 일반적인 프랜차이즈 사업의 전개과정은 다음과 같다.

(1) 정보수집 및 분석

① 국내외 창업동향에 대한 분석
② 시장정보의 조사와 분석, 고객조사
③ 경쟁분석 및 벤치마킹

(2) 창업콘셉트의 설정

① 창업아이템의 선정
② 사업 타당성 검토: 성장성, 안정성, 수익성 분석
③ 가맹본부 운영의 기본원칙: 단순화, 표준화, 전문화

(3) 프랜차이즈 시스템의 설계

① 상품개발 시스템의 구축
② 가맹점 개발 시스템의 구축
③ 점포개발 시스템의 구축
④ 물류 시스템의 구축

⑤ 교육훈련 시스템의 구축

⑥ 판매촉진 시스템의 구축

⑦ 서비스 시스템의 구축

(4) 시범점포의 운영

① 시범점포(model shop)의 개설

② 창업콘셉트의 확립

③ 프랜차이즈 시스템의 수정 및 보완

④ 프랜차이즈화의 검토

(5) 운영매뉴얼의 작성

① 프랜차이즈 시스템의 확립

② 각종 매뉴얼의 작성

③ 프랜차이즈 계약서의 작성

(6) 가맹계약

① 가맹점 모집방법의 확립

② 가맹점계약서 마련 및 계약

(7) 가맹점 오픈

① 신속한 체인화 전략의 확립

② 조직화 전략의 확립

③ 본사-가맹점 간의 정보관리시스템의 확립

(8) 경영지도/사후관리

① 교육훈련 시스템의 확립

② 판매촉진, 홍보와 광고 전략의 확립

③ 슈퍼바이저(supervisor)의 육성 및 가맹점 관리

위에서 프랜차이즈 사업의 전개과정을 8단계로 나누어서 요약을 하였는데, 몇 가지의 중요 내용을 살펴보면 다음과 같다.

① 국내 프랜차이즈시장의 흐름을 잘 분석하여 미래지향적이면서 지속적 성장이 가능한 창업분야 및 창업아이템을 선정하는 것이 필요하다.

② 프랜차이즈 시스템의 설계는 위에서 제시한 '88. 프랜차이즈 본사가 갖추어야 할 10가지 기능'을 참고하면 되는데, 업종에 따라 일부 변경될 수 있을 것이다.

③ 프랜차이즈 본사에서 시범점포(model shop)를 개설하여 충분한 시간을 갖고 운영한 후에 부족한 부분을 보완하는 것이 매우 중요하다.

④ '가맹사업거래의 공정화에 관한 법률'의 내용을 숙지하여 꼭 준수하도록 해야 한다.

⑤ 가맹점을 많이 오픈하는 것보다 더 중요한 것은 기존 가맹점에 대한 경영지도라는 것을 생각해야 하는데, 이를 위해서 가맹점에 대한 경영지도와 관리를 담당하는 유능한 슈퍼바이저를 육성하여 가맹점에 대한 정기적인 경영지도를 할 수 있도록 해야 한다.

⑥ 가맹점 창업자가 본사가 만든 운영매뉴얼을 그대로 따라 하면 본사가 예상하는 매출과 수익이 발생할 수 있도록 하는 것이 중요한데, 그렇게 하기 위해서는 시범점포의 운영을 통해서 프랜차이즈를 하나의 효율적인 시스템으로 구축해야 하다는 것을 잊지 말아야 한다.

☞ 한국의 창업시장에서 가장 인기가 있는 것이 프랜차이즈 창업이면서도 가장

법적 분쟁이 많은 것도 역시 프랜차이즈 창업이라는 것을 생각해야 한다. 프랜차이즈 창업이 가장 활성화되어 있는 창업분야이면서도 경쟁력이 떨어지고 있는 창업분야 역시 프랜차이즈 창업이라는 것을 생각해야 한다. 그것은 프랜차이즈 창업에 대한 이론과 실무지식을 갖추지 못한 상태에서 무차별적으로 가맹점 모집에 나서고 있는 프랜차이즈 본사의 잘못도 있으며, 동시에 프랜차이즈 창업에 대한 이해가 부족한 상태에서 가맹점 계약을 하고 있는 예비창업자들의 인식 부족에서도 찾을 수 있다.

91. 프랜차이즈 가맹점을 모집할 수 있는 방법

프랜차이즈 본사 창업자의 입장에서는 신속하게 전국적으로 가맹점을 모집하고 싶은 마음이 앞서는 것이 사실이다. 이에 따라 가맹점을 잘 모집할 수 있는 6가지의 방법을 제시하면 다음과 같다.

1. 전국에서 개최되는 창업박람회에 참여

전국으로 볼 때에 매년 20여개의 창업박람회가 개최되는데, 주요 창업박람회에 참여하여 홍보하는 것이 중요하다. 이때에는 창업박람회의 부스를 방문하는 예비창업자들에게 무엇을 나주어 주고, 무엇을 설명할 것인가에 대해 철저하게 준비를 해야 한다.

2. 다양한 홍보전략을 수립하여 진행

홍보는 크게 인쇄물홍보, 온라인홍보, 언론홍보, 동영상(UCC)홍보, 키워드광고 등으로 구분할 수 있는데, 매월 일정예산을 골고루 편성하여 홍보를 진행하는 것이 좋다. 특히 프랜차이즈 본사 대표자의 브랜드화 및 인지도 향상도 가맹점 모집을 위해 중요한 부분이다.

3. 각종 인증 및 상을 수여

벤처기업 확인, 이노비즈 인증, ISO9000/14000 인증 등의 인증뿐만 아니라 프랜차이즈 대상 등 창업관련 상을 받음으로써 가맹점 창업예정자들에게 회사의 건전성과 아이템의 사업성 등에 대해 신뢰성을 부여할 수 있다.

4. 모집된 가맹점에 대한 관리

기존에 모집된 가맹점에 대해 본사의 인력인 슈퍼바이저(supervisor)를 정기적으로 파견하여 경영지도를 하는 것이 중요하며, 이를 통해 가맹점의 매출 및 경영성과가 좋아지면 가맹점은 저절로 모집이 될 것이다.

5. 창업시장의 트렌드에 따른 신상품, 신메뉴 등의 개발 및 지원

프랜차이즈 본사가 일정 금액을 연구개발비에 투자하여 신상품 혹은 신메뉴를 꾸준히 출시하는 것이 필요하다. '고인 물은 썩는다'라는 말도 있듯이, 고객의 변화에 따라 신속하게 대응을 하는 것이 필요하다.

6. 창업카페를 운영하거나 인수하는 것도 전략

프랜차이즈 본사의 홈페이지만을 운영하기보다는 다음과 네이버에 창업카페를 운영하거나 적어도 수 천명의 회원이 있는 카페를 인수하여 운영하는 것도 가맹점 모집을 위한 좋은 전략이 될 수 있다.

92. 1인 창업으로 성공하기 위한 10가지 전략

향후 창업시장에서는 소자본창업, 무점포창업, 재택창업, 소호(SOHO), 1인기업 등에 관심을 보이는 예비창업자들이 급속하게 증가할 것으로 예상되고 있다. 특히, 최근에는 1인기업에 대한 관심이 높아지고 있는데, 이러한 1인기업의 시대를 잘 적응하기 위한 10가지 전략을 소개하면 다음과 같다.

1. 정부의 창업지원제도를 잘 활용하라.

현재 정부는 어느 때보다도 창업시장의 활성화를 위해 많은 예산을 투입하고 있으며, 특히 향후 5년간 18만개의 1인 지식기업을 창업시키겠다고 밝히고 있다. 이에 따라 예비창업자들은 창업하고자 하는 분야의 정부지원정책을 사전에 조사하고 정부의 지원을 받을 수 있도록 꼼꼼하게 준비하는 것이 중요할 것이다.

2. 커뮤니티의 운영을 통해 인맥을 구축하라.

불황기에 창업을 할 때에는 충성도 높은 단골고객의 확보가 적정 매출의 확보를 위해 매우 중요하다고 할 수 있는데, 이를 위해서는 커뮤니티의 운영이 중요하다. 예를 들어, 커뮤니티는 다음(daum)과 네이버(naver)에서 카페(cafe)를 운영하여 구축할 수 있는데, 최근 인터넷쇼핑몰 혹은 오픈마켓(open market) 창업자들도 커뮤니티의 개설과 운영에 속속 나서고 있는 실정이다.

3. 키워드 광고를 전략적으로 활용하라.

1인기업이 당면하고 있는 문제는 판로개척이며, 이를 위해서는 다양한 홍보전략이 필요하다. 하지만, 1인기업의 경우에는 인력과 자금의 한계 때문에 많은 홍보비용을 지출할 수 없는 실정이며, 따라서 포털사이트의 키워드 광고를 통해 목표고객에게 가장 효과적으로 홍보할 수 있을 것이다. 예를 들어, 무차별적인 전단지 광고보다는 월 1~2만원의 키워드 광고비만 투자해도 하루에 수 십명의 목표고객에게 정확하게 홍보할 수 있다.

4. 틈새시장을 공략하라.

1인기업은 시장에 공급하는 제품과 서비스의 분석을 통해서 틈새시장(niche market)을 찾고 그것에 집중함으로써 경쟁력이 강화될 수 있을 것이다. 그렇게 함으로써 한정된 자원을 효과적으로 배분할 수 있는 것이다. 어떤 틈새시장에 집중할 것인가 하는 것은 기업의 제품과 서비스, 창업자의 경험과 노하우, 시장세분화 등을 통해 결정할 수 있을 것이다.

5. 숍인숍 창업에 관심을 가져라.

경기상황이 나빠지면 점포의 보증금, 권리금, 월세 등이 급속하게 하락하게 되는데, 몇 달 전에 비해 점포비용이 저렴하다고 해서 성급하게 점포를 구했다가는 매출이 조금 상승한다고 하더라도 점포관련 비용에서 많은 손실을 볼 수 있다. 따라서 숍인숍(shop in shop) 창업을 통해 창업 준비에 따른 고정비용을 절감하고 여유자금은 나중의 상황변화를 고려하여 당분간 비축해 두는 것이 좋을 것이다.

6. 건강과 체력을 잘 관리하라.

1인기업은 혼자서 멀티플레이어(multi-player)의 역할을 감당해야 하는데, 그렇게 하기 위해서는 건강을 잘 관리할 필요가 있다. 예를 들어, 가까운 거리는 걸으면서 운동을 대신하고, 컴퓨터, 인터넷, 휴대폰 등과 같은 정보통신기술을 효과적으로 활용하여 시간과 에너지를 절약하는 것도 체력관리에 많은 도움이 될 것이다.

7. 아웃소싱을 통해 경쟁력을 확보하라.

1인기업이 창업의 초기 시점부터 모든 것을 갖추려고 하면 시간이 너무 많이 소모되는 것은 물론 많은 재정도 필요하게 된다. 따라서 아웃소싱(outsourcing)을 통해 창업기업의 핵심요소를 제외한 다른 것들은 외부에서 조달하는 것이 중요한데, 이를 통해 창업에 따른 제반 비용 및 인력수요를 크게 절감할 수 있을 것이다.

8. 해외창업아이템을 벤치마킹하라.

지난 10여년간 한국의 창업시장을 보면 해외에서 도입되거나 벤치마킹한 창업아이템들이 크게 인기를 끌었던 것은 물론 수명 또한 상대적으로 길었다는 것을 확인할 수 있다. 특히 미국과 일본의 창업아이템에 대한 선호도가 높았다는 것도 사실이다. 그렇기 때문에 이미 선진국에서 검증된 창업아이템을 벤치마킹하여 국내 시장의 환경에 맞게 도입하는 것도 좋은 전략이 될 수 있다.

9. 수익모델을 다양화시켜라.

실패한 창업자들의 문제 중의 하나는 바로 한 가지 아이템에 지나치게 집착한 나머지 다양한 수익모델을 개발하는 데 실패했다는 것을 들 수 있다. 특히 불황기에는 적어도 3~5개의 수익모델 혹은 비즈니스 모델(business model)을 개발하는 것이 필요한데, 그렇게 함으로써 수익의 원천을 다양화시킬 수 있다.

10. 1인기업의 창업자를 브랜드화시켜라.

1인기업에서는 제품이 브랜드가 되는 것이 아니라 1인기업의 창업자가 브랜드가 되어야 한다. 고객에게 창업자를 보고 창업자가 제공하는 상품과 서비스를 구매하도록 하는 것이 중요할 것이다. .

☞ 1인기업의 장점은 변화에 신속하게 적응할 수 있다는 것이며, 창업자의 장점을 최대한으로 살릴 수 있다는 것이다. 다만, 1인기업가는 다양한 역할을 동시에 수행할 수 있는 멀티프레이어(multi-player)가 되어야 한다.

93. 수공예 창업의 특징 및 준비

여성들이 좋아하는 창업분야 중의 하나가 바로 손재주를 활용한 수공예 창업이라고 할 수 있는데, 굳이 여성들에게 국한하여 생각할 필요는 없다.

1. 손재주를 이용하는 창업의 특징과 생각해야 할 것

① (매우)(잘)만들 수 있어야 한다.
② (매우)(잘)만든다고, 꼭 잘 팔리는 것은 아니다.
③ 어떻게 고객에게 알릴(홍보) 것인가를 고민해야 한다.
④ 고객이 돈을 주고 구매할 것인가를 생각해야 한다.
⑤ 취미와 창업은 분명히 다르다.
⑥ 배우는 데 많은 시간과 돈이 들어간다.
⑦ 교육비 외의 다른 창업비용은 상대적으로 적게 들어간다.
⑧ 최고의 전문가에게 경험과 노하우를 배워야 한다.
⑨ 벤치마킹을 자주 하는 것이 매우 중요하다.
⑩ 수익을 창출하기까지 많은 인내와 끈기가 필요하다.
⑪ 상품을 만드는 데 시간과 비용이 많이 들어간다.
⑫ 고객은 비싸게 구매할 생각이 없다.
⑬ 많은 고객들은 손재주의 가치를 알아주지 않는다.
⑭ 자신만의 독창성을 확보할 수 있다.
⑮ 손재주는 눈으로 봐도 쉽게 모방할 수 없다.

⑯ 교육수입이 오히려 더 좋은 편이다.

2. 손재주를 이용하는 창업의 준비

① 온라인 홍보 및 마케팅을 위한 기반을 만든다.

② (매우)(잘)만들도록 배운다.

③ 단체(협회)에 가입한다.

④ 국가 혹은 민간자격증을 취득한다.

⑤ 창업자의 인지도를 높인다.

3. 손재주를 이용하는 창업의 고려사항

① 프랜차이즈로의 발전 가능성을 검토한다.

② 평생 혼자서 할 수 있는가를 생각한다.

③ 장기적으로 할 수 있는가를 검토한다.

④ 지속적으로 성장하는 분야인가를 검토한다.

⑤ 사단법인과 같은 공인된 단체 및 민간자격증도 검토한다.

☞ 단순히 나열만 하였지만, 천천히 읽고 꼼꼼하게 생각해 보면, 손재주를 활용한 수공예 창업을 통해 돈을 벌 수 있는 방법들이 모두 포함되어 있다는 것도 알게 된다.

94. 스마트폰에 카페앱의 설치 및 활용

다음(Daum) 혹은 네이버(Naver)에서는 카페앱을 개발하여 누구나 무료로 사용하도록 하고 있다. 창업기업에서는 다음(Daum) 혹은 네이버(Naver)의 카페(cafe)를 활용하여 기업의 홈페이지를 만들고, 스마트폰의 홈 화면에 카페앱을 설치하여 운영할 수 있다.

스마트폰에 카페앱을 설치하는 과정은 매우 간단한데, 저자가 개발한 월성성당의 사례를 활용하여 설명할 것이다. 먼저 [그림 19]와 같이 스마트폰에 설치되어 있는 다음(Daum) 혹은 네이버(Naver)에서 월성성당 카페(cafe.daum.net/wscatholic)를 검색한다.

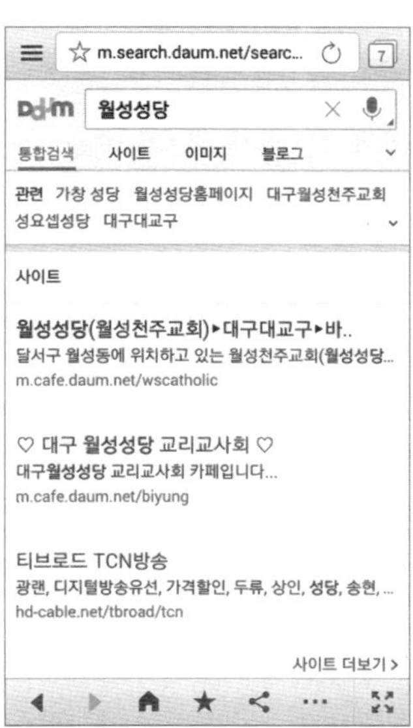

[그림 19] 월성성당 카페를 검색

[그림 19]에서 검색한 웹사이트 중에서 [그림 20]과 같이 월성성당 카페에 접속을 한다.

[그림 20] 월성성당 카페에 접속

[그림 20] 혹은 [그림 21]에서 메뉴버튼(오른쪽 아래에 있는 점 3개의 더 보기 메뉴)을 클릭한 후에 [홈 화면에 추가]를 클릭한다.

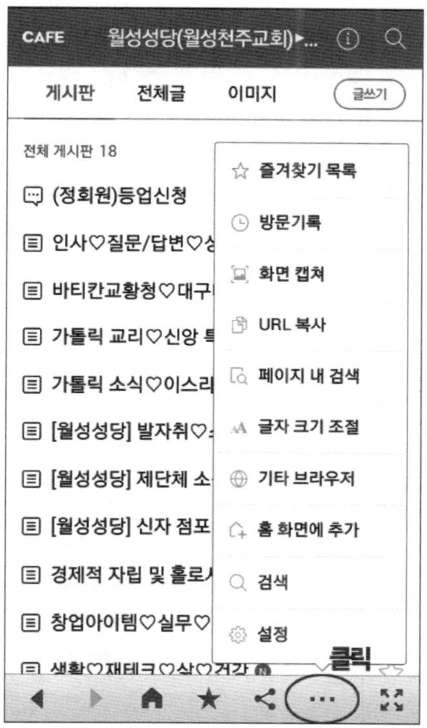

[그림 21] 메뉴버튼을 클릭

[그림 22]에서와 같이 [바로가기 홈화면에 추가]에서 카페이름 전부를 볼 수 있는데, 여기에서 "월성성당"이라고 입력한 후에 [확인]을 클릭한다.

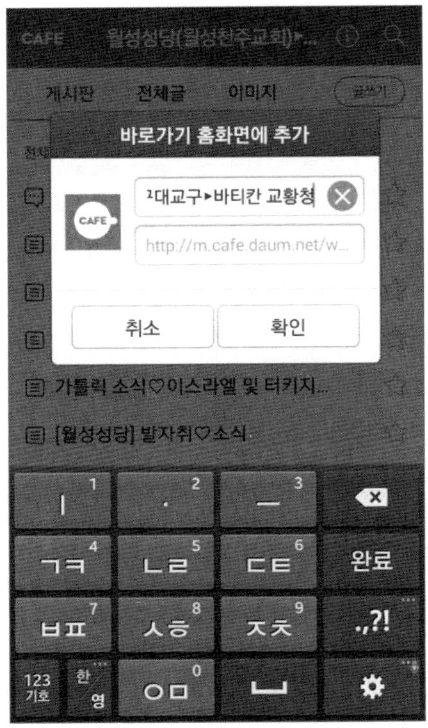

[그림 22] 바로가기 홈화면에 추가

[그림 23] 스마트폰 홈화면에서 설치 확인

[그림 23]과 같이 “월성성당” 바로가기가 설치되어 있는가를 확인한 후에 직접 클릭을 해 보면 된다. 이렇게 [바로가기 홈화면에 추가]는 다음(Daum) 혹은 네이버(Naver)에서 개발한 카페앱을 활용하여 기존 PC 환경에서 사용하던 카페(cafe)를 스마트폰의 홈 화면에 설치할 수 있도록 하였다는 점에서 지금까지 300~400만원의 비용으로 개발하였던 앱(App)을 신속하게 대체하게 될 것으로 예상된다. 즉, 돈을 들여서 앱(App)을 개발할 필요가 없으며, 다음(Daum) 혹은 네이버(Naver)의 카페앱을 활용하여 홍보 및 광고뿐만 아니라 상품판매도 얼마든지 가능하다.

95. 블로그(blog)에서의 상품판매방법

"34. 카페와 블로그에서 사용할 수 있는 INIP2P 결제솔루션"에서 설명한 INIP2P에서의 상품등록화면에서 상품명을 입력한 후에 상품분류를 선택하고, 가격과 수량을 입력한 후에 지불수단을 선택하고 [상품등록]을 누르면 상품판매 버튼(결제솔루션)이 생성된다. 그 후에 상품정보 그대로 복사하기, HTML 소스 복사하기, 상품링크 복사하기 중에서 하나를 복사하여 붙여넣기를 하면 되는데, [그림 24]에서와 같이 상품이미지 아래에 'HTML 소스 복사하기'를 활용한 INIP2P 결제솔루션을 등록하면 된다.

[그림 24] 상품이미지 등록 후 INIP2P 결제솔루션 등록

[그림 24]에서와 같이 블로그에서 INIP2P 결제솔루션을 활용하여 상품을 판매하는 방법을 구체적으로 설명하면 아래와 같다.

① 먼저 상품이미지를 등록하고 저장한다.

② [수정] 버튼을 클릭한 후에 오른쪽 상단에 있는 HTML을 체크한다.

③ [그림 3]과 같은 방법으로 [상품등록]을 한 후에 상품판매 버튼(결제솔루션)이 생성되면, 'HTML 소스 복사하기'를 활용하여 INIP2P 결제솔루션을 붙이기(Ctrl+V)하여 등록한다.

④ [수정] 버튼을 클릭하면 상품 및 결제솔루션의 등록이 완료된다.

한편, 위에서 설명한 INIP2P는 HTML 명령어를 입력할 수 있는 카페(cafe), 블로그(blog) 및 다양한 웹사이트에서 상품을 판매하는 데 활용될 수 있다. 하지만, INIP2P를 사용하지 않더라도 연락을 받은 전화번호, 은행계좌번호 등만 입력하여도 상품을 판매하는 데에는 아무런 문제가 없다.

96. 창업기업의 홍보를 위한 인쇄물의 종류 및 배포

요즈음 온라인에서의 홍보가 많이 성장하고 있지만, 홍보를 위해서는 여전히 인쇄물의 제작 및 배포 또한 중요하다고 할 수 있다. 그것은 인쇄물은 갖고 다니면서 보관할 수 있으며, 필요할 때에 다시 꺼내 볼 수 있다는 장점이 있기 때문이다. 창업기업의 홍보를 위한 인쇄물의 종류는 다음과 같다.

(1) **명 함** : 명함은 성명, 사진, 주소, 연락처 등을 적은 소형 인쇄물을 말하는데, 이메일 주소 및 도메인을 반드시 인쇄해야 한다. 특히 이메일 및 도메인이 없는 경우에는 인터넷을 잘 활용하지 않는 사람으로 인식될 수 있다. 사람들을 만날 때마다 단순히 명함만 주고받지 말고, 30초 정도라도 간략하게 설명을 함으로써 자기를 확실하게 기억하게 하는 것이 좋을 것이다. 명함에 사진을 넣는다면 더 쉽게 그리고 오래 기억할 수 있을 것이다.

(2) **팸플릿, 브로셔 및 카탈로그** : 팸플릿(pamphlet)은 자사가 취급하는 상품이나 서비스에 대한 선전·계몽을 위한 소책자를 의미하며, 브로셔(brochure)는 팸플릿과 유사하나 상품보다는 주로 업무내용 등을 담는 소책자라고 할 수 있다. 또한 카탈로그(catalogue)는 상품이나 기업 소개를 위해 만든 인쇄물이다.

(3) **간행물** : 정기 혹은 부정기 간행물을 발송하는 것은 비용이 많이 소요된다는 단점이 있지만, 고객에 대한 홍보 및 이미지 향상 혹은 충성도를 높이는 데 좋은 방법이 된다. 간행물은 컴퓨터와 전문 소프트웨

어를 이용하여 쉽게 만들 수 있으며, 요즈음은 온라인 간행물을 발간할 수도 있을 것이다. 또한 이메일로도 간행물을 발송할 수 있는데, 다만 많은 수신자가 잘 읽지 않는다는 단점은 있다.

(4) DM(direct mail) : 다이렉트 메일(DM : direct mail)은 편지나 엽서, 안내장, 리플릿(leaflet), 카탈로그 등의 인쇄물 또는 샘플 등을 오프라인 상에서는 우편물 형태로, 그리고 인터넷상에서는 사용자의 의사에 따라 쿠폰이나 안내문, 편지 등 직접 인쇄할 수 있는 형태로 발신자의 목적에 맞게 특정 고객들에게 전달하는 커뮤니케이션 수단을 말한다.

(5) 전단 : 전단은 홍보 및 광고를 목적으로 배포되는 한 장으로 된 상업용 인쇄물을 말하는데, 불황일수록 신문 사이에 전단이 많이 끼워져 오는 것을 볼 수 있다. 전단을 배포할 때에는 막연히 전단만 배포하지 말고 무엇인가 고객이 받아서 읽을 수 있도록 하는 것이 필요할 것이다. 예를 들어, 전단의 귀퉁이에 할인쿠폰을 함께 인쇄하는 것도 좋은 방법이 될 수 있으며, 간단하게 작성하면 선물을 주는 등의 이벤트도 필요할 것이다.

(6) 스티커 : 스티커(sticker)는 인쇄되어 있는 뒷면의 종이를 벗겨 목적한 장소에 붙일 수 있도록 종이 사이에 접착처리가 되어 있는 인쇄물을 말하는데, 배달 업종에서 많이 사용한다. 스티커에 전화번호뿐만 아니라 도메인도 포함시키는 것이 필요할 것이다.

한편, 홍보를 위한 인쇄물을 제작한 이후 어떻게 배포할 것인가를 고민해야 할 것이며, 다음과 같은 방법이 가능할 것이다.

① 상품을 판매할 때에 홍보 인쇄물을 함께 제공할 수 있는데, 이것은 고객의 재방문을 유도하는 데 많은 도움이 될 수 있다.

② 홍보 인쇄물을 전문적으로 배포해 주는 전문업체에 의뢰할 수 있

는데, 제대로 배포가 되었는가를 확인하는 것이 필요할 것이다.

③ 점포 앞을 지나가는 고객들을 대상으로 창업자가 직접 배포할 수 있으며, 아르바이트 직원들을 통해 배포할 수도 있다.

④ 여러 점포들이 공동의 홍보 인쇄물을 제작하여 공동으로 배포할 수도 있으며, 주차되어 있는 차량에 무작위로 배포할 수도 있다.

97. 프랜차이즈 본사 창업자가 고려해야 할 프랜차이즈 시스템의 종류

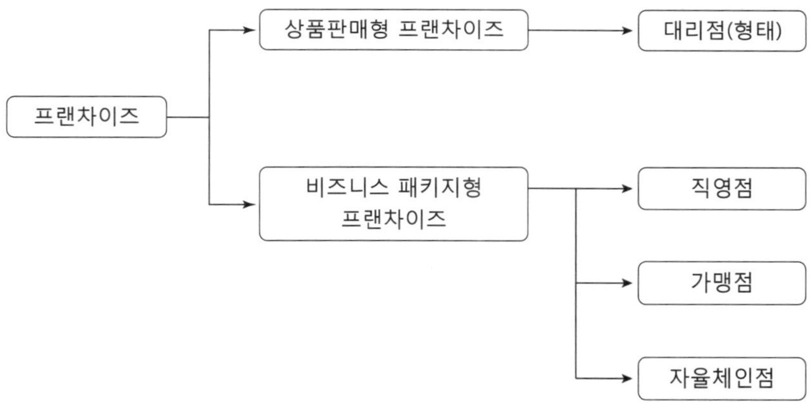

[그림 25] 프랜차이즈 시스템의 종류

프랜차이즈는 크게 상품판매형 프랜차이즈와 비즈니스 패키지형 프랜차이즈의 2가지로 분류할 수 있다. 상품판매형 프랜차이즈의 대표적인 예로 대리점형태를 들 수 있으며, 비즈니스 패키지형 프랜차이즈로는 직영점, 가맹점, 그리고 자율체인점을 들 수 있다(유재은, 2000).

1. 상품판매형 프랜차이즈(product distributing franchise)

프랜차이즈 회사는 자사의 상품을 일정지역이나 위치를 기준으로 프랜차이지(franchisee)에게 제공하고 팔 권리를 주는 것으로, 브랜드 파워가 강한 상품의 제조회사가 주로 적용하는 프랜차이즈 기법이다.

2. 비즈니스 패키지형 프랜차이즈(business-format franchise)

① 직영점(regular chain) : 직영점 형태란 체인본부가 직접 점포마다 투자하고 직원을 파견하여 관리함으로써 브랜드의 이미지를 일관되게 통제하여 소비자에게 좋은 이미지를 심어주면서 경영하는 다점포 방식을 말한다(프랜차이즈 연구모임, 2001).

② 프랜차이즈 체인(가맹점, franchise chain) : 프랜차이즈 체인 형태는 우리가 알고 있는 일반적인 체인점으로, 체인본부가 개점 및 경영에 관한 노하우를 구축하여 계약을 맺은 가맹점주에게 여러 가지 노하우와 상호의 사용, 상품 판매권, 공급권, 지역독점권 등을 주고, 영업을 지원하는 방식의 형태를 말한다(박주관, 2000).

③ 자율 체인(voluntary chain) : 자율 체인 형태는 단독점포와 프랜차이즈의 중간 형태로 특히 공동브랜드나 동일 업종을 조합하여 전개해 나가는 체인 방식을 말한다. 즉, 체인본부는 최소한의 기능만 하고 점포주가 나름대로의 특성을 살려 융통성 있게 경영해 나갈 수 있는 형태를 말한다(프랜차이즈연구모임, 2001).

☞ 프랜차이즈 본사 창업에 관심이 있거나 준비하고 있는 예비창업자들은 위에서 제시한 여러 프랜차이즈 시스템의 종류 중에서 창업분야 혹은 창업아이템을 기준으로 하나 혹은 혼합형을 선택할 수 있을 것이다.

98. 매물에 나온 점포에 대한 10가지 확인사항

점포를 구할 때에 가장 먼저 접하는 것이 부동산 중개업소에서 소개하는 매물이다. 잘 구하면 큰 이익을 얻을 수 있지만, 성급하게 계약을 했다간 낭패를 보기 십상이다. 따라서, 매물로 나온 점포에 대해서는 아래의 10가지 사항들을 꼼꼼하게 분석해야 한다(한연희, 2003).

① 업종 : 매물로 나온 점포가 어떤 업종인지에 따라 창업하려는 아이템의 입점이 어려울 수도 있다. 예를 들어, 의류점이나 기타 판매시설에서 일반 혹은 휴게음식점을 하려면 정화조 용량이나 구청의 허가 여부에 따라 창업이 가능하지 않을 수도 있다.

② 층수 : 대부분의 창업아이템은 건물 층수에 의해 영향을 받는다는 것을 고려해야 한다. 예를 들어, 분식집은 주로 1층에 있으며, 2층 이상에서는 잘 하지 않는다는 것을 생각해야 한다.

③ 계약면적과 실면적 : 실면적이 계약면적의 50%도 되지 않는다면 점포로 사용하기에 적합하지 않은 경우가 많다. 즉, 관리비 등의 고정비용의 지출이 많아서 오랜 기간 영업을 유지하기도 어렵고, 또한 점포 매도시에는 합당한 권리금을 받기도 어렵다.

④ 전면 크기 : 점포의 전면이 면적에 비례하여 지나치게 넓은 경우는 좋지 않다. 평균적인 비율로 살펴보면, 점포의 전면을 가로, 점포의 길이를 세로로 볼 때에 가로 대비 세로 크기는 2.5배가 적당하다고 할 수 있다.

⑤ 주소 : 주소 정보로 공시된 서류를 떼어 도시계획 사항과 등기 사

항을 알 수 있고, 권리의 변동과 미공시 시설 여부를 알 수 있다.

⑥ 임대료 : 임대료의 수준을 보면 점포 소유주의 성향을 알 수 있으며, 권리금이 없는 점포의 임대료에는 함정이 있을 수 있다는 것을 고려해야 한다.

⑦ 권리금 : 사실 권리금에는 시세가 없으며, 부르는 게 값이고 받는 게 값이라고 할 수 있다.

⑧ 부가세 : 실제 점포를 임차하고 실제 납부한 금액에 대한 10%의 부가세를 부담하고 있다면 매우 합리적인 건물주를 만났다고 생각해도 될 것이다.

⑨ 영업시간 : 상권 내에 있는 점포들의 평균 영업시간을 살펴봐야 한다.

⑩ 매매사유 : 매물로 나온 점포의 매매사유를 조사해 보는 것이 필요할 것이다.

☞ 어느 지역에서 어떤 점포를 구하는가 하는 것은 어쩌면 점포 창업의 성패를 좌우할 수 있는 중요한 사항이며, 초보창업자들의 경우에는 창업전문가들의 도움을 받는 것이 반드시 필요하다. 또한 점포창업에 있어서의 상권분석 및 입지선정에 대한 2~3권의 서적을 구입하여 공부하는 것도 잊지 말아야 할 것이다.

99. 상가책자 및 생활정보지를 활용한 홍보 및 광고

상가책자와 생활정보지를 활용하여 홍보와 광고를 할 때에는 기업의 웹사이트 및 SNS사이트들의 주소를 포함시키는 것이 필요하며, 상가책자 및 생활정보지에서 기업의 상품 정보를 확인한 고객들을 창업기업의 전자상거래 사이트 및 SNS사이트로 유입시키기 위해서는 할인, 경품 등을 제공하는 것이 필요할 것이다. 즉, 장기적인 관점에서 홍보, 광고 및 상품판매의 효과를 높이기 위해서는 창업기업을 온라인(on-line)과 오프라인(off-line)에서 체계적으로 연결시키는 노력이 필요하다는 것을 의미한다.

1. 상가책자

요즈음 어느 집이든지 상가책자 5권 정도는 있으며, 동네에 있는 배달음식점, 세탁소, 미장원, 수선집 등 다양한 점포들을 광고하고 있다. 이러한 상가책자들은 비용에 비하여 홍보효과가 비교적 좋으면서 단골고객들을 확보할 수 있다는 장점이 있으며, 무점포 창업아이템으로도 각광을 받고 있는 실정이다.

상가책자를 제작해주는 웹사이트들은 다음과 같으며, 협약을 맺은 점포주들이 공동의 마케팅을 위해 상가책자를 제작하여 배포하는 것도 좋다. 또한, 개별 상가에서 발행한 쿠폰들을 공동으로 이용할 수 있도록 하는 것도 상호 발전을 위해 고려할 수 있을 것이다. 즉, 상가책자에 있는 모든 업소에서 발행한 쿠폰을 공동으로 활용할 수 있게 하는 것은 서로의 발전을 위해 많은 도움이 될 것이다.

① 상상애드(www.sangsang-ad.com)

② 스마트디앤피(www.smartdnp.com)

③ 캐시큐(www.cashq.co.kr)

④ 을지기획(www.ejpr.co.kr)

2. 생활정보지

생활정보지는 주로 소규모의 광고로 지면을 채워 무가로 배포하는 신문이며, 독자가 많고 일반 유가지에 비해 광고비가 싸기 때문에 소규모 안내광고에 적합한 매체이다. 생활정보지는 1989년 대전에서 '교차로'가 처음으로 창간한 이후 급속히 늘어나 지금은 파악된 것만 해도 230여 종에 이른다. 1998년 기준으로 생활정보지의 시장규모는 5,000억 원대 규모로 추산되고 있다. '벼룩시장'과 더불어 정보지 시장에서 가장 큰 회사인 '교차로'의 현황을 보면, 전국에서 76개 지역판을 발행하며 하루 250만 부를 배포한다. 인터넷이 보급되면서 생활정보지는 인터넷판도 발행되고 있다(한국학중앙연구원, jinju.grandculture.net).

① 벼룩시장(www.findall.co.kr)

② 교차로(www.icross.co.kr)

③ 대구 동네방네(www.d4b4.co.kr)

100. 해외시장의 개척 및 기타 창업실무

1. 해외시장의 개척

창업기업이 국내시장을 넘어 해외시장을 개척할 때에는 아래의 전자상거래 사이트들을 활용할 수 있는데, 창업자 혹은 직원들이 직접 상품을 등록하고 판매하는 것이 중요하다.

① 이베이(www.ebay.com)

② 아마존(www.amazon.com)

③ 알리바바(www.alibaba.com)

④ 라쿠텐(www.rakuten.co.jp)

2. SNS 및 휴대폰을 연계시킨 상품판매

지금까지 휴대폰은 전화를 하거나 문자를 할 때에 사용되었으나 요즈음은 카카오톡(Kakaotalk) 혹은 다양한 종류의 SNS앱을 설치하여 사용하고 있는 실정이다. 또한 향후에는 카카오톡과 SNS을 융합한 홍보, 광고 및 상품판매가 활성화될 것으로 전망됨에 따라 이에 대한 창업자들의 적극적인 준비가 필요할 것이다.

3. 수익모델(Business Model)의 개발

수익모델은 어떤 제품이나 서비스를 어떻게 소비자에게 제공하고, 어떻게 마케팅하며, 어떻게 돈을 벌 것인가 하는 계획 또는 사업 아이디어(두산백과, www.doopedia.co.kr)를 말하는데, 창업의 전체 과정 중에서 가장 중요한 일이라고 할 수 있다. 아무리 좋은 아디이어와 기술을 보유하고 있다고 하더라도 수익모델이 제대로 개발되지 않으면, 돈을 벌 수 없을 것이다. 따라서 수익모델을 효과적으로 개발하기 위해서는 아래의 방법들이 활용될 수 있다.

① 성공한 창업기업의 수익모델들을 벤치마킹해야 한다. 특히 창업분야 및 창업아이템이 비슷한 경쟁기업들을 꾸준히 조사한 후에 수익모델들을 분석하는 것이 필요하다.

② 경기 전망이 불확실할수록 여러 개의 수익모델들을 개발하는 것이 중요한데, 처음 계획한 수익모델로 실적이 부진할 경우에 다른 수익모델로 매출을 올리는 것이 필요하다.

③ 다른 창업분야의 기술 혹은 아이디어를 융합시켜서 새로운 수익모델을 만들 수 있어야 한다. 예를 들어, 음식점에 자리를 예약하는 경우에 지금까지는 전화로 하였지만 고객들이 음식점의 홈페이지에 접속하여 음식점 내의 자리위치 및 이용시간을 예약할 수 있도록 하는 것도 고려할 수 있다.

4. 결국은 창업자에 의해 모든 것이 결정된다.

창업의 준비단계에서 시작하여 창업의 전체 과정에서 창업자의 역할 그리고 결단력이 성공과 실패를 결정하게 된다. 따라서 창업자는 초심을 잃지 않도록 노력해야 하며, 기업을 경영하는 경영자로서의 자질을 높일 수 있도록 꾸준히 연구하고 배워야 할 것이다. 또한 창업기업이 홀로 모든 것을 하려고 하지 말고, 다른 기업들과의 전략적 제휴와 협력을 통해서 경비를 절감하고 창업실패에 대한 리스크(risk)를 대폭 줄이려는 노력이 필요할 것이다.

참고문헌

강현순, "인터넷비즈니스 창업실무", 2006 부산광역시 창업강좌 책자, 2005

______, "인터넷비즈니스 창업실무", 2006 부산광역시 창업강좌 책자, 2006

국민일보, "나는 창업하면 성공할 수 있는 사람일까?…적성검사 해보세요", 2005.12.13

경기지방중소기업청, 소상공인! 알아야 성공한다, 2003

김갑 · 한상설, "산업구조, 벤처전략, 기업가 특성이 벤처성과에 미치는 영향", 벤처경영연구, 제2권 제1호, 1999, pp. 51-75

김병성 · 박대윤 · 조주연, 인터넷창업, 절대로 하지 마라, 정보문화사, 2006

김성수, "사업계획은 고객과의 약속이다", 창업&프랜차이즈, 2004.1

______, "경쟁우위 전략과 사업계획 수립실무", 창업&프랜차이즈, 2004.2

김영환, "마케팅 달인으로 만들어주는 마케팅 게임", 창업&프랜차이즈, 2004.2

김종철, "창업자가 반드시 알아야 할 세무상식", 계명대학교 유망 창업아이템 설명회 및 성공창업교실 강좌교재, 2004

김진영 · 유명철 · 고정소 · 권태형 · 박승민, 창업지식과 경영정보, (사)한국창업경영컨설팅협회, 2003.

김철교 · 곽선호 · 강길원 · 김성권, 창업론, 삼영사, 2005

김효정, "프랜차이즈 가맹점들의 본사에 대한 만족도", 2003, working paper

노기엽, "입지선정과 상권분석을 하기 전에 해야 할 것들", 창업&프랜차이즈, 2004.1

______, "입지선정에는 예행연습이 없다", 창업&프랜차이즈, 2004.2

______, "입지에도 명당이 있다", 창업&프랜차이즈, 2004.3

노기엽, “명당 입지의 특징”, 창업&프랜차이즈, 2004.4
노영란, “프랜차이즈 사업 시작하기”, 창업&프랜차이즈, 2003.11
______, “이메일 마케팅을 활용한 홍보전략”, 창업&프랜차이즈, 2003.11
대구테크노파크, 테크노폴리스, 2003.12
동아일보, “책 안 들고 다녀도 언제 어디서나 읽을 수 있어요”, 2006.1.25
디자인정글 아카데미, academy.jungle.co.kr
매경이코노미, “고객맞춤형 세일즈맨”, 2004.10.20
매일경제, “창업ABC/통행량과 유동인구 조사”, 2003.4.13
문화일보, “이상헌의 돈버는 창업”, 2006.4.5
______, “고객 마음부터 열어야 지갑도 열린다”, 2006.2.8
박경환, “실전 입지선정 Q&A”, 창업&프랜차이즈, 2003.11
______, 장사는 목이고 목은 돈이다, 상상예찬, 2006
박규성, “당신만의 경영전략은 무엇인가?”, 창업&프랜차이즈, 2004.6
박두진, “창업자를 위한 세무회계 실무교육”, 특강자료, 2006
박미란, “해외기업의 사례를 통한 경쟁정보”, 경영과 컴퓨터, 2005.8
박영만, “방송을 타게 만들어라”, 창업&프랜차이즈, 2003.8
______, “웹사이트 홍보”, 창업&프랜차이즈, 134-135, 2003.10
박영배 · 윤창석, “벤처기업 경영성과의 영향요인에 관한 탐색적 연구”, 벤처경영연구, 제4권 제1호, 2001, pp. 3-33
박이동, “좋은 가맹본부 가려내는 안목”, 창업&프랜차이즈, 2003.9
박주관, 창업컨설팅, 체인사업 당신도 성공할 수 있다, 더난출판, 2000
백경래, “신생모험기업의 전략유형 및 성과결정요인에 대한 연구”, 한국과학기술원 석사학위논문, 1996
부산광역시, 2004 부산광역시 소자본 창업강좌, 2004
부산일보, “인터넷 쇼핑몰 ‘10조 시대’”, 2005.12.20
브라이언 트레이시, 판매의 원리 1, 2, 씨앗을 뿌리는 사람, 2004

서울경제신문, "소형 돌출간판 신고제로 전환", 2006.3.14
______, "외식 창업 성공 5대 트렌드", 2005.4.5
선린대학 창업보육센터, 성공지수를 높이는 창업스쿨, 2004
성해용, "폐업신고를 반드시 해 두자", 창업&프랜차이즈, 2004.2
스포츠조선, "2005년 인터넷쇼핑몰 '오픈마켓' 급성장", 2005.12.26
식품외식경제, '가맹사업 진흥법' 만든다, 2006.7.19
신재정, 경영학원론, 법경사, 1998
안경주, "맨손창업과 지적재산권 전략", 세무회계와 지적재산권 세미나 자료집, (사)한국소호진흥협회, 2006.7.20
안준모 · 김종인, "한국정보통신 벤처기업의 성공요인에 관한 연구 : 창업자의 경험, 지식요인을 중심으로", 벤처경영연구, 제2권 제1호, 1999, 31-49
연합뉴스, "인터넷 사용 인구비율 64.4%", 2002.10.25
______, "내달부터 부가세 과세유형 사업규모 따라 변경", 2004.6.14
______, "대학 창업보육센터 창업기업도 공장등록 가능", 2005.7.22
염규석, "가맹금 반환은 절대불가?", 창업&프랜차이즈, 2003.10
오상열, 점포 인테리어 : 시공계약 및 실시설계, blog.naver.com/js5645js
원승교, 나 혼자 꾸리는 인터넷 상점 처음부터 성공까지, 제우미디어, 2006
원종화 · 이도화, "벤처기업 네트워킹 활동이 경영성과에 미치는 영향", 벤처기업연구, 제4권 제1호, 2001, 35-61
유영진 · 임현철, 외식창업실무포인트, 한올출판사, 2003
유재은, 한국시장의 프랜차이즈 전략, 한국생산성 본부, 2000
육외수, 사업계획서 작성요령, 2004 부산광역시 소자본 창업강좌 책자, 2004
윤석철, 사업타당성 검토분석, 2004 부산광역시 소자본 창업강좌 책자, 2004
이강원, 상권분석과 좋은 점포입지 고르기, 2004 부산광역시 소자본 창업강좌 책자, 2004

이상윤, “매장조직관리”, 창업&프랜차이즈, 2004.2
이장우, “성공 벤처기업의 특성”, 벤처경영연구, 창간호, 1998, 101-127
______·장수덕, “벤처기업 성공요인에 관한 이론적 고찰”, 벤처경영연구, 제1권 제2호, 1998, 69-95
______·장수덕, “벤처기업의 성장단계별 성공요인에 관한 탐색적 연구”, 인사조직연구, 제9권 제2호, 2001, 79-92
이종철, “프랜차이즈 성과의 결정변수에 관한 연구”, 숭실대학교 중소기업대학원 석사논문, 2003.6
이준혁, 외식업의 분류와 경영형태, blog.daum.net/fcgkorea
이진주·윤정환, “신기술 개발촉진과 모험사업의 활성화를 위한 연구”, 한국과학기술원, 과학기술처, 1987
전병영, 상권분석 및 입지선정, 뉴트랜드 성공창업 강좌 교재, 2003
정성교, “나에게 알맞은 비즈니스 옵션을 선택하자!”, 창업&프랜차이즈, 2004.6
정성한·김해룡, “소상공인 창업성공요인에 대한 탐색적 연구”, 벤처경영연구, 제4권 제2호, 2001, 3-29
조미재, “브랜드 네이밍 기법”, 창업&프랜차이즈, 2003.11
______, “고객을 끌어들이는 상호 네이밍”, 창업&프랜차이즈, 2004.3
조혁근, “상표출원이 중요한 까닭”, 창업&프랜차이즈, 2004.2
조형래, “창업인의 특성, 제품혁신성과 벤처기업 성과간의 상황적 관계”, 한국과학기술원 박사학위논문, 1995
주간조선, “인터넷 쇼핑 시장 10년 만에 10조원 넘어”, 2006.6.13
중소기업청, 창업절차, 1999.10
______, 소점포경영론, 2002.4
______, 홈 비즈니스 창업과 경영 매뉴얼, 2003
창업&프랜차이즈, “예비창업자들이 가장 알고 싶어하는 6가지”, 96-97, 2003

년 10월
______, "점포선정 체크포인트", 2004.4
창업전략연구소, "점포창업 실패사례 요인분석", 창업&프랜차이즈, 2003.8
최재희, 소자본 창업, 어떻게 할까요?, 중앙경제평론사, 2003
쿠키뉴스, "소규모 돌출간판 광고 허가제 → 신고제", 2006.3.14
프랜차이즈연구모임, www.seri.org/forum/franchise, 2001
한국경제, "'좋아요' 누르고 제품도 구매…페이스북, 쇼핑 진출", 2016.9.12.
한국경제TV, "2009년 초고속가입자 1671만명", 2006.1.25
한국일보, "국내 프랜차이즈 해외로… 해외로…", 2006.1.16
한겨레, "대통령 직속 청년위 '창업 핫 플레이스' 오픈, '청년포털'에 공개", 2016.8.17
한연희, "울리고 웃기는 다양한 얼굴의 권리금", 창업&프랜차이즈, 2003.8
______, "매물, 점포개발의 시작과 끝", 창업&프랜차이즈, 2003.9
______, "점포계약에서 오픈까지", 창업&프랜차이즈, 2003.10, 110-111
______, "점포매출의 허와 실", 창업&프랜차이즈, 2003.11
허시명, 두 배로 벌면 열 배는 즐겁다, 오늘의책, 2002
헤럴드경제, "특허청 기술금융지원 사업", 2006.5.24
홍성근 · 김동희, "대박터진 쇼핑몰 노하우 훔쳐보기", 렉스미디어, 2003
Baumback, C. M., How to Organize and Operate a Small Business, 7th ed. Prentice Hall, 1985
cafe.naver.com/bizdocs(경영, 기업, 벤처)
dvic.dgu.ac.kr(동국대학교 창업보육센터)
www.napoleon21.com(나폴레옹)
krdic.naver.com(네이버 국어사전)
terms.naver.com(네이버 용어사전)
kin.naver.com(네이버 지식검색)

www.doopedia.co.k(두산백과)

www.lawnb.com(로앤비)

www.bizforms.co.kr(비즈폼)

blog.naver.com/weely9570(송교수의 맛집경영이야기)

kr.dic.yahoo.com(야후 백과사전)

search.empas.com(엠파스 지식검색)

www.yesform.com(예스폼)

www.yunhap.netblog.daum.net/tosama(한국소자본창업컨설팅협회)

blog.naver.com/666dbsrl

blog.naver.com/bea1116

blog.naver.com/ellie01

blog.naver.com/idahoya

blog.naver.com/inetchun

blog.naver.com/jaju09

blog.naver.com/kawaiijy

blog.naver.com/kyh1335

blog.naver.com/reom777

blog.naver.com/yuph

cafe.naver.com/jing5

cafe.naver.com/makehope

cafe.naver.com/meden

cafe.naver.com/painthouse

kin.naver.com/knowhow

terms.naver.com

www.adic.co.kr

www.macademy.co.kr

www.maketkorea.com

www.msn.co.kr/career/license

www.reportworld.co.kr

초보 창업자를 위한
핵심 창업정보 및 창업실무

초판인쇄 | 2017년 11월 27일
초판발행 | 2017년 12월 4일

저 자 | 김 영 문
발 행 인 | 위 호 준
발 행 처 | 도서출판 **집현재**
04091 서울특별시 마포구 토정로 222
한국출판콘텐츠센터 417호
전화 (02)332-4922 Fax (02)3142-4922
홈페이지: www.jhjbook.co.kr
e-mail: jyp4922@naver.com

출판등록 | 2010년 10월 25일
등록번호 | 제105-91-57581호

정가 16,000원 ISBN 978-89-97304-73-8

이 도서의 국립중앙도서관 출판예정도서목록(CIP)은 서지정보유통지원시스템 홈페이지(http://seoji.nl.go.kr)와 국가자료공동목록시스템(http://www.nl.go.kr/kolisnet)에서 이용하실 수 있습니다. (CIP제어번호: CIP2017031060)

※ 저자와 협의하여 인지 첩부를 생략함.